Digital human

Buch und E-Book in einem – Lesen, wie *Sie* wollen!

1. Öffnen Sie die **Webseite** www.campus.de/ebookinside
2. Geben Sie folgenden **Downloadcode** ein und füllen Sie das Formular aus

   »TICKET TO READ« – IHR CODE: GEWR8-ZF9AS-LW3RE

3. Wählen Sie das gewünschte E-Book-**Format** (MOBI/Kindle, EPUB, PDF)
4. Mit dem Klick auf den Button am Ende des Formulars erhalten Sie Ihren persönlichen **Downloadlink** per E-Mail

Bettina Volkens, Kai Anderson

Digital human

Der Mensch im Mittelpunkt der Digitalisierung

Campus Verlag
Frankfurt/New York

ISBN 978-3-593-50835-1 Print
ISBN 978-3-593-42673-0 E-Book (PDF)
ISBN 978-3-593-42686-0 E-Book (EPUB)

Copyright © 2018 Campus Verlag GmbH, Frankfurt am Main
Umschlaggestaltung: Guido Klütsch, Köln
Umschlagmotiv: © Shutterstock/Valeniker
Satz: Publikations Atelier, Dreieich
Gesetzt aus der Sabon, der ITC Officina Sans und der Orbitron
Druck und Bindung: Beltz Bad Langensalza
Printed in Germany

www.campus.de

Inhalt

GESELLSCHAFTLICHE HANDLUNGSFELDER

AUSBLICK

Vorwort
Digitalisierung braucht ein Versprechen

Von *Christoph Keese*, geschäftsführender Gesellschafter,
Axel Springer hy

> *Deutschland wird seinen Rückstand erst aufholen,*
> *wenn die Menschen erfahren,*
> *dass die digitale Revolution sie nicht bedroht,*
> *sondern sich für sie lohnt.*

Eine Erschütterung geht durch die Welt, wie Menschen, die heute arbeiten, sie noch nie erlebt haben. Erschüttert wird ihr Vertrauen in die Zukunft, in ihre eigene Kraft, in ihre Fähigkeit, sich selbst und ihre Familie zu ernähren. Erschüttert wird ihr Bild vom eigenen Wert und vom eigenen Platz in der Gesellschaft. Wenn Anerkennung, Sicherheit und Geborgenheit zentrale Bedürfnisse des Menschen sind, dann erleben viele Menschen gerade in ihnen eine Kränkung. Denn wenn die Digitalisierung wahr macht, was sie androht, dann entzieht sie uns Anerkennung für unser Können, raubt uns die Sicherheit unserer Lebensgrundlage und wirft uns aus der Geborgenheit der mühsam aufgebauten wirtschaftlichen Existenz in das kalte Vakuum immer neuer Fragwürdigkeiten.

Für die meisten Menschen bricht mit der nächsten Entwicklungsstufe der Digitalisierung ein Zeitalter der Verunsicherung an. Bislang kennen sie die Digitalisierung nur als Füllhorn praktischer Gerätschaften wie Smartphones und hilfreicher Programme wie Facebook, Google und Booking.com. Nun aber – in der nächsten Stufe – erfahren sie mit einem Mal am eigenen Leib, dass es keine Revolutionen ohne Rückwirkungen auf den Revolutionär gibt, auch keine technischen Revolutionen. Die meisten Menschen werden in ihrer Eigenschaft als Produzenten eingeholt von den Folgen des wirtschaftlichen Umsturzes, den sie als Konsumenten selbst mit ausgelöst haben. Ob diese Revolution ihre Enkel und Urenkel frisst, bleibt noch dahingestellt, doch dass sie ihre Kinder schon zwischen den Zähnen hat, daran besteht kein Zweifel mehr.

»Ihr müsst euch ändern. Ihr müsst die Digitalisierung als Chance annehmen. Ihr müsst den Rückstand aufholen, in den Deutschland sich manövriert hat.« So oder ähnlich lauten die vielen Appelle, die Mitarbeitern heute entgegengerufen werden. Deutschlands unbestreitbare Versäumnisse bei der Digitalisierung münden in das, was der *Economist* mit Vorsprung durch Panik beschrieben hat: in den Versuch, die Geschwindigkeit durch mutwilligen Ausstoß von Adrenalin zu erhöhen. Wirkung zeigt das bislang kaum. Warum auch? Denn wie wirken diese Appelle auf ihre Empfänger anders als angsteinflößend, verunsichernd und kränkend? In ihrem Kern besagen die Beschwörungen doch nur dies: »Schaffe dich selbst ab, bevor du abgeschafft wirst.« Diese ohnehin nicht sonderlich freundliche Botschaft trifft auf florierenden Handel mit Vollbeschäftigung, Facharbeitermangel, Auslastung an der Kapazitätsgrenze, weltweit als obszön empfundene Exportüberschüsse, null Inflation, eine alternde Bevölkerung, pralle Sparvermögen und vergleichsweise sichere Altersversorgungen.

Die Digitalisierung hat ein Glaubwürdigkeits- und Motivationsproblem. Unglaubwürdig scheint sie, weil alle Räder allem Anschein nach ja auch trotz des deutschen Digital-Rückstands surren. Warum sollte das nicht so bleiben können? Braucht die Welt trotz aller digitalen Plattformen nicht immer weiter physische Güter und warum sollten wir sie nicht produzieren? Lasst Amerika und China doch die digitale Welt, solange wir in Deutschland die physische so erfolgreich beliefern. Und demotivierend wirken die Aufrufe zur Digitalisierung, weil sie keinerlei positive Anreize setzen und nichts zu gewinnen versprechen, stattdessen sich in vagen Endzeit-Prophezeiungen ergehen und vom Ende der Welt fabulieren, so wie wir sie heute kennen. Wer sowieso wenig von Digitalisierung versteht, warum sollte er dieser schlecht gelaunten Kassandra in die Arme fallen? Warum sollte sich irgendjemand zum digitalen Pionier aufschwingen, wenn viele anderen Optionen weit besseren Lohn versprechen und wenn die sichere Rente sowieso einen sorgenfreien Austritt aus dem gefährlichen Spiel in Aussicht stellt?

Den Menschen in den Mittelpunkt stellen

Erfolg wird die Digitalisierung in Deutschland erst haben, wenn wir uns ernsthaft mit ihren motivatorischen Aspekten auseinandersetzen. Wenn wir beginnen, uns zu fragen, wie sie auf die Menschen wirkt, und wenn wir Verheißungen formulieren, dort wo heute nur von Verdammnis gesprochen wird. »Dein Beruf verschwindet. Mache dir das endlich klar und wehre dich« – mit solchen Aussagen werden wir niemanden zum freudigen Aufbruch bewegen. Was soll der Taxifahrer denn tun, dem selbstfahrende Limousinen die Kunden abluchsen werden? Die wütende Sternfahrt gegen Uber, der blockierende Lobbyismus seiner Berufsverbände sind keine irrationalen, sondern höchst logische Reaktionen auf das Narrativ, das ihm entgegengehalten wird. Was erwarten wir von der Kassiererin im Supermarkt, die in den Nachrichten erfährt, dass bald niemand sie mehr braucht, und dem Bandarbeiter in der Autofabrik, der allerorten hört, dass Elektroautos weit weniger Komponenten benötigen und somit mit einem Bruchteil des Personals zu montieren sind? Dass sie kreative Mitarbeiter der »Projektgruppe Digitalisierung« werden und die Axt munter in ihre Lebensgrundlage schlagen? Viel vernünftiger ist es für sie, das Erreichte zu verteidigen, Gewerkschaften mit der Wahrnehmung ihrer Rechte zu beauftragen, Rationalisierungsschutz-Vereinbarungen zu verhandeln und die Gunst des Personalmangels dafür zu nutzen, der Kapitalseite ihres Unternehmens Garantien für möglichst viele Jahre abzuhandeln, was nichts anderes bedeutet als der Digitalisierung, sprich: der Weg-Digitalisierung ihres Arbeitsplatzes, möglichst viele Brocken in den Weg zu legen.

Den Menschen in den Mittelpunkt zu stellen, was sich ja immer leichter sagt als tut, bedeutet nichts anderes, als die Bedürfnisse der Menschen zu beachten und zu erfüllen: Anerkennung, Sicherheit und Geborgenheit zu spenden statt zu entziehen. Jedes Unternehmen, das sich digital transformieren möchte, muss eine Antwort auf folgende Frage finden: Wie kann Digitalisierung dazu beitragen, die Anerkennung seiner Mitarbeiter zu steigern, ihre Sicherheit zu erhöhen und ein Gefühl der Geborgenheit zu vermitteln, wo überall vom Gegenteil die Rede ist? Das Faszinierende an der Digitalisierung ist der Überschwang an Möglichkeiten, der in ihr steckt. Digitalisierung revolutioniert die Welt gerade deshalb, weil sie das Unmögliche möglich macht. Drehen wir das Spiel also eine Umdrehung weiter und fragen nicht mehr nur: Wie können wir mit digitaler Technik noch besser rationalisieren? Sondern fragen wir: Wie können wir die Menschen mit Digitalisierung noch glücklicher machen? Dabei werden wir feststellen, dass vermeintliche Widersprüche verschwinden und dass das im Industriezeitalter noch Unvereinbare im Digitalzeitalter plötzlich miteinander zu verschmelzen beginnt: die Senkung von Kosten mit der Steigerung des Wohlbefindens der produzierenden Menschen durch Anerkennung, Sicherheit und Geborgenheit.

Davon handelt dieses Buch: Wie dieses Programm am besten zu bewerkstelligen sei. Deutschland kann ein Vorbild der digitalen Transformation werden, wenn wir der Welt als Erste zeigen, wie die digitale Revolution ihre Kinder hütet und ernährt, anstatt sie einfach nur zu fressen.

CHRISTOPH
KEESE

Christoph Keese, Jahrgang 1964, ist geschäftsführender Gesellschafter der Axel Springer hy GmbH in Berlin, einer Tochtergesellschaft des Medienunternehmens, die Firmen bei der digitalen Transformation hilft. Zuvor war Keese Executive Vice President bei Axel Springer und maßgeblich am digitalen Wandel des Konzerns beteiligt. Der Journalist und Wirtschaftswissenschaftler ist Autor der Bestseller *Silicon Valley – Was aus dem mächtigsten Tal der Welt auf uns zukommt* (2014) und *Silicon Germany – Wie wir die digitale Transformation schaffen* (2016).

Die Idee einer menschlichen Digitalisierung
Wie wir das digitale Zeitalter prägen – und nicht umgekehrt

Von *Kai Anderson*, Vorstand Promerit

> *»Nichts ist mächtiger als eine Idee,*
> *deren Zeit gekommen ist.«*
>
> Viktor Hugo

Unsere Welt ist digital geworden

Die Wahrscheinlichkeit ist hoch, dass Sie dieses Buch gerade auf einem Bildschirm lesen. Noch wahrscheinlicher sind Sie auf dieses Buch über Social Media oder zumindest eine digitale Plattform aufmerksam geworden und haben es gleich darüber gekauft. Was bequem ist für Sie, ist für den stationären Buchhandel eine Katastrophe. Er verliert mit der Schnittstelle seinen Kunden – das Geschäftsmodell steht infrage und damit Arbeitsplätze. Die gesamte Wertschöpfungskette – mehrere Hundert Jahre alt – ist obsolet, wenn das Buch digital gelesen wird. Beginnend beim Druckmaschinenhersteller über die Buchdrucker bis hin zum Buchversand – kein Bedarf mehr.

Zugegeben ist das Buch als Beispiel naheliegend, handelt es sich hier ja um ein komplett digitalisierbares Produkt. Sehen wir es als Symbol für das, was die Chancen und Risiken einer Entwicklung ausmacht, die gerade erst begonnen hat. Wenn wir das Zeitalter der Digitalisierung mit dem Aufkommen des Internets gegen Ende des 20. Jahrhunderts verorten, markiert dies zugleich das Ende des Industriezeitalters.

Der Anteil dessen, was wir Digitalisierung nennen, nimmt in unserem Leben mit jedem Tag zu. Was wir konsumieren, wie wir konsumieren, wie wir arbeiten, was wir arbeiten, was und wie wir kommunizieren und interagieren, verändert sich in einer atemberaubenden Geschwindigkeit. Dieses Tempo birgt die Gefahr, die Entwicklung nicht mehr zu hinterfragen, nicht mehr zu versuchen, sie zu gestalten oder das Machbare dem Sinnvollen vorzuziehen. Wir werden uns diesen Entwicklungen nicht verschließen können und auch nicht die Geschwindigkeit drosseln können, mit der die Digitalisierung unseren Alltag verändert. Aber wir werden die Veränderungen in ihren Konsequenzen besser durchdenken und Technologie sinnvoll und für den Menschen langfristig nutzbringend einsetzen müssen. Wir werden an Geschwindigkeit zulegen müssen, um mit dem Tempo der Veränderungen mitzuhalten – unternehmerisch, gesellschaftlich, persönlich. In einer Art und Weise, die uns die Möglichkeiten der Digitalisierung erschließt und uns hilft, die Probleme unserer Zeit zu lösen und nicht zu vergrößern.

Wir fragen zu wenig

Viele Gestalter und ein Großteil der Anwender der schönen neuen digitalen Welt kümmern sich wenig darum, was der Einsatz dieser Technologien für Auswirkungen hat. Was bedeutet die Digitalisierung für Unternehmen, deren Geschäftsmodell in Gefahr ist? Oder denen die Digitalisierung Chancen auf neue Produkte und Services ermöglicht? Wie kann man sich diese Chancen überhaupt erschließen? Und was bedeutet sie für die Menschen, die in diesen Unternehmen arbeiten? Werden sie weiter arbeiten können wie bisher? Wenig wahrscheinlich, aber was heißt das für die eigene Qualifizierung? Für das eigene Lebensmodell? Wird am Ende genug Arbeit für alle da sein? Wenn nicht, wie soll dann die Kaufkraft sichergestellt werden, die es braucht, um die Produkte und Services der schönen neuen Welt bezahlen zu können?

Wir werden diese Fragen in diesem Buch nicht abschließend beantworten können. Aber wir werden den aktuellen Stand der Erkenntnisse und Erfahrungen dazu dokumentieren und dabei das Spektrum der Digitalisierung ausloten. Mit hochkarätigen Autoren aus Wissenschaft und Wirtschaft, die sich täglich mit dem Thema auseinandersetzen. Wir werden dabei weder Digitalisierungskritik noch Gesellschaftskritik betreiben. Vielmehr werden wir einen Ansatz vorstellen, der den Menschen in den Mittelpunkt dieser Entwicklung setzt. Der eine menschliche Digitalisierung als Alternative zu einem technologiegetriebenen Ansatz aufzeigt, aber auch als Alternative zu einem zögerlichen und im Industriezeitalter verharrenden Denken.

Dabei verfolgen wir nicht in erster Linie eine philosophische Idee, sondern wollen konkrete Maßnahmen und Handlungsempfehlungen auf unternehmerischer, individueller und gesellschaftlicher/politischer Ebene vorstellen. Es gibt bereits viele Beispiele für gelungene digitale Transformationen auf unternehmerischer Ebene – einige davon werden Sie in diesem Buch finden. So unterschiedlich diese Ansätze sind, so klar ist eine zugrunde liegende Gemeinsamkeit: Ziele definieren, anfangen, ausprobieren. Wenn uns die Entwicklungen, die heute zu einem guten Teil jenseits des Atlantiks ihren Ursprung haben, etwas zeigen, dann dass wir uns beeilen müssen, unseren Weg in das digitale Zeitalter zu finden.

Fortschritt muss dem Menschen dienen

Bevor wir in die Zukunft aufbrechen, lohnt ein Blick zurück auf die Grundprinzipien dessen, was wir technischen Fortschritt nennen. Technischer Fortschritt ist substanzieller Teil der menschlichen Evolution. Vom Rad zum Pflug zum Traktor vergingen immerhin einige Tausend Jahre – immer noch ein Wimpernschlag mit Blick auf die gesamte Evolution.

Digitalisierung ist technischer Fortschritt im Zeitraffer, da die Technologien, um die es hier geht, sich selbst verbessern und beschleunigen. Deep Learning ist das Zauberwort, mit dem wir im Unterschied zu früher die Systeme nicht nur schneller, sondern auch intelligenter machen.

Im Unterschied zu den linearen Programmierverfahren der Vergangenheit setzte man hier auf neuronale Netze, die der Funktion des menschlichen Gehirns nachempfunden sind. Deep-Learning-Verfahren schaffen eigenständige Verbindungen, erkennen Muster durch Beobachtung und sind in der Lage, sich selbst weiterzuentwickeln. Das ist nicht weniger als die Blaupause der menschlichen Evolution.

Ähnlich Goethes Zauberlehrling rufen wir die Helfer herbei. Die Geräte, die uns umgeben, lernen unsere Gewohnheiten immer besser kennen. Smartphones geben nutzerbasierte Empfehlungen: So erfahren wir ungefragt, wie lange der Weg nach Hause oder zum nächsten Termin dauert. Alexa kennt unsere Vorlieben und schlägt uns gerne entsprechende Produkte und Lieferanten vor. Angenehm, die neue digitale Welt – solange wir sicherstellen können, dass sich die Helferlein nicht verselbstständigen.

Technischer Fortschritt, oder Technologie, war letztlich immer dazu da, dem Menschen zu dienen, die Lebensqualität zu steigern. Fortschritt schafft Produktivität, schafft Wohlstand, schafft Arbeit – das hat bisher noch immer funktioniert, auch wenn man die Entwicklungen mit zeitlichem Abstand bewerten muss. So stand die Erfindung des mechanischen Webstuhls von Joseph-Marie Jacquard 1805 von Anfang an unter dem Verdacht, Arbeitsplätze zu vernichten. Nicht zu Unrecht, wie der Aufstand der schlesischen Weber 1844 zeigte, als plötzlich 3000 Weber ihre Arbeit verloren und auf die Straßen gingen. Was als Beginn des Industriezeitalters gilt, war der Startschuss für ein Zeitalter, in dem die Lebensqualität und der Wohlstand für einen Großteil der Menschheit massiv gesteigert wurden.[1, 2]

Beim Blick auf die Statistiken bleibt nicht verborgen, dass die Arbeit in Summe weniger geworden ist – relativ mit Blick auf die Arbeitszeit eines Arbeitnehmers in den Industriestaaten.[3] Der technische Fortschritt hat uns befreit von schwerer, zum Teil gesundheitsschädlicher Arbeit, was zu einer Steigerung der Lebensqualität und neben den Fortschritten in der Medizin zu einer Steigerung unseres durchschnittlichen Lebensalters beigetragen hat. Der Schwerpunkt unserer Tätigkeiten hat sich verlagert. Räumlich von den Feldern in die Städte, von den kleinen Werkstätten in die Fabriken und Bürokomplexe, in denen sich unsere Industriegesellschaft manifestiert hat. Auch der Inhalt unserer Arbeit hat sich verändert. Ganze Berufe sind verschwunden, neue Berufsbilder sind entstanden. Die Assistenz von heute hat mit der Schreibkraft der 60er-Jahre nicht mehr viel gemeinsam.

Wir haben es verstanden, die zunehmende Produktivität zu nutzen, unseren Wohlstand in Summe zu vermehren, einigermaßen gerecht zu verteilen und Arbeit für einen Großteil der Bevölkerung zu gewährleisten.

Keine Garantie

Die Digitalisierung stellt dieses Prinzip infrage – selbst ihre Väter zweifeln, wie die ersten nachdenklichen Töne von den Protagonisten des Silicon Valley erkennen lassen. Der Einsatz disruptiver digitaler Technologien und die damit einhergehenden Produktivitätssprünge werden mit größter Wahrscheinlichkeit deutlich mehr Arbeitsplätze vernichten, als neue entstehen lassen.[4] Die Umwälzungen durch künstliche Intelligenz wird unsere Arbeitswelt in den nächsten 10 Jahren stärker verändern als in den letzten 50 Jahren. Gut ausgebildete Menschen, Facharbeiter und Akademiker werden erleben, wie ihre Tätigkeiten besser von intelligenten Algorithmen erledigt werden. Ob Underwriter in der Versicherungsindustrie, Anwälte in Großkanzleien oder hoch bezahlte Radiologen in Krankenhäusern – für einen sicheren Arbeitsplatz wird es keine Garantie mehr geben.

Gestalter des Ganzen

Sollten diese Entwicklungen ansatzweise so eintreten, wie es sich heute abzeichnet, stehen wir vor massiven Herausforderungen, aber auch Chancen.

Es muss uns gelingen, die Digitalisierung so zu gestalten, dass gesamtwirtschaftlich betrachtet Beschäftigung und Kaufkraft sichergestellt sind. Schaffen wir das nicht, würde sich unsere Gesellschaftsstruktur zurückentwickeln auf feudalistische Gefüge – sehr wenig Superreiche und ein Großteil der Bevölkerung an der Armutsgrenze. Keine Konstellation für sozialen Frieden. Der Ausweg? Wenn es ein Mittel gibt, mit dem wir dieser Herausforderung begegnen können (wie im Übrigen allen anderen Problemen dieser Welt), ist das Bildung. Keine neue Erkenntnis, aber immer wieder vernachlässigt oder inkonsequent nachverfolgt. Reihen wir uns also ein in den Chor derjenigen, die mehr und intelligentere Investitionen in unser Bildungssystem fordern, bevor wir mit dem Rücken an der Wand stehen. Mit gutem Beispiel voran gehen hier beispielsweise die skandinavischen Länder. So investiert Schweden bereits seit Jahren verstärkt in die Weiterbildung im digitalen Kontext und ergreift Maßnahmen, um Arbeiterinnen und Arbeiter mit neuen Arbeitsweisen vertraut zu machen.[5] Im asiatischen Raum boomt das eLearning[6]

Wo die Notwendigkeit für Politik und Gesellschaft besteht, liegt die Chance für jeden Einzelnen. Mit dem Beginn des digitalen Zeitalters entstand eine neue Spezies – die sogenannten digitalen Nomaden. Weniger als neue Form der Beschäftigung, sondern mehr als Ausdruck einer neuen Lebensart zieht es gut ausgebildete Menschen in die Welt, um dort zu arbeiten, leben, lernen, wo es ihnen gefällt. Einzige Voraussetzung: ein schneller Internetzugang, mit dem sie Zugang zu ihren Auftraggebern und zum Wissen der Welt haben.[7]

Das Lebensmodell dieser digitalen Elite ist sicher nicht die Blaupause für Beschäftigung und Weiterbildung im 21. Jahrhundert. Es zeigt uns aber die Möglichkeiten und Notwendigkeiten, mit denen wir uns persönlich auseinandersetzen sollten. Da ist zuerst einmal die Agilität, mit der diese Menschen ihr Leben gestalten. In einer VUCA-World (Volatile, Uncertain, Complex, Ambiguous), einer Welt der Unsicherheit also, muss die persönliche Flexibilität steigen. Arbeitsverhältnisse sind Beziehungen auf Zeit – zu beiderseitigem Nutzen.

Um für den Arbeitsmarkt attraktiv zu bleiben, wird der Einzelne länger für die eigene Qualifikation sorgen müssen als bisher. Lebenslanges Lernen ist keine Floskel mehr in einer Zeit, in der die Halbwertszeit von Wissen, insbesondere im IT-Bereich, rapide sinkt.[8] Mit den neuen Technologien entstehen neue Erkenntnisse in immer schnellerer Abfolge. Um arbeitsfähig und arbeitsmarktfähig zu bleiben, wird ein großer Teil der Menschen im Erwerbsleben sich permanent weiter qualifizieren müssen. Gefördert von dem Unternehmen, für das er oder sie arbeitet, und im Gegenzug für einen Verbleib bei dieser Firma. Oder auf eigene Kosten mit der Chance, seine Qualifikation zu besseren Konditionen zu vermarkten. Der Arbeitsmarkt der Zukunft wird mehr Marktplatz sein als heute, mit höheren Umschlagsgeschwindigkeiten und größeren Preisunterschieden für mehr oder weniger gefragte Skills.

Natürlich birgt die Entwicklung die Gefahr einer neuen Tagelöhner-Bewegung. Dem haben wir in Europa allerdings Sozialpartnerschaften entgegenzusetzen, die im besten Fall ein geeignetes Korrektiv darstellen, im schlechtesten Fall die Entwicklungen so weit verlangsamen, dass wir in alten Arbeitsmarktstrukturen verharren und den Anschluss an die Welt verlieren.

Agilität als Antwort

Die Chancen des digitalen Zeitalters zu nutzen obliegt dem Einzelnen. Jeder Erwerbstätige wird lernfähig bleiben müssen, flexibler und selbstbestimmter agieren müssen. Die Digitalisierung selbstbewusst anzugehen und Veränderung als Konstante zu akzeptieren ist eine Haltung, die persönliche Entfaltung und Sicherung des eigenen Wohlstands gewährleisten kann. Kreativität und menschliche/soziale Interaktion wird dem Menschen vorbehalten bleiben – hier wird der Schwerpunkt der Beschäftigung im digitalen Zeitalter liegen. [9] So wird in Studien beispielsweise für die Bereiche Fine Arts, Originality, Negotiation, Persuasion, Social Perceptiveness und Assisting and Caring for Others ein nur geringes Risiko der Verdrängung durch Maschinen gesehen. Damit sind Tätigkeitskategorien wie Wahrnehmung und Manipulation, also sich in komplexen und unstrukturierten Umwelten zurechtzufinden, kreativ-intelligente Fähigkeiten, also neue und wertvolle Ideen zu entwickeln sowie soziale Intelligenz beim Verhandeln oder Überzeugen gemeint. [10]

Was für den Einzelnen in der neuen digitalen Arbeitswelt gilt, ist ein Postulat für jedes Unternehmen im Wettbewerb, dessen Spielregeln durch die Digitalisierung neu definiert werden. Die Notwendigkeit, Veränderungen als Konstante zu akzeptieren und im Zentrum der strategischen Ausrichtung zu verankern, haben wir bereits vor drei Jahren in *Das agile Unternehmen* beschrieben. Die Digitalisierung ist ohne Zweifel die größte Veränderung und Herausforderung, der sich Unternehmen heute stellen müssen. Das war vor einigen Jahren noch nicht Common Sense – zumindest nicht in Branchen, die sich fernab von Informationstechnologie und Internet wähnten. In der Automobilindustrie beschäftigte man sich in dem Kontext zwar bereits mit selbstfahrenden Systemen und Entertainment-Angeboten, welche die Insassen die Zeit bis zum Ziel beschäftigen sollten. Kaum jemand dachte jedoch so weit, dass das ganze System infrage steht. Die Planspiele in den Strategie-Etagen der Automobilhersteller beschäftigen sich heute damit, dass Plattformen à la Uber den Personentransport zu einem Commodity-Service werden lassen können. Einer Dienstleistung, die wir – ohne Besitz eines eigenen Fahrzeugs – per Smartphone zu jeder Zeit an jedem Ort in Anspruch nehmen können. Ohne Fahrer, ohne Parkplatzsuche, ohne Staus. Utopie? Disruption! Dieses Szenario wird mit großer Wahrscheinlichkeit zwischen 2030 und 2035 in vielen Ballungszentren Wirklichkeit werden. [11]

Dass wir uns heute mit solchen Szenarien auseinandersetzen, ist ein wichtiger Schritt in die richtige Richtung. Ebenso wie dem Einzelnen bleibt Unternehmen nichts anderes übrig, als die Digitalisierung mit all den Risiken und Chancen selbstbewusst anzugehen. Die Voraussetzung dafür liegt in einer digitalen Kultur, die heute noch die wenigsten »traditionellen« Unternehmen aufweisen. Es ist erstaunlich, wie wenig Fantasie und Mut zum Teil in Organisationen herrscht, die Digitalisierung auf breiter Front als Beschleuniger der eigenen Entwicklung zu nutzen. Dabei ist es nicht mit einem »Digital Lab« getan, das am besten noch in Berlin angesiedelt wird. So betreiben oder planen nach einer Studie des IT-Analysten Crisp Research Mitte 2016 rund 60 Prozent der Dax-Konzerne ein Digital Lab, wovon mehr als die Hälfte der 61 untersuchten Labs wiederum in Berlin angesiedelt sind.[12] Doch dieser Trend klingt gerade ab – nicht zuletzt aufgrund verfehlter Erwartungen und Ziele. Die Vorstellung, dass diese organisatorischen Fremdkörper als Schnellboote neue Geschäftsmodelle entwickeln, ganze Branchen neu erfinden, hat sich nicht erfüllt. Eine gelungene digitale Transformation kann nach unserer Erfahrung nur in der Breite der Organisation stattfinden. Viele der Unternehmen, die wir in diesem Buch zu Wort kommen lassen, haben sich dazu entschieden, die Digitalisierung in ihr Unternehmen zu tragen und jeden Mitarbeiter dabei einzubinden. Partizipation ist das Mittel, mit dem wir nicht erst seit gestern sowohl den Kopf als auch das Herz der Organisation gewinnen können. Partizipation ist für viele Unternehmen ein Paradigmenwechsel. Es bedingt die Abkehr von einem hierarchischen Führungsverständnis und das Aufbrechen funktionaler Silos. Gelingt das, besteht die Chance, eine digitale Kultur Wirklichkeit werden zu lassen, die einen Aufbruch in ein neues Zeitalter ermöglicht.

Ist mit einer digitalen Kultur das »Wollen« sichergestellt, bleibt die Herausforderung des »Könnens«. Dabei sollten mit Blick auf die Belegschaft die Gestalter und die Anwender der digitalen Arbeitswelt unterschieden werden. Aktuell konzentrieren wir uns aus unternehmerischer Perspektive meist auf die digitalen Gestalter, also zum Beispiel die Programmierer, die Online-Marketeers oder Business-Analysten – notwendig für den Erfolg der digitalen Transformation und heftig umworben am Arbeitsmarkt (weil überall gefragt). Weniger im Fokus, aber ebenso wichtig für den Erfolg ist die Qualifizierung aller Mitarbeitenden. Wenn es nicht gelingt, den sinnvollen und mehrwertstiftenden Einsatz digitaler

Technologien sicherzustellen, wird die Transformation misslingen. Digitale Kompetenzen sind der Schlüssel, in der neuen digitalen Arbeitswelt erfolgreich zu sein. Erste Unternehmen haben damit begonnen, digitale Kompetenzen systematisch zu rekrutieren und zu entwickeln und damit nicht nur ihre Wettbewerbsfähigkeit im digitalen Zeitalter sicherzustellen, sondern auch ihr Versprechen als moderne Arbeitgeber einzulösen.

Ein solches Versprechen beinhaltet keine Garantien. Es bedeutet nicht, dass es auf dem Weg nur Gewinner geben wird. Der intelligente Einsatz digitaler Technologien wird die Tätigkeitsschwerpunkte und Berufsbilder in den nächsten zehn Jahren massiv verändern. Die Gleichzeitigkeit von Abbau, Aufbau und Umbau wird für eine permanente Bewegung in den Personalstrukturen sorgen. Einige wenige Unternehmen haben sich frühzeitig damit beschäftigt, die Auswirkungen des Einsatzes verschiedener Technologien wie zum Beispiel Robo-Advisors oder Fraud-Detection-Systemen auf ihre Personalstrukturen zu simulieren und die Konsequenzen für ihre Personalmaßnahmen abzuleiten. Zum Teil mit der Erkenntnis, dass wir heute schon in der Ausbildung die falschen Schwerpunkte setzen und quasi am Bedarf vorbei produzieren.

Damit bekommen die Herausforderungen einzelner Unternehmen wieder eine makroökonomische, gesellschaftliche Dimension. Wir sind zurück bei der Forderung nach mehr und besserer Bildung und Ausbildung auf Basis der Erkenntnisse, die sich an unterschiedlichen Stellen ihren Weg bahnen. Das Gesamtbild, das sich ergibt, ist komplex und unsicher, volatil und vieldeutig. Wir leben in einer VUCA-Welt – sich nicht damit auseinanderzusetzen ist keine Option. Weder für den Einzelnen noch für Unternehmen, noch für die Gesellschaft. Dieses Buch soll ein Beitrag sein zu dieser Auseinandersetzung.

Anmerkungen

1 Vgl. R. Gömmel (2017) Uni Münster »Historisches Realeinkommen in Deutschland 1810–1913 | Statista«.
2 Vgl. ISNM GmBH (2012): »Wohlstand in Zahlen – Eine Bilanz«
3 Vgl. Statistisches Bundesamt, Destatis (2017), »Volkswirtschaftliche Gesamtrechnung auf Basis des Instituts für Arbeitsmarkt- und Berufsforschung«
4 Vgl. Frey und Osborne (2013), »The future of employment«

5 Buhr und Frankenberger (2016), »Auf dem Weg zu Wohlfahrt 4.0–Digitalisierung in Schweden«.
6 Statista (2017), »E-Learning – Marktvolumen nach Weltregionen 2016 | Statistik«.
7 Dr. Velten C., Hille M., Hartmann R., (2015), »The Adaptive Workplace – Arbeiten im 21. Jahrhundert«
8 Blum, P., Dübner, M. (2012), »Betriebliche Bildung 3.0 – Wie sieht sie aus – was muss sie leisten?«, in: eLearning Journal 14/2012
9 Deloitte Development LLC., »Rewriting the rules for the digital age – 2017 Deloitte Global Human Capital Trends«.
10 Franken, S. (2015). Arbeitswelt 4.0: Arbeit und Führung in der Industrie 4.0. In: S. Franken (Hrsg.), Industrie 4.0 und ihre Auswirkungen auf die Arbeitswelt Frey, C. B. & Osborne, M. A. (2013). The Future of Employment: How susceptible are Jobs to Computerisation?
11 Berret M., et al. (2017), »Automotive Disruption Radar – Issue 1«
12 Velten, Dr. C.; Michel, J.; und Özdem, A. (2016) »Digital Labs – How to build, how to run«.

GRUNDLAGEN DER DIGITALISIERUNG

GRUNDLAGEN DER DIGITALISIERUNG GRUNDLAGEN DER DIGITALISIERUNG

Worüber reden wir?
Die Dimensionen der Digitalisierung und der Vorschlag einer Definition

Sowohl der öffentliche Diskurs als auch die Diskussionen in den meisten Unternehmen sind geprägt von verschiedenen Sichten auf Teilaspekte der Thematik. Das Spektrum rangiert von »Automatisierung« (lange bekannt – wir werden alle arbeitslos) bis hin zu den »disruptiven neuen Geschäftsmodellen« (der neue Heilige Gral unternehmerischer Tätigkeit).

Während Joe Kaeser (Siemens) sicher ist, dass die Mittelschicht verschwinden wird, sieht Dieter Zetsche eine goldene Zukunft für Daimler als vernetzter Mobilitätsanbieter mit dem Menschen im Mittelpunkt. Wie kommt es, dass die obersten Lenker zweier etwa gleich alter, beständiger Ikonen der deutschen Industrie so weit auseinanderliegen?

Welcher Aspekt der Digitalisierung gewählt wird, ist eine Frage der Perspektive und der Intention, mit der das Thema gespielt wird. Die Fokussierung auf Teilaspekte der Digitalisierung birgt das Risiko, die Dimension der Veränderung zu unterschätzen oder Wechselwirkungen zu übersehen.

Eine Versachlichung der Diskussion tut ebenso not wie die Berücksichtigung einiger Eckpfeiler, auf deren Basis wir als Grundlage diskutieren können.

Das gilt insbesondere für die strategischen Überlegungen, die in vielen Unternehmen heute an unterschiedlichen Stellen stattfinden. Immerhin noch gut jedes zweite Unternehmen in Deutschland hält die digitale Transformation heute für eine große Herausforderung – im Vergleich zu

72 Prozent im Jahr 2016.[1] Die steigende Zuversicht sollte nicht darüber hinwegtäuschen, dass für viele Unternehmen eine intensive Auseinandersetzung mit dem Thema und den Auswirkungen auf alle Aspekte unternehmerischen Handelns noch nicht ausreichend stattgefunden hat. Es empfiehlt sich, eine gemeinsame Grundlage zu schaffen, auf deren Basis Digital-Strategien entwickelt werden, die über Ziele und Handlungsfelder operationalisiert werden können. Die folgende Definition hat sich in unterschiedlichen Situationen bewährt: Unter Digitalisierung verstehen wir die Konversion von Produkten und Dienstleistungen, Strukturen, Prozessen und Geschäftsmodellen unter Nutzung neuer Technologien und Arbeitsweisen.

Wesentlich hierbei ist die Kombination neuer Technologien und Arbeitsweisen als Katalysator für die Veränderungen des Kerngeschäfts. Wir lösen die Digitalisierung damit aus dem reinen informationstechnischen Kontext und ergänzen sie um eine humane Komponente, die sich in unseren Arbeitsrealitäten abspielt.

Drei Dimensionen der Digitalisierung

Dem ersten Teil der Definition liegt eine Sicht auf die Dimensionen zugrunde, welche die Digitalisierung im Kern ausmachen. Üblicherweise werden drei Bereiche der Digitalisierung gesehen: Da ist zuerst die Dimension der *Wertschöpfungskette*, also der Leistungserbringung an sich. Deren Automatisierung hat uns in den vergangenen Jahrzehnten permanenten Produktivitätszuwachs von 2 bis 3 Prozent p.a. beschert, was in Kombination mit der Digitalisierung, welche die Intelligenz in die Automatisierung bringt, an Fahrt gewinnt. Die Digitalisierung ist der Brandbeschleuniger der Automatisierung, der uns in Zukunft Produktivitätszuwächse im zweistelligen Prozentbereich bescheren wird. Nicht linear, sondern in Schüben. Beispiele wie die Speed-Factory von Adidas zeigen, wohin die Reise geht. Weniger spektakulär, aber nicht weniger massiv werden die Auswirkungen auf die Administrationsprozesse sein. Die sogenannte »Dunkelverarbeitung« in der Finanzindustrie wird zu einem großen Teil digitalisiert werden, mit erheblichen Verschiebungen der Tätigkeitsschwerpunkte, wie Dr. Susanne Pauser von der Wüstenroth & Württembergischen in ihrem Beitrag aufzeigen wird.

Die zweite Dimension der Digitalisierung bildet die *Kundenschnittstelle*. Der Zugriff auf und die Vermarktung von Produkten und Services über das Internet hat unser Einkaufs- und Konsumverhalten massiv verändert, beschert dem Online-Marketing und -Handel traumhafte Zuwachsraten und dem stationären Handel das große Zähneklappern. Rainer Hillebrand von der Otto Group gibt uns mit seinem Beitrag einen Einblick in die Veränderungen im Handel – und wie dieser damit umgeht.

In der dritten Dimension sehen wir neue *Geschäftsmodelle* entstehen durch die Digitalisierung von Produkten, die Vernetzung physischer Produkte und Produktionseinheiten (Schlagwort Industrie 4.0) sowie durch die Kombination digitalisierter Wertschöpfungsketten und digitalisierter Kundenschnittstellen. Hiervon träumen Start-up-Gründer und CEOs gleichermaßen, mittlerweile sogar zuweilen gemeinsam. Die Medizintechnik ist eine dieser Branchen, bei der Software, Daten und Vernetzung rund um das Produkt eine immer wichtigere Rolle spielen, wie Aurel Schoeller von der pfm medical AG in seinem Beitrag berichtet.

Human Digitalisation

So hilfreich diese drei gängigen Dimensionen in der Beschreibung der Ergebnisse der Digitalisierung sind, so unzureichend sind sie in der Erklärung ihres Entstehens. Fügen wir dem Ganzen also eine vierte Dimension hinzu: eine Basisdimension, welche die Digitalisierung in den anderen drei Dimensionen erst möglich macht: die *Digitalisierung menschlichen Schaffens*. Wir bezeichnen diese Dimension als »Human Digitalisation« und umfassen damit alle Voraussetzungen für eine erfolgreiche Digitalisierung der gesamten Organisation und sogar der Gesellschaft.

In den finalen Kapiteln dieses Buches zeigen wir auf, was es für diese Digitalisierung menschlichen Schaffens braucht. Hier liegt der Schlüssel für eine erfolgreiche Zukunft im digitalen Zeitalter aus unternehmerischer, individueller und gesellschaftlicher Perspektive.

Bevor wir das tun, lohnt es sich, einen Blick zurückzuwerfen auf eine Entwicklung, die ihren Ursprung in Nullen und Einsen hat. Professor Key Pousttchi schildert in seinem Beitrag das Entstehen und die Evolution der Informationstechnologie.

Anmerkung

1 Dirks, T. (2017), Studie »Digitalisierung der Wirtschaft«, bitkom

Die Ursprünge der Digitalisierung
Megatrend aus dem Nichts?

Von *Key Pousttchi*, Universität Potsdam

> *»Die Rechenautomaten haben etwas*
> *von den Zauberern im Märchen.*
> *Sie geben einem wohl, was man sich wünscht,*
> *doch sagen sie einem nicht,*
> *was man sich wünschen soll.«*
>
> Norbert Wiener

Immer und überall verbunden, lassen wir uns treiben im Datenstrom. Bis das Smartphone, wie heute, zu unserem selbstverständlichen Begleiter im Alltag wurde, ist viel passiert – dennoch ging dieser Siegeszug in kürzester Zeit vonstatten. Der Potsdamer Universitätsprofessor für Digitalisierung, Key Pousttchi, wirft einen Blick zurück auf 0 und 1 – auf die Ursprünge der Digitalisierung vom Großrechner bis zur künstlichen Intelligenz. Von den technischen Auslösern über die Anknüpfung an menschliche Urinstinkte bis hin zu den heute leitenden Wirkmechanismen. Pousttchi reflektiert, dass es am Ende des Tages an uns liege, die digitale Zukunft aktiv zu gestalten und zu bestimmen, wo uns diese Reise noch hinführt.

Wie alles begann …

Am Anfang war der Mensch. So einer wie Sie und ich, nur ohne die moderne Welt. Er lebte mit seiner Sippe im Wald. Er hatte Angst vor wilden Tieren. Er versuchte, seine Alltagsprobleme zu lösen: Nahrung, Schutz, ein wenig Bequemlichkeit. *Sein schlimmster Albtraum:* nicht mit seiner Sippe in Verbindung zu sein, nicht genug Unterstützung innerhalb seiner Sippe zu haben oder nicht ständig auf dem Laufenden zu sein – denn das hieß nicht nur, keinen Jagderfolg und keine Hilfe zu haben, sondern im schlimmsten Falle auch, von anderen aus heiterem Himmel verletzt oder getötet zu werden. *Sein stärkster Verbündeter*: sein Verstand, der ihn von anderen Lebewesen unterschied und ihm ermöglichte, in einer Art kontinuierlichem Verbesserungsprozess fortlaufend neue und bessere Lösungsmöglichkeiten zu ersinnen, sich Hilfsmittel zu schaffen und alle Aufgaben arbeitsteilig und immer besser zu bewältigen.

Insbesondere mechanische Arbeiten gingen dem Menschen immer einfacher von der Hand: Erst halfen simple mechanische Hilfsmittel, dann der Einsatz von Tieren und schließlich die Automatisierung durch Wasser- und Dampfkraft. Das erste Maschinenzeitalter hatte begonnen: Der Mensch denkt, Gott lenkt und die Maschine macht die Arbeit.

Anders als vielfach angenommen brachte der nächste Schritt, die Entdeckung und Nutzbarmachung der Elektrizität, daran keine wesentliche Veränderung. Ihr Wesen bestand vielmehr in etwas anderem: der Möglichkeit, Erzeugung und Verbrauch von Energie zu trennen und dadurch einerseits neuartig konstruierte Maschinen einzusetzen und andererseits die Energieerzeugung an zentralisierte Kraftwerke auszulagern – beides verbunden mit dramatischen Effizienzvorteilen.

Ein interessanter Nebenaspekt: Anfangs erzeugten die Unternehmen ihren Strom selbst und suchten darin Wettbewerbsvorteile zu erzielen. Die Elektrizitätsversorgung erschien ihnen so neuartig und wichtig, dass sie einem »Vice President of Electricity« und entsprechenden Abteilungen anvertraut wurde (den man heute natürlich »Chief Electricity Officer« nennen würde). Später wurde die Energieerzeugung weiter zentralisiert und schließlich zu einem Teil der öffentlichen Infrastruktur – heute würde man sagen, die Energie kam nun »aus der Cloud«. Sollte es hier Parallelen geben? Lassen Sie uns darauf später zurückkommen und bei unserem kleinen geschichtlichen Exkurs bleiben.

Industrialisierung im 20. Jahrhundert hieß vor allem Industrialisierung des Krieges und für den Krieg. War bereits im Deutsch-Französischen Krieg 1870/71 die Eisenbahn ein entscheidender Faktor, so trat die Industrialisierung im Ersten Weltkrieg erstmals in vollem Maße hervor. Im Zweiten Weltkrieg schließlich wurden nicht nur Industrialisierung und Mechanisierung des Krieges perfektioniert, es trat auch erstmals der Krieg um Informationen in die erste Reihe: Die Mathematiker in Bletchley Park entschlüsselten den deutschen Nachrichtenverkehr und entschieden damit den Krieg um Europa.

Während die Verschlüsselung dabei elektro-mechanisch (zum Beispiel durch die später auch der breiteren Öffentlichkeit bekannt gewordenen Enigma-Geräte) erfolgte, war die ungleich aufwendigere Entschlüsselung »in Echtzeit« darüber hinaus nur durch den erstmals in größerem Umfang erfolgten Einsatz elektronischer (röhrenbasierter) Rechenmaschinen möglich – Cyber-War der ersten Generation. Und erstmals werden nicht nur mechanische, sondern auch einfache Denkarbeiten automatisiert.

Im Anschluss an diese Fortschritte wurden nach dem Zweiten Weltkrieg durchgängige Verwendung digitaler Technik auf Halbleiterbasis und vollständige Programmierbarkeit auf Basis der Von-Neumann-Rechnerarchitektur schnell zum Standard. Ab Ende der 1950er-Jahre waren maschinenunabhängige Programmiersprachen wie FORTRAN oder COBOL verfügbar, neben dem Militär und der Wissenschaft zählten vor allem Banken und Versicherungen zu den ersten Anwendern. State of the art war dabei der zentrale Großrechner, der alle Vorgänge nacheinander abarbeitete.

Erst in den 1980er-Jahren entstand mit dem IBM-PC die Welt der Schreibtisch-Rechner, wie wir sie heute kennen: einem einzelnen Benutzer zugeordnet, universell verwendbar über alle Anwendungsdomänen hinweg und damit gegenüber spezialisierter Hardware unschlagbar günstig – insbesondere nachdem er, mit Maus und grafischer Benutzerschnittstelle für jedermann bequem bedienbar, das Konsumentensegment erobert hatte. Gleichzeitig begann, 120 Jahre nach Philipp Reis, mit dem europäischen GSM-Standard der weltweite Siegeszug der digitalen Mobilkommunikation. Seit den 2000er-Jahren sind beide Technologien vereint im Smartphone, unserem kleinen universellen Begleiter.

Richtig spannend wird diese Kombination jedoch erst durch eine dritte Entwicklung, die 1969 mit drei Computern als ARPANET im Auftrag des amerikanischen Verteidigungsministeriums begann: das inzwischen weltumspannende Datennetz und sein wohl wichtigster Dienst, das World Wide Web. In den tieferen Schichten basierend auf Protokollen aus den 1970er- und 1980er-Jahren, die nie für Massenanwendung und Sicherheitsprobleme gedacht waren, ist das Internet zum Nervensystem der modernen Welt geworden.

Heute ist nicht nur das Wissen der Welt, sondern auch die Welt selbst nur einen Klick von uns entfernt (was übrigens, wie gern vergessen wird, auch umgekehrt gilt). Die elektronischen Möglichkeiten der Information, Transaktion, Interaktion bereichern und bestimmen unser Leben. Gleichzeitig verändern sie die Spielregeln für Unternehmen, gesellschaftliche Gruppen und Regierungen – mit nicht immer absehbaren Folgen. Und schließlich, wenn wir ehrlich sind: Wie oft vertreiben wir unsere Langeweile durch ein paar Klicks und lassen uns im Datenstrom treiben? Selbst wenn Sie und ich etwas reflektierter mit dem Medium umgehen, ein paar Minuten Beobachtung unserer Mitreisenden in der Berliner U-Bahn (oder dem nächsten Meeting, bis hin zur Regierungsbank im Bundestag) zeigen diese Wirkung der Geräte überdeutlich.

Es bildet offensichtlich den Mittelpunkt der Entwicklung, das Internet: Zuletzt haben wir es für die Menschen mobil verfügbar gemacht, jetzt vernetzen wir mittels Sensoren und Aktoren alle technischen und künftig dann auch alle nicht technischen Dinge – von Auto und Wohnung über komplette Werkshallen und Städte bis zum menschlichen Körper.

Welche Auslöser am Werk sind ...

Lassen Sie uns diese fast schon philosophische Betrachtungsweise wieder gegen einen analytischen Ansatz eintauschen.

Digitalisierung klingt simpel: Aus analog mach digital. Schauen wir genau hin, finden wir aber zwei Bedeutungen des Begriffs. Was Digitalisierung im (alten) engeren Begriffsverständnis etwa für das Papierdokument ist, das wir einscannen und damit elektronisch speicher- und verarbeitbar machen, wird Digitalisierung im (neuen) weiteren Sinne für unsere gesamte Welt: Wir versuchen, alle Dinge um uns herum mit digitalen Techniken zu erfassen, damit sie elektronisch speicher- und verarbeitbar werden. Zusätzlich beinhaltet dieses neuere Begriffsverständnis nun auch, die Ergebnisse dieser Verarbeitung wieder in die reale Welt zurückzuspielen. Im einfachen Falle unseres Papierdokumentes wäre das etwa der Ausdruck eines bearbeiteten (zum Beispiel automatisiert übersetzten) Dokumentes, in unserem neueren Begriffsverständnis kann dies durch Aktoren aller Art erfolgen, sei es etwa durch elektronische Anzeigen oder Robotik aller Art, etwa wenn der Sensor eines Reisebusses ein Hindernis vor dem Fahrzeug wahrnimmt und als Reaktion eine automatische Zwangsbremsung des Fahrzeuges erfolgt. In modernen Flugzeugen beeinflusst der Pilot schon lange nicht mehr direkt die flugkritischen Systeme, sondern nimmt eine Einstellung im elektronischen System vor, das seinerseits einen Elektromotor ansteuert, der die Veränderung vornimmt (»fly by wire«).

Das Wesen der Digitalisierung ist also nichts anderes, als eine Verbindung der virtuellen und der realen Welt zu schaffen, dergestalt, dass diese schließlich miteinander verschmelzen. Baut man heute eine moderne Fabrik, erschafft man diese zunächst simuliert im virtuellen Raum, in dem man sie umfangreich testet und optimiert. Erst dann baut man die reale Fabrik als Abbild des optimierten Simulationsmodells, wobei man integrierte IT-Funktionalitäten und umfangreiche Sensorik verwendet, um den Betrieb der Fabrik auf der Basis von Echtzeitdaten weiterhin im virtuellen Modell überwachen und fortlaufend optimieren zu können. Schließlich kann man Aktorik nutzen, wenn man einzelne Funktionen oder die gesamte Fabrik mithilfe des virtuellen Modells betreiben und, beispielsweise für Rüstvorgänge, fernsteuern will.

Technische Auslöser dieser Entwicklung sind vor allem die stetig steigende Rechenleistung und Miniaturisierung klassischer IT-Komponenten, die deren allgegenwärtige Integration in Technik aller Art ermöglichen. Zum vollständigen technischen Instrumentarium der Digitalisierung werden diese Komponenten insbesondere in Verbindung mit:

- flächendeckendem Einsatz von Sensoren und Aktoren einschließlich Audio- und Videoaufzeichnung sowie Robotik aller Art,
- Einsatz mobiler elektronischer Kommunikationstechniken zur Vernetzung und automatisierten Kommunikation mit sehr geringen Latenzzeiten,
- umfassender Erhebung, Archivierung und Verarbeitung sehr großer Datenmengen mittels Big-Data-Techniken,
- verschiedenen Techniken maschinellen Lernens,
- fortgeschrittenen Formen der Mensch-Computer-Interaktion, insbesondere Interpretation und Ausgabe von Sprache sowie Techniken zur Simulation der Realität für den Menschen (Virtual Reality) und zur Ergänzung der Realität für den Menschen um elektronisch zugeordnete Information (Augmented Reality).

Insbesondere die Kombination dieser Faktoren führt zu neuen Potenzialen für umfassende Automatisierung im kognitiven und gemischt mechanisch-kognitiven Bereich. Ein aktuell diskutiertes Beispiel für Ersteres ist etwa der automatisierte Vergleich von Vertragstexten, für Letzteres das autonom fahrende Fahrzeug oder die autonom fliegende Drohne.

Geht es um die Integration von Technik, stehen im Mittelpunkt der Entwicklung Cyber-physische Systeme, etwa im Bereich der Produktion unter dem Stichwort Industrie 4.0. Geht es dagegen um die Integration des Menschen in digitale Prozesse, ist das Smartphone das zentrale Element.

Wie die Wirkmechanismen funktionieren ...

Lassen Sie uns zunächst auf den Menschen und sein Smartphone schauen. Der Umgang mit dem kleinen Tamagotchi ist ja manchmal schon etwas bizarr. Von den Auswüchsen abgesehen: Innerhalb von nur 15 Jahren relevanter Marktpräsenz hat es dieses Gerät dazu gebracht, dass nicht nur nahezu jeder von uns eines besitzt, sondern es auch den ganzen Tag mit sich trägt – noch nie hat eine bahnbrechende Technologie so schnell und tief unseren Alltag durchdrungen. Auf der Suche nach einer Erklärung finden wir eine sehr alte und eine sehr neue Seite der Medaille.

Für die sehr alte Seite der Medaille müssen wir ein paar Tausend Jahre zurückschauen. Erinnern Sie sich an den Anfang dieses Kapitels, an den schlimmsten Albtraum des Menschen, als er noch mit seiner Sippe im Wald lebte? Die tiefen Schichten unseres Gehirns ticken noch immer so. Und dieses Gerät kann dem Menschen den Albtraum nehmen: Er ist stetig in Verbindung mit seiner Sippe, er kann stetig um Status und Unterstützung werben, er ist stetig auf dem Laufenden – Grundbedürfnisse unseres Unterbewusstseins werden erfüllt. *Deshalb* ist unser Verhalten mit diesem Gerät oft so schwer zu kontrollieren.

Die sehr neue Seite der Medaille haben wir vor einigen Jahren in einer international viel beachteten Studie offengelegt.[1] Schauen wir die Gründe für die Nutzung mobiler Dienste und Apps an, so stellen wir fest, dass alle Arten von Effizienzkriterien sich in Wahrheit als nicht signifikant herausstellen: Zeit sparen, Geld sparen, meine Arbeitsaktivitäten unterstützen. Vergessen Sie diese Faktoren. Sind sie vorhanden, nimmt der Nutzer sie gern mit – *handlungsauslösend* sind sie nicht. Was aber ist handlungsauslösend? Ist der Nutzer ehrlich, finden wir genau einen Grund, der mit weitem Abstand vor allen anderen Gründen rangiert: *kill time*. Dem Volk ist langweilig. Das ist die zweite, die sehr moderne Seite der Medaille der Nutzung von Smartphones mit ihren mobilen Diensten und Apps.

Und zusammen prägen diese beiden einerseits das Verhalten des Menschen mit dem Gerät und determinieren andererseits den künftigen Umgang mit der Technologie: Der Standardzugang zur digitalen Welt wird künftig in allen Szenarien das mobile Gerät sein, auch dort, wo es eben nicht effizient, vielleicht nicht einmal effektiv oder wo es überhaupt nicht sinnvoll ist. Weil der Mensch so tickt, wie er tickt. Mag das auch nicht für jeden Einzelnen gelten, so gilt es doch für die weitaus überwiegende Masse der Nutzer. Und die entscheidet das Spiel. Je nachdem, wie man Systeme konstruiert, kann man diese Effekte zum Vorteil oder zum Nachteil der Menschen und der Gesellschaft nutzen.

Ein zweiter interessanter Wirkmechanismus findet sich hinter der Art und Weise, wie wir mit Daten umgehen. Geht es um den Menschen, so sammelt das Smartphone unablässig Daten über ihn, seine Aktivitäten, seine Vorlieben, seine Handlungsmuster – von implantierten Chips noch nicht zu reden. Geht es um Cyber-physische Systeme, so entstehen beispielsweise fast lückenlose Datensätze für jede intelligente Fabrik, jedes moderne Auto (wozu es noch lange nicht selbstfahrend sein muss) und jede automatisierte Zugangskontrolle. Künftig gilt das auch für jeden Haushalt, jede Straße, jede *Smart City* und vieles mehr. Was aber passiert mit diesen Daten?

Daten gehören zur Digitalisierung wie der Sand zum Strand (und je mehr davon da ist, umso besser ist das Urlaubserlebnis). Nun könnten Sie einwenden, dass die Masse der Unternehmen bereits jetzt eine Menge Daten besitzt, mit denen sie nicht einen Bruchteil dessen anfängt, was man damit sinnvollerweise tun könnte. Wenn ich mir die digitalen Services so mancher etablierter Unternehmen anschaue, dann tränen mir die Augen, wie schlecht sie mit meinen zahlreichen Daten umgehen und wie hochgradig benutzerunfreundlich etwa die web- oder app-basierten Services sind, obwohl eine geeignete Nutzung der vorhandenen Daten die Vorgänge extrem einfach und angenehm machen könnte. (Kein Wunder, dass Start-ups bei den Kunden vieler klassischer Unternehmen offene Türen einrennen!) Stattdessen wird ständig am Aussehen der Webseite gebastelt, was die Sache meist noch schlimmer macht. Alles richtig. Aber das ist nicht der Punkt.

Der Punkt ist: Die Digitalisierung ändert das Wesen des Umgangs mit den Daten. *Big Data* ist eben nicht (nur) Datennutzung oder Data Mining alter Art, jetzt mit mehr Daten. Bei einer klassischen Datenanalyse macht sich der Wissenschaftler sehr viele Gedanken, wie ein Sachverhalt funktioniert (indem er die Kausalzusammenhänge zu verstehen sucht, in der Regel durch Vorstudien). Dann stellt er Hypothesen auf, fügt sie zu einem Kausalmodell zusammen, erhebt eine möglichst repräsentative Stichprobe an Daten und schließt von der Stichprobe auf die Grundgesamtheit. Big Data (in seiner spannendsten und wichtigsten Anwendung, der *Predictive Analysis*) geht genau den umgekehrten Weg: Man erhebt alle Daten und schließt daraus auf den einzelnen Datenpunkt.

Dabei wird die Kausalität aufgrund der großen Datenmenge für verzichtbar erklärt und ausschließlich mit Korrelation gearbeitet. Im einfachsten Fall werden hierzu alle theoretisch denkbaren quantitativen Modelle automatisiert erzeugt, auf Vergangenheitsdaten getestet und dasjenige, das *ex post* die beste Prognosequalität aufweist, als bestgeeignet ausgewählt und für die Prognose *ex ante* verwendet. Und da im Zeitablauf die Datenmenge größer wird, wird dieser Vorgang regelmäßig wiederholt – das Modell lernt. Wenn Sie nun das Verhältnis Vergangenheit/Zukunft verallgemeinern zu bekannte/unbekannte Daten, handelt es sich vereinfacht gesagt um die n-dimensionale Variante von »Kunden, die dieses Buch gekauft haben, haben auch folgende anderen Bücher gekauft«. Die Schwächen dieses Ansatzes sind leicht erkennbar – ebenso aber bei geeigneter Anwendung auch die Treffgenauigkeit der Vorhersage!

Vorausschauende Wartung von Maschinen, Abwanderung von Kunden und Prognose von Kriminalität sind hier nur sehr einfache Anwendungsbeispiele. Wenn Sie in 10 bis 15 Jahren kurz vor einem Schlaganfall oder Herzinfarkt stehen sollten, wird es durch diese Techniken eine gute Chance geben, dass dies erkannt, Sie bereits im Vorfeld in eine geeignete Einrichtung gelotst und dort die für Ihren speziellen Fall bestmögliche Behandlung gewählt wird, die das Ereignis verhindert oder seine Auswirkungen minimiert. Herzlichen Glückwunsch: Ihre Überlebenschance steigt durch Big Data dramatisch an.

Lassen Sie uns, bei aller Kürze eines einzelnen Buchkapitels, noch einen dritten Wirkmechanismus anschneiden: die digitale Transformation von Unternehmen und ihre Auswirkung auf das Wertschöpfungsnetz im Endkundengeschäft. Drei Dimensionen sind hier zu unterscheiden:

Die erste Dimension ist das *Leistungserstellungsmodell*, also die Frage, wie sich die Organisation und die Prozesse des Unternehmens verändern müssen, um die Möglichkeiten neuer Technologien zu nutzen. Damit beschäftigen wir uns seit 25 Jahren. Und eigentlich wissen wir hier unter dem Stichwort Business Process Reengineering relativ genau, was zu tun ist. Insbesondere für große Unternehmen stellen sich hier jedoch besondere Herausforderungen, da vielfach dysfunktionale Organisationsformen, die sich auch in der IT-Organisation und in der Systemlandschaft widerspiegeln, einer erfolgreichen digitalen Transformation entgegenstehen.

Die zweite Dimension ist das *Leistungsangebotsmodell*, also die mittelbare und unmittelbare Wirkung des Einsatzes digitaler Technologien und Techniken auf die Verbesserung bestehender Produkte und Dienstleistungen, auf das Angebot neuer oder sogar neuartiger Produkte und Dienstleistungen sowie auf Veränderungen der zugehörigen Erlösmodelle. Davon spricht heute jeder, der von Digitalisierung redet. Die Nutzung neuer Möglichkeiten im Leistungsangebotsmodell unterliegt allerdings in klassischen Unternehmen häufig erheblichen Limitationen, wenn die digitale Transformation des Leistungserstellungsmodells noch nicht abgeschlossen ist, während neu entstehende Wettbewerber ohne diese Hypothek agieren können.

Die dritte Dimension ist das *Kundeninteraktionsmodell*, also die Frage, wie die Unternehmen und ihre Kunden in Zukunft miteinander interagieren. Davon wird zwar heute bereits viel gesprochen unter dem Stichwort *Platform Economy*. Geht es nach den Folien der Berater, soll (und kann) heute jedes Unternehmen eine Plattform werden nach dem Vorbild von HRS, Uber oder AirBnB. Abgesehen davon, dass das schwierig wird (oder genau genommen: für die meisten Unternehmen unmöglich), greift auch die Analyse des zugrunde liegenden Problems erheblich zu kurz – wie fast alle Analysen, die sich auf das Abgucken des Gestern und Heute aus dem Silicon Valley beschränken.

Welches aber ist dort die wichtigste Wette auf die Zukunft? Sie hat wenig mit Start-ups zu tun, dafür aber umso mehr mit dem Kundeninteraktionsmodell – allerdings eine Abstraktionsebene oberhalb der Plattformen (man kann das durchaus als »Platform of platforms« bezeichnen). Denn die digitalen Marktführer benötigen, um ihren Börsenkurs auch nur halten zu können, dringend Wachstum und Wachstumsfantasien. In der digitalen Welt können sie aber nicht ausreichend wachsen, solange immer noch 80 Prozent der Wertschöpfung in der realen Welt stattfinden. Also müssen sie ihre Marktdominanz aus der virtuellen in die reale Welt ausdehnen.

Und nun stellen wir fest, dass einige der in den vorigen Abschnitten betrachteten Aspekte im Endkundensektor in interessanter Weise zusammenwirken können. Denn wer über sehr große und querschnittliche Endkundendaten verfügt und Big-Data-Techniken – insbesondere unter automatisierter Verwendung induktiver Statistikmodelle – auf diese anwenden kann, wird zum Aufbau neuartiger Empfehlungs- und Marketingsysteme befähigt, mit denen eine weitgehende Monopolisierung der Endkundenschnittstelle möglich ist (»erster Ansprechpartner des Kunden«), wobei der Kunde dann auktionsweise (also mikroökonomisch betrachtet unter vollständiger Abschöpfung der Marge) an den eigentlichen Erbringer der Leistung vermittelt werden kann.

Und wie wir zuvor gesehen haben, liefert – aufgrund seiner Eigenschaften und des Nutzerverhaltens – kein Instrument bessere Daten hierfür als das Smartphone. Eine solche Marktmacht entsteht also in erster Linie durch die Kontrolle marktführender Smartphone-Betriebssysteme (zum Beispiel Apple, Google), annähernd mithalten können allenfalls dominierende soziale Netzwerke (zum Beispiel Facebook/WhatsApp, WeChat) und mit reichlichem Abstand dominierende elektronische Einzelhändler (zum Beispiel Amazon, AliBaba). Im Gegensatz zu Plattformen, die stets auf der Ebene *einer* Branche agieren, betrifft diese Art der Schnittstellenmonopolisierung gleichzeitig *alle* Branchen, die Produkte oder Dienstleistungen für Endkunden anbieten oder herstellen – und durchaus auch Plattformen.[2]

Wohin die Reise geht …

Ziel des Beitrages war, den Ursprung und einige wichtige Aspekte der Digitalisierung zu beleuchten. Lassen Sie uns zum Abschluss einen Blick in die Zukunft werfen.

Die zentrale Rolle des Smartphones haben wir ausführlich beleuchtet, vom unentbehrlichen Begleiter und Unterhalter über die Verbindung zu unserer »Sippe« bis zum Datensammler und Enabler für die Monopolisierung der Endkundenschnittstelle. Stand heute hat noch keiner der Marktteilnehmer die Fähigkeiten für das letztgenannte Spiel vollständig aufgebaut. Die Daten sind allerdings schon in der erforderlichen Qualität und Quantität vorhanden und spätestens binnen 3 bis 5 Jahren wird die Wirkung deutlich sichtbar werden. Allenfalls einzelne Unternehmen oder Plattformen mit spezifischer, besonders starker Kundenbindung werden sich dem auf Dauer entziehen können.

Für den Endkunden ist das Smartphone heute die Fernbedienung für die virtuelle Welt. Im Zeitalter der Cyber-physischen Systeme wird es morgen auch die Fernbedienung für die reale Welt (und damit auch die Schnittstelle zwischen diesen Welten) sein. Und auch wenn vielen von uns der Gedanke widerstrebt – auch die Überwachung der Körperfunktionen durch elektronische Elemente im Inneren sowie das Vorhandensein digitaler Fähigkeiten im und am Menschen werden dazugehören. Die Datengetriebenheit der Industrie mag uns dagegen fast selbstverständlich erscheinen.

Die Digitalisierung stellt (wie von den Kollegen Erik Brynjolfsson und Andrew McAfee vom MIT richtig bemerkt) das zweite Maschinenzeitalter dar. Denn nach der Automatisierung der mechanischen Arbeit automatisieren wir nun mithilfe von Big-Data-Techniken und künstlicher Intelligenz die kognitive und die mechanisch-kognitive Arbeit. Der Mensch denkt, Gott lenkt und die Maschine macht die Arbeit? Vergessen Sie es – im zweiten Maschinenzeitalter denkt die Maschine. Bleibt die Frage: Hat unser Verstand als Differenzierungsmerkmal Bestand, lenkt nun der Mensch? Wir können darüber selbst entscheiden, wenn wir zuvorderst drei Dinge beachten.

Erstens: Der weltbeste Schachspieler ist nicht etwa ein Computer, wie man leichtfertig denken könnte. Der weltbeste Schachspieler ist ein Mensch, der einen Computer optimal als Hilfsmittel nutzen kann. Dazu braucht es einerseits andere Fähigkeiten, als sie bisher von Schachgroßmeistern gefordert wurden. Andererseits ist es aber eine Fehlannahme, dazu müsse man nicht gut Schach spielen können und Systemverständnis sowie tiefes Denken seien ebenfalls entbehrlich – das Gegenteil ist der Fall. Unsere Schulen und Universitäten sollten daraus dringend ihre Schlüsse ziehen.

Zweitens: In der aktuellen Digitalisierungsdiskussion müssen wir dringend einen Schritt zurücktreten und uns abseits des hektischen Tagesgeschäftes klar werden, welche Werte uns wichtig sind und wie die (digitalisierte) Welt aussehen soll, in der wir morgen leben. »Wie soll und darf Marktmacht verteilt sein?«, »Wem steht der Erlös der digitalen Geschäftsmodelle zu?«, »Wie halten wir es mit Freiheit und Überwachung?« sind nur drei von vielen Fragen, die wir dringend beantworten müssen.

Drittens: Wir müssen aufhören, in der Digitalisierung ohne Voraus- und Ergebnisdenken zu handeln. Stand heute sind alle Entscheider auf obersten (politischen und wirtschaftlichen) Ebenen Getriebene, aber keine Vordenker. Das mag systemimmanent sein, aber wir müssen es dringend überwinden. Wenn wir die Digitalisierung weiter einfach passieren lassen, werden wir die Verlierer sein. Nur wenn es uns gelingt, sie aktiv zu gestalten, kann die digitale Zukunft uns und unseren Kindern gehören.

Es gilt der alte Satz: »Die Technik muss dem Menschen dienen, nicht umgekehrt!« Und der Gesellschaft, möchte ich hinzufügen – alles andere ist Mittel zum Zweck und sollte es auch bleiben.

KEY
POUSTTCHI

Prof. Dr. Key Pousttchi ist seit 2015 Inhaber des SAP-Stiftungslehrstuhls für Wirtschaftsinformatik und Digitalisierung an der Universität Potsdam. Von 2001 bis 2014 baute er die Forschungsgruppe wi-mobile an der Universität Augsburg auf und etablierte diese als eine der international führenden Forschungsgruppen im Mobile Business. Seine Forschung ist international vielfach ausgezeichnet. Vor seiner wissenschaftlichen Karriere war er 12 Jahre Offizier der Panzertruppe, unter anderem als Sprecher der Deutsch-Französischen Brigade im Jugoslawien-Einsatz.

Key Pousttchi hat uns mit seiner Einführung in die Digitalisierung die bisherige Entwicklung und einen Ausblick auf die Dimension und die Tragweite klargemacht. Er fordert eine kritische Auseinandersetzung mit dem Thema, zu der wir mit diesem Buch einen Beitrag leisten wollen. Die politischen und wirtschaftlichen Lenker sind aufgefordert, Antworten auf die Fragen zu geben, die sich mit dem zweiten Maschinenzeitalter ergeben. Wie gehen wir mit den Herausforderungen und den Chancen um?

Eine zentrale Erkenntnis aus dem letzten Beitrag ist das Postulat der intelligenten Anwendung von Maschinen und Algorithmen. Wenn wir heute von digitaler Transformation sprechen, meinen wir damit meist den Weg, den eine Organisation einschlagen muss, um im Zeitalter der Digitalisierung erfolgreich bestehen zu können. Es liegt auf der Hand, dass es die neuen Technologien sinnvoll einsetzen wird für den eigenen Unternehmenszweck oder den Unternehmenszweck womöglich sogar im Kontext der Einsatzmöglichkeiten neuer Systeme verändert. Die zielgerichtete, intelligente Anwendung und Weiterentwicklung von Informationssystemen und dem, was wir als Big Data bezeichnen, wird über Erfolg oder Misserfolg im digitalen Zeitalter entscheiden.

Die Digitalisierung gleicht – bei allen Vorbehalten – heute in vielen Bereichen einem Goldrausch, in dem es darum geht, möglichst schnell sein Claim abzustecken und sich das neue Geschäft zu erschließen. Wer in einer solchen Situation immer gewinnt, ist der, der die Werkzeuge verkauft, die verborgenen Schätze zu heben. Als eines der wenigen Unternehmen in Europa ist es SAP gelungen, sich eine weltweite Spitzenposition in der Software-Industrie zu erkämpfen und über Jahrzehnte zu behaupten. Mit seinen Lösungen zur Abwicklung sämtlicher Geschäftsprozesse im Unternehmen sind die Walldorfer gut aufgestellt, von der Digitalisierung zu profitieren, indem sie ihrer internationalen Kundschaft die Tools dafür liefern.

Stefan Ries schildert in seinem Beitrag, wie die verschiedenen Dimensionen der Digitalisierung sich einerseits in den Produkten und Services seines Unternehmens wiederfinden, andererseits die Arbeit bei SAP entscheidend verändern.

Anmerkungen

1 Pousttchi, K.; Goeke L.: *Determinants of customer acceptance for mobile data services: An empirical analysis with formative constructs.* In: International Journal of Electronic Business 9 (2011) 1–2, S. 26–43.

2 Zur Wirkungsweise siehe: Pousttchi, K.; Hufenbach, Y.: *Engineering the value network of the customer interface and marketing in the data-rich retail environment.* In: International Journal of Electronic Commerce 18 (2014) 4, S. 17–42. // Pousttchi, K.; Dehnert, M.: *Exploring the digitalization impact on consumer decision making in retail banking.* In: Electronic Markets (erscheint in der Special Issue »FinTech and the Transformation of the Financial Industry«, 2017/18).

Beginn einer neuen Ära
Automatisierung war früher

Von *Stefan Ries*, Mitglied des Vorstands der SAP SE und Chief Human Resources Officer

> »*Sicher ist, dass nichts sicher ist.*
> *Selbst das nicht.*«
>
> Joachim Ringelnatz

Stefan Ries sieht uns am Beginn einer neuen industriellen Ära, die einen Paradigmenwechsel in der Art und Weise, wie wir arbeiten, erfordert. Er beschreibt verschiedene Dimensionen, in denen SAP die digitale Transformation erfolgreich gestaltet. Abgegrenzte Welten wie Leben und Arbeit wird es nicht mehr geben – Leben und Arbeit werden völlig neu definiert. Stefan Ries fordert »mehr Punkrock«, wenn es um das Entstehen neuer Formen der Zusammenarbeit sowie die Ausschöpfung der bereits durch die Digitalisierung vorhandenen Möglichkeiten geht.

Herausforderungen und Chancen

Die Digitalisierung verändert Wirtschaft wie Gesellschaft – Geschäftsmodelle werden revolutioniert, neue Produkte entwickelt, ebenso neue Dienstleistungen und Berufsfelder erschlossen. Dabei birgt der digitale Wandel vor allem ein großes Potenzial, das Leben vieler Menschen zu verbessern.

Der Begriff Digitalisierung kann auf unterschiedliche Art und Weise interpretiert werden. Einerseits bezeichnet die Online-Enzyklopädie der Wirtschaftsinformatik die Digitalisierung – und das ist die traditionelle technische Interpretation – als »die Überführung von Informationen von einer analogen in eine digitalen Speicherform«. Andererseits thematisiert der Begriff die »Übertragung von Aufgaben, die bisher vom Menschen übernommen wurden, auf den Computer«. Durch den höheren Digitalisierungsgrad sowie vernetzte und intelligente Produkte steigt das Wertschöpfungsniveau der Wirtschaft und damit auch der Wohlstand der Bevölkerung. Unabhängig davon, welche Industrie wir betrachten, alle müssen sich den Herausforderungen der digitalen Arbeitswelt stellen. Sie haben jedoch allesamt die Möglichkeit, die Veränderungen als Chancen zu begreifen.

Technologien wie Cyber-physische Systeme, Internet der Dinge, Big Data oder Robotik haben eindeutig eine neue industrielle Ära eingeleitet und erfordern einen Paradigmenwechsel in der Art und Weise wie wir arbeiten. Bestehende Arbeitsmarktstrukturen müssen mit den neuen Berufsbildern und Unternehmensformen verzahnt, die Weiterbildung der heutigen Erwerbstätigen für neue Tätigkeitsprofile gesichert und die Arbeitskräfte von morgen entsprechend qualifiziert werden.

Key Pousttchi ist im Kapitel *Die Ursprünge der Digitalisierung* bereits umfassend auf den wissenschaftlichen Aspekt des Themas eingegangen. Daher wird im Folgenden das Thema Digitalisierung anhand von Beispielen aus der Praxis veranschaulicht.

Ist die Digitalisierung Fluch oder Segen? Fakt ist: Das digitale Zeitalter bringt viele Chancen und ebenso Herausforderungen mit sich.

Durch verstärkte Automatisierung und durch den Einsatz künstlicher Intelligenz werden sich Berufsbilder und Tätigkeiten verändern. Aktuelle Studien nehmen an, dass bis zu 5 Prozent der aktuellen Jobs in Gänze wegfallen werden.[1] Stattdessen werden Tätigkeiten innerhalb eines Berufsbildes automatisiert und durch Maschinen übernommen werden. Laut McKinsey bieten mehr als die Hälfte der Berufsbilder schon heute Potenzial, bis zu 30 Prozent der Tätigkeiten innerhalb eines Jobs durch aktuell vorhandene Technologien zu ersetzen. Im Kapitel *Künstliche Intelligenz und maschinelles Lernen* wird dieser Aspekt tiefer veranschaulicht.

SAP und ihr Beitrag zur Digitalisierung

Mit dem Wandel des digitalen Zeitalters werden auch neue Berufsbilder entstehen. Hier ist von zentraler Bedeutung, dass Unternehmen ihre Mitarbeiterinnen und Mitarbeiter auf die Digitalisierung vorbereiten.

- SAP hat die Bedeutung der Aus- und Weiterbildung der eigenen Belegschaft erkannt. 2017 investiert das Unternehmen rund 190 Millionen Euro ins Lernen; 2016 waren es 140 Millionen Euro.
- openSAP ist eine Lernplattform für »Massive Open Online Courses« (MOOCs). Sie bietet kostenfreie digitale Lehrveranstaltungen zu vielfältigen Themen mit abschließender Zertifizierung an. Weltweit zählt die Plattform derzeit 222 000 Anwender, in Deutschland mehr als 25 000.

Zukünftig wird die Attraktivität des Arbeitgebers verstärkt davon abhängen, inwieweit er den Anforderungen einer virtuellen Arbeitsweise gerecht wird. Entscheidend hierfür: Mitarbeiter werden auf Basis ihrer Arbeitsergebnisse und nicht ihrer physischen Anwesenheit am Arbeitsplatz bewertet.

- Gerade globale und somit überwiegend virtuelle Arbeitsgruppen erfordern eine flexible Arbeitszeitgestaltung, um die Zusammenarbeit über Zeitzonen hinweg zu ermöglichen. Im Rahmen der Vertrauensarbeitszeit bei SAP beispielsweise erfolgt die Messung der Arbeitsleistung aufgrund der Zielvereinbarung zwischen Mitarbeiter und Vorgesetzten. Dadurch rücken die Produktivität und das Ergebnis in den Vordergrund, nicht die Anwesenheitszeit am Arbeitsplatz.

Neue Räume, neue Zeiten – Arbeitsmodelle 4.0

Die Digitalisierung verändert auch die Art und Weise, wie wir arbeiten. So findet eine zunehmende räumliche und zeitliche Entgrenzung der Arbeit statt und damit eine Abkehr vom Modell des klassischen Acht-Stunden-Tages an einem festen Arbeitsplatz. Neue Technologien, wie mobile Endgeräte oder der Remote-Zugriff auf IT-Systeme, führen zu mehr Flexibilität und Mobilität der Arbeit. So ist es möglich, individuelle Bedürfnisse besser mit dem Beruf in Einklang zu bringen.

Mit der Digitalisierung räumen viele Unternehmen ihren Mitarbeitern mehr Freiraum für ihre persönliche Lebensgestaltung ein, was nicht selten durch höheres Engagement gegenüber dem Arbeitgeber gedankt wird.

SAP hat einen festen Zusammenhang zwischen ihren finanziellen und nicht finanziellen Leistungen und dem Mitarbeiterengagement hergestellt. Eine Veränderung des Mitarbeiterengagement Index (Employee Engagement Index, EEI) beispielsweise um einen Prozentpunkt beeinflusst das Betriebsergebnis des Unternehmens mit 40 bis 50 Millionen Euro.

Die Loslösung von traditionellen Arbeitszeitmodellen stellt zudem einen wesentlichen Schritt auf dem Weg zu mehr Gleichberechtigung zwischen Männern und Frauen in allen Berufsbereichen und den verschiedenen Führungsebenen dar. Auch heute noch tragen Frauen oftmals die Hauptlast der familiären Verantwortung und Pflichten. Durch die Digitalisierung und das damit einhergehende mobile Arbeiten werden die Voraussetzungen zur Vereinbarkeit von Beruf und Familie verbessert und so die Chancengleichheit erhöht.

Während im Zeitalter von Industrie 4.0 körperlich belastende Tätigkeiten abnehmen und sich neue Chancen für ein selbstbestimmtes Arbeitsleben eröffnen, können Arbeitsverdichtung, Komplexität, Prozess- und Kommunikationsbeschleunigung zu physischen und psychischen Belastungen führen – ein Trend mit volks- und betriebswirtschaftlicher Relevanz. Außer Frage steht, dass gesunde Mitarbeiter und Organisationen heute ein entscheidendes Kapital für Unternehmen darstellen. Eine gute Führungs- und Kooperationskultur ist damit nicht allein eine Frage sozialer Verantwortung, sondern wird zu einem ökonomischen Gebot.

Mitarbeiterbefragungen können Gesundheitskultur-Parameter ausweisen und so die Fähigkeit eines Unternehmens ermitteln, seine Mitarbeiter gesund und leistungsfähig zu halten. SAP erfasst diese Parameter unter anderem zu den Aspekten Zufriedenheit, Work-Life-Balance, Vertrauen in die Führungskraft und Teamarbeit. Gesundheit ist ein Wert, der für sich selbst steht. Darüber hinaus ist der Einfluss des Gesundheits-Parameters auf das operative Ergebnis hoch. So führt im Fall von SAP eine Erhöhung von einem Prozentpunkt dieses Parameters zu einer Gewinnsteigerung von 65 bis 75 Millionen Euro.

Es wird deutlich, dass nur jene Unternehmen, welche die Gesundheit ihrer Belegschaft im ganzheitlichen Sinn fördern, nachhaltig erfolgreich sein werden.

Künstliche Intelligenz und maschinelles Lernen

Wenn wir von Digitalisierung sprechen, stoßen wir unweigerlich auf das Themenfeld der künstlichen Intelligenz. Der folgende Teil beleuchtet Aspekte, wie sie unsere Arbeitswelt und Gesellschaft von morgen maßgeblich verändern kann.

Mit SAP Leonardo hat SAP ein digitales Innovationssystem entwickelt, das es seinen Kunden ermöglicht, schnell Innovationen zu entwickeln und voranzutreiben, damit sich SAP-Kunden weltweit in der digitalen Welt ihren Wettbewerbsvorteil sichern können. Das System beinhaltet SAPs Cloud Plattform, Big Data, Analytics, maschinelles Lernen und das Internet der Dinge – alle Elemente integriert und untereinander vernetzt.

Durch verstärkte Automatisierung und durch den Einsatz künstlicher Intelligenz werden sich Berufsbilder und Tätigkeiten verändern. Was verbirgt sich hinter den Begriffen künstliche Intelligenz und maschinelles Lernen? Maschinelles Lernen ist künstliche Intelligenz »zum Anfassen«. Aus Daten und Algorithmen entsteht etwas, das heute schon im privaten und unternehmerischen Umfeld einen Nutzen bringt. Die Maschinen »lernen« etwas, wofür sie nicht explizit programmiert wurden. So können beispielsweise mithilfe von maschinellem Lernen große Datenmengen analysiert und neue Erkenntnisse gewonnen werden. Big Data – oder besser: Smart Data – dienen als Grundlage für faktenbasierte Entscheidungen in Echtzeit. Die Entscheidung selbst trifft am Ende immer der Mensch.

Mit Business Beyond Bias hat SAP eine Software entwickelt, die Kunden dabei hilft, unbewusste Vorurteile beim Einstellen neuer Mitarbeiter zu reduzieren. Die Software erkennt Kriterien anhand von Algorithmen und nicht anhand persönlicher Prägungen. So hilft die Software beispielsweise, bestimmte Wörter in Stellenanzeigen, die Frauen mehr anziehen als Männer (zum Beispiel »intuitiv« statt »analytisch«), aufzuzeigen oder andersherum. Hier kommt es zum Zusammenspiel zwischen Maschine/Software und Mensch: Der Mensch kann natürlich eine andere Entscheidung treffen als von der Maschine vorgeschlagen. Macht dies der Personaler in dem oben beschriebenen Beispiel, wird jedoch eine Diskussion gestartet und gefördert, die sonst eventuell gar nicht stattgefunden hätte.

Bei Geschäftsentscheidungen bringt maschinelles Lernen den größten Mehrwert in Situationen, in denen viele ähnliche Entscheidungen immer wieder getroffen werden müssen – und es aufgrund der Fülle der Daten schlichtweg unmöglich ist, dies manuell zu tun. Hier kann die Technologie die Produktivität erhöhen und bedeutende Erkenntnisse der Analyse und des Potenzials der Automatisierung hervorheben, die der Mensch anschließend tiefergehend analysieren kann. Des Weiteren können Unternehmen regelmäßig durch maschinelle Algorithmen entstandene Vorhersagen mit der Wirklichkeit abgleichen und bei Bedarf anpassen. Dadurch entsteht Vertrauen in die analytischen Fähigkeiten der neuen Technologie. Auch hier wird deutlich: Nimmt die Maschine dem Menschen immer mehr standardisierte Prozesse ab, bleibt somit mehr Freiraum für komplexe, individuelle und kreative Tätigkeiten.

Selbstlernende Maschinen?

Doch maschinelles Lernen geht noch viel weiter. Oftmals basieren Geschäftsprozesse auf starren Softwareregeln. Wenn wir diese starren Regeln durch selbstlernende Algorithmen ersetzen, kann die Maschine neue Muster und Lösungsvorschläge aufzeigen, von deren Existenz wir bislang noch nicht einmal etwas geahnt haben. Die Entscheidungsfreiheit und Verantwortung, welche Lösungsvorschläge tatsächlich in die Praxis umgesetzt werden, liegen nach wie vor beim Menschen – nicht bei der Maschine.

Neueste Innovationen entwerfen das Bild einer Zukunft, in der Roboter, Maschinen und mobile Geräte, die auf selbstlernenden Algorithmen basieren, immer unabhängiger und selbstständiger agieren werden. Digitale Assistenten und Chatbots werden ihre eigenen Erkenntnisse gewinnen, ihr Verhalten in unterschiedlichen Situationen anpassen und enger als bisher mit uns Menschen interagieren. Manche unserer mobilen Geräte sind schon jetzt in der Lage, auf unsere Stimme zu reagieren. In Zukunft werden sie noch interaktiver sein und schnell lernen, uns im Tagesgeschäft bei unserer Arbeit zu unterstützen – ob beim Planen von Meetings, Übersetzen von Dokumenten oder beim Analysieren von Daten.

Smart Infrastructure

Ein weiterer Aspekt ist eine intelligente Infrastruktur. Unsere Wirtschaft hängt von unterschiedlichsten Faktoren ab: Infrastruktur – zum Beispiel Energie, Logistik, IT – und Dienstleistungen, die den Wohlstand unserer Gesellschaft unterstützen, beispielsweise Bildung und Gesundheit. Es sieht derzeit so aus, als würden wir dabei gerade an eine Grenze stoßen. Maschinelles Lernen bietet uns jetzt die Möglichkeit, neue Signale in Daten zu erkennen, welche die kontinuierliche Verbesserung dieser komplexen und schnelllebigen Systeme ermöglichen. Auf Basis dieser gewonnenen Erkenntnisse kann nun der Mensch mit seiner Kreativität – übrigens etwas, das Maschinen nicht duplizieren können – neue Denkansätze und konkrete Lösungen entwickeln. Arbeiten Mensch und Maschine Hand in Hand, hilft die Technologie, das Leben vieler Menschen zu verbessern.

Bei allem Hype und allen Potenzialen, die künstliche Intelligenz mit sich bringt – Empathie und emotionale Intelligenz sind zwei von vielen Fähigkeiten, die den Menschen auszeichnen. Maschinen und Roboter, seien sie auch noch so intelligent, haben dies nicht. Diese Fähigkeiten sind unabdingbar für ein friedliches und erfolgreiches Miteinander.

Dimensionen – erfolgreich die Zukunft gestalten

Die Digitalisierung verändert die Interaktion mit Geschäftspartnern, revolutioniert Geschäftsprozesse, deckt neue Geschäftsfelder auf und verändert die Art, wie wir uns vernetzen und zusammenarbeiten. Unternehmen verschiedenster Industrien bei ihrer digitalen Transformation zu unterstützen, ist zentrale Aufgabe der SAP, wie im Folgenden veranschaulicht.

1. Interaktion mit Geschäftspartnern

Will ein Unternehmen im Zeitalter der Digitalisierung erfolgreich sein, muss es positive Erfahrungen liefern, »experiences«, also Situationen erlebbar machen. Dies gilt für Kunden genauso wie für die eigene Belegschaft oder neue Talente.

SAPs Partnerschaft mit Apple im Bereich Mobile Experiences ermöglicht mehr als 47 Millionen Nutzern weltweit, auf HR Services in SAP SuccessFactors mobil zuzugreifen – unabhängig vom Endgerät. Mithilfe von SAP Fiori und Apple iOS können Führungskräfte und deren Teams beispielsweise über ihr Smartphone einfach und schnell Urlaubszeiten oder Trainings beantragen und genehmigen.

2. Digitalisierung der Kernprozesse

Automatisierung war früher – mit der Digitalisierung und maschinellem Lernen sind wir heute einen großen Schritt weiter: Im Personalbereich bedeutet dies, dass HR-Abteilungen Praktiken an »den Mann« bringen, die es den Mitarbeiterinnen und Mitarbeitern ermöglicht, bei Standardabläufen Zeit zu sparen und produktiver zu arbeiten. Alle anderen Prozesse verschwinden hinter dem »Vorhang«, werden also über digitale Tools abgebildet. Die Erfahrungswelt für die Mitarbeiterinnen und Mitarbeiter im Unternehmen wird einfach und angenehmer; die Komplexität wird durch Maschinen abgefangen.

Der SAP Digital Boardroom ermöglicht geschäftliche Entscheidungen in Echtzeit. Er basiert auf der Lösung SAP Analytics Cloud und führt die Daten der einzelnen Geschäftsbereiche aus SAP S/4HANA und der SAP Cloud Plattform in einer zentralen Informationsquelle zusammen. Mit seiner Hilfe können Unternehmen unter anderem ihre Finanz- und Personaldaten mit einem Klick einsehen. Darüber hinaus lassen sich – basierend auf aktuellen Zahlen und Daten – Zukunftsszenarien anzeigen und ermöglichen so eine Entscheidungsfindung in Echtzeit.

3. Digitale Geschäftsmodelle

Nicht nur die Produktion von Waren verändert sich, auch die Produkte selbst werden digitalisiert. Neue Geschäftsmodelle in der digitalen Arbeitswelt basieren oft auf einem neuen Produktverständnis. Damit gehen veränderte Tätigkeitsprofile und qualifikatorische Anforderungen an die Mitarbeiter einher. Neue Serviceformen werden zu IT-basierten Tätigkeiten und Kenntnisse in der Datenverarbeitung zur Voraussetzung.[2]

3a) Ausbau bestehender Produkte/Dienstleistungen

Klassische Unternehmen können von der digitalen Transformation profitieren, indem sie ihre bestehenden Produkte und Dienstleistungen umstellen oder ausbauen:

Kaeser Kompressoren stellte sein bisheriges Geschäftsmodell um: Statt der Kompressoren wird Druckluft als Service verkauft. Durch die Vernetzung der Kaeser Druckluftsysteme werden zudem erforderliche Druckluftleistung und -qualität mitgeliefert. SAP HANA und SAP Predictive Maintenance (prädiktive Instandhaltung) werten diese Daten aus und stoßen entsprechende Serviceaufträge rechtzeitig an.

3b) Neue Unternehmen und Produkte

Mit dem SAP Résumé Matching gelingt es Unternehmen, das beste Talent schneller zu entdecken. SAP Résumé Matching automatisiert den Suchprozess, indem es diejenigen Kandidatinnen und Kandidaten mit den besten Fähigkeiten und Ausbildungen identifiziert und vorurteilsbehaftete Entscheidungen reduziert. Die Software filtert Informationen, zum Beispiel Fähigkeiten und Qualifizierungen, aus jedem Lebenslauf und gleicht sie mit den Jobbeschreibungen ab. Der dahinterliegende Algorithmus bewertet dann die Lebensläufe auf Grundlage der Auswahlkriterien.

Eine weitere Möglichkeit, in der digitalen Arbeitswelt neue Geschäftsfelder zu besetzen, bietet die Gründung von Start-ups. Ihre Unternehmensgröße ermöglicht ihnen, schnell und flexibel auf neue Technologien und Trends zu reagieren und diese für sich zu nutzen. Vor allem in der Entwicklung von Softwareapplikationen, die Mehrwertdienste für Privat- oder Firmenkunden verrichten, stehen geringe Investitionen einem nach oben offenen Nutzen- und Wachstumspotenzial gegenüber.

Die Förderung von Start-ups schafft Wachstum und Innovationen und sichert unsere internationale Wettbewerbsfähigkeit. SAP bringt sich unter anderem wie folgt ein:

- Das SAP Student Entrepreneurship Programm unterstützt studentische Gründungen und Gründungsideen mit Mentoring und SAP Softwarelizenzen. SAP kooperiert hier mit Gründerzentren an Hochschulen sowie regionalen Förderern – mit mehr als 100 Teilnehmern weltweit.
- Das SAP IoT Accelerator Programm ist ein strukturiertes Co-Innovationsprogramm für ausgewählte B2B-Start-ups, SAP-Kunden und Partner mit dem Ziel, gemeinsam die zukünftige vernetzte Welt zu gestalten. Die ausgewählten Start-ups entwickeln sich weiter, indem sie mit SAP und deren Kunden neue Produkte und Anwendungen entwickeln. SAP stellt dabei den Arbeitsplatz im Berliner Büro Data Hub zur Verfügung und bietet somit die Nähe zu SAP und seinen Kunden. Das Programm ist Teil des zwei Milliarden Euro Investments durch SAP in das Internet der Dinge bis 2020.

4. Kollaboration und Vernetzung

Kaum jemand ist heutzutage ohne mobiles Telefon unterwegs. Nicht nur, aber besonders junge Menschen sind theoretisch jederzeit online und viele sind auf sogenannten sozialen Netzwerken zum Beispiel Twitter oder Facebook aktiv. Laut einer Studie des Massachusetts Institute for Technology (MIT Sloan Management Review) sagen 78 Prozent aller Befragten, dass es für sie sehr wichtig sei, für ein digital aufgestelltes Unternehmen zu arbeiten. Dies zeigt sehr deutlich, wie wichtig dies für Unternehmen ist, wenn sie ihre Mitarbeiterinnen und Mitarbeiter dauerhaft behalten sowie neue Talente für sich gewinnen wollen.

Die Technik ermöglicht es uns, jederzeit an jedem (nahezu) beliebigen Ort zu arbeiten, auf einem beliebigen Endgerät. Dieser neu gewonnene Freiraum für Unternehmen und Mitarbeiter erfordert einen neuen Führungsstil: Vorgesetzte werden immer stärker zum Coach, anstatt Befehlsgeber zu sein.

SAP hat dies erkannt und daher das jährliche Performance Review System abgeschafft. Statt einmal im Jahr »Schulnoten« zu vergeben, fördert das neue System SAP Talk den kontinuierlichen Dialog zwischen Mitarbeiter und Führungskraft während des gesamten Jahres. Dies führt zu engem Austausch und einer individuelleren Führung.

Je dynamischer die Geschäftsprozesse sind, umso wichtiger ist die enge und bereichsübergreifende Vernetzung der Teams untereinander. Informationsaustausch in Echtzeit ist ein wichtiger Träger der Zusammenarbeit.

Veränderungen werden von Mitarbeitern getragen; daher gilt es, sie frühzeitig in den Gestaltungsprozess einzubinden. Dies führt zu Vertrauen und Akzeptanz. Gerade während Veränderungsprozessen können Unternehmen nicht genug mit ihrer Belegschaft kommunizieren. Dafür müssen entsprechende Kanäle geschaffen werden, über die Mitarbeiter ihre Sorgen und Ängste, aber auch ihre Ideen zum Ausdruck bringen können. Ebenso fordern Veränderungen einen offenen Kommunikationsstil und eine transparente Kommunikationskultur. Davon profitieren alle Beteiligten. Das ist nicht immer einfach, aber es führt kein Weg daran vorbei: Die Begegnung auf Augenhöhe durch gegenseitiges Zuhören und Lernen, Empathie für die Situation der Beteiligten, Vertrauen in die Mitarbeiter – all dies sind unbedingte Voraussetzungen für einen erfolgreichen Wandel.

Jam ist eine interne Kommunikationsplattform, die bei SAP zum Informationsaustausch und für Diskussionen zum Einsatz kommt. Dieser Austausch findet darüber hierarchieübergreifend statt. Anstelle von E-Mails überflutet zu werden, entscheidet der Mitarbeiter selbst, wann er sich die Informationen auf Jam »holt«. Darüber hinaus bietet Jam interaktive Nutzungsmöglichkeiten, um Fragen zu stellen oder Feedback zu geben.

Persönliches Fazit: Mehr Punkrock!

Ob im privaten Leben oder im Beruf, der digitale Wandel verändert alle Bereiche unseres Lebens und er ist in vollem Gange. Die Frage, ob wir die Digitalisierung als Fluch oder Segen erachten, stellt sich nicht länger. Es geht darum, dass Unternehmen zielgerichtet und vor allem schnell genug reagieren, um das Potenzial einer digitalen Wirtschaft für sich zu nutzen. Denn es wird zunehmend deutlich, dass nur jene Volkswirtschaften in Zukunft erfolgreich sind, die qualifizierte Fachkräfte ausgebildet haben.

Die Digitalisierung der Arbeitswelt führt nicht zwangsläufig zu einem Arbeitsplatzabbau. Vielmehr entstehen neue Geschäftsfelder und Berufsbilder, die wiederum eine Vielzahl neuer Beschäftigungsmöglichkeiten schaffen. Dies erfordert ein Umdenken aller Akteure unserer Arbeitsgesellschaft und ein neues Miteinander; neue Formen der Zusammenarbeit entstehen.

Wir brauchen mehr Punkrock: In der Vergangenheit hat meist die Führungskraft den Takt vorgegeben. Die schnelllebige und technologisierte Arbeitswelt funktioniert anders: Die Mitarbeiter sind in ihrem Teilbereich bereits Experten und tauschen sich untereinander stärker aus. Hier muss Freiraum geschaffen werden, damit Mitarbeiter neue Wege gehen können. Dies trifft nicht nur, aber auch für das Personalwesen zu: Jetzt ist es nicht mehr nur die Chance für HR, sondern auch eine Pflicht, sich von der vormals oft operativen Denke wegzubewegen, auf zu neuen Ufern. Der Weg ist sicher nicht einfach – wie im Punk wird dies »farbenfroh« vielschichtig werden, kreativ und innovativ – und sicher disruptiv. Smart Data in Echtzeit, künstliche Intelligenz Seite an Seite mit Mitarbeitern und Kunden – nur so können wir Möglichkeiten der Digitalisierung ausschöpfen.

Um im Zeitalter der Digitalisierung erfolgreich zu sein, ist es für Unternehmen besonders wichtig, positive Erfahrungen zu liefern – sowohl für Kunden als auch für die eigene Belegschaft. Um genau diese Erkenntnis mit Leben zu füllen, lautet das Motto bei SAP HR: »What matters? Experiences.« Smart Data bieten die Grundlage für faktenbasierte Entscheidungen. Der technologische Fortschritt hilft dabei, Situationen positiv »erlebbar« zu machen. Die Entscheidung trifft am Ende immer noch der Mensch.

Die Zukunft ist jetzt: Digitalisierung und künstliche Intelligenz sind nicht nur Zukunft, sondern sie sind schon hier. Mit der Entwicklung von Standardsoftware kommt SAP aus der Automatisierung und ist aktiver Treiber der Digitalisierung. Wir helfen Unternehmen, Potenziale der Digitalisierung zu erkennen und mithilfe unserer Softwarelösungen auszuschöpfen – und somit das Leben vieler Menschen zu verbessern.

STEFAN RIES

Stefan Ries ist seit 2014 weltweit für das Personalwesen der SAP verantwortlich und wurde 2016 in den Vorstand berufen. Vor 2014 war Ries Berater bei Egon Zehnder International und Mitglied der High-Tech/IT Practice Group und vor 2010 in verschiedenen globalen Personalleitungsfunktionen bei SAP, Microsoft und Compaq tätig. Ries hält ein Diplom in Wirtschaftswissenschaften von der Universität Konstanz sowie Ausbildungen von INSEAD und Harvard Business School.

Stefan Ries hat uns die Möglichkeiten vor Augen geführt, ein Unternehmen von innen nach außen zu digitalisieren. Dass das nicht zwangsläufig mit SAP-Systemen geschehen muss, liegt auf der Hand. Gleichwohl sind die Systeme der Softwareschmiede aus Walldorf prototypisch zu sehen für das, was für eine erfolgreiche Digitalisierung unabdingbar ist. Systeme, welche die Kundeninteraktion in Erlebnisse verwandeln, die uns von Routine-Tätigkeiten befreien und neue Formen der Zusammenarbeit ermöglichen. Dabei hat es Stefan Ries nicht versäumt, eben diese Zusammenarbeit und die menschliche Kreativität als Erfolgsfaktor für den Einsatz jeder Technologie herauszustellen. Gerade in einem Unternehmen, dessen Geschäftszweck die Digitalisierung ist, ist die menschliche Kreativität der eigentliche Motor des Ganzen.

Diesen Gedanken finden wir im Beitrag von Markus Gabriel wieder, der die Kreativität als höchsten Ausdruck menschlicher Intelligenz darstellt, die es uns ermöglicht, bisher geltende Regeln infrage zu stellen, um neue Strategien zur Problemlösung zu entwickeln.

Anmerkungen

1 McKinsey (2017)
2 Siehe dazu Acatech – Arbeitskreis Smart Service Welt (Hrsg.), SMART SERVICE WELT, Umsetzungsempfehlungen für das Zukunftsprojekt Internetbasierte Dienste für die Wirtschaft, Berlin 2015, S. 107.

Das Menschenbild im Kontext der Digitalisierung
Weg mit dem Schreckgespenst

Markus Gabriel, Universität Bonn

> *»Die Gefahr,*
> *dass der Computer so wird wie der Mensch,*
> *ist nicht so groß wie die Gefahr,*
> *dass der Mensch so wird wie der Computer.«*

Konrad Zuse

Der Bonner Philosoph Markus Gabriel krempelt die digitale Welt um und trägt zur Identitätsbildung des Menschenbildes in der Digitalisierung bei. Er reflektiert den Menschen als digitales Individuum in einer digitalen Revolution. Und stellt sich den Fragen: Welches Menschenbild nimmt er dabei ein? Wie soll er darin handeln? Welche Konsequenzen zieht die Digitalisierung nach sich? Welche Gefahren birgt sie in sich? Er geht davon aus, dass der Mensch sich seit Lebzeiten transformiert, seine Intelligenz sich dabei immer wieder verändert. Menschliche Intelligenz betrachtet er als Form der künstlichen Intelligenz. Dabei ist die menschliche Logik für ihn die Grundlage aller künstlichen Intelligenz in der digitalen Welt. Am Ende des Tages bedeutet Digitalisierung aber vor allem eines: Digitalisierung setzt neue Ressourcen in uns frei!

Das menschliche Selbst – eine stete Transformation

Als *Homo sapiens* ist der Mensch nicht lediglich ein zoologischer Gattungsname. Er ist nicht nur eine Spezies unter vielen im Tierreich, sondern, soweit wir wissen, das einzige Lebewesen, das sein Verhalten, ja sein gesamtes Leben nach der Vorstellung davon ausrichtet, wer oder was der Mensch ist. Wir Menschen handeln somit im Licht einer Vorstellung vom Menschsein, wodurch wir uns von nicht menschlichen Tieren und überhaupt von allem anderen, was es im Universum gibt, unterscheiden und auf diese Weise ein Bild von uns selbst und unserer Stellung im Kosmos entwickeln.

Unsere menschliche Intelligenz hat sich in historischen Zeiten dadurch ausdifferenziert und weiterentwickelt, dass wir an unserem Selbstporträt gearbeitet haben. Dazu gehört die gesamte symbolische Ordnung: Kunst, Religion, Mythologie, Wissenschaft, Politik et cetera. In der symbolischen Ordnung stellen wir ein Menschenbild als gültig dar; wir objektivieren unsere Auffassung davon, was Menschen sind und wie sie handeln sollen. In diesem Zusammenhang hat der Mensch sich historisch ständig transformiert. Diese Transformation beschreibt einen Vorgang, der prinzipiell nicht an ein Ende gelangt, solange es überhaupt Menschen gibt.

Die historische Transformation des Menschen verändert aber auch seine Intelligenz. Neue Probleme entstehen durch technologischen Fortschritt und mehr oder weniger zufällige Entdeckungen, die über die Jahrhunderte Spuren im Menschenbild hinterlassen haben. Zur Lösung dieser Probleme werden innovative Strategien entwickelt. Intelligenz kann hierbei als das Innovationspotenzial aufgefasst werden, das sich im Rahmen unserer Problemlösungsstrategien zeigt. In der höchsten Konkretion ist sie stets eine Form der Kreativität, die bisher als unüberschreitbar geltende Regeln infrage stellt, um auf diese Weise neue Strategien zur Problemlösung zu entwickeln.

KI ist so alt wie der Mensch selbst

Nach historischen Gesichtspunkten ist die menschliche Intelligenz schon immer eine Form der künstlichen Intelligenz gewesen. Die menschliche Intelligenz ist ein Artefakt, ein Fall von »artifical intelligence«, wie es im Englischen bekanntlich heißt. Der Mensch erzeugt seine eigene Intelligenz und tradiert sein entworfenes und bearbeitetes Selbstporträt in Form von Institutionen über Generationen hinweg. Dadurch stellen wir stets neue Handlungshorizonte zur Verfügung und setzen einen Prozess in Gang, an dem wir gemeinsam mit allen kreativen Kräften der Gesellschaft partizipieren. Deswegen sind wissenschaftlicher, wirtschaftlicher, künstlerischer, allgemein ökonomischer und politischer Fortschritt auch eng verzahnt. Alle Innovationsschübe erzeugen eine Gleichzeitigkeit. Diese Gleichzeitigkeit fangen wir mit unseren Vorstellungen vom Zeitgeist und der historischen Gegenwart ein. Um sie uns verständlich zu machen, rücken wir die wesentlichen Entwicklungen unserer eigenen Zeit in einen gemeinsamen Fokus.

Das ist auch der anthropologische, das heißt den Kern des Menschen betreffende Sinn der digitalen Revolution: Der gemeinsame Fokus unserer Arbeit am Menschenbild kreist heute um die Themen der Digitalisierung.

Digitale Revolution – eine ursprünglich zufällige Entdeckung

Die digitale Revolution hätte ohne die Forschung, aber natürlich auch ohne die militärische Nutzung der Grundidee des Internets niemals um sich greifen können. Ihren Auftakt bildet eine Innovation, eine durch zufällige Umstände begünstigte Entdeckung. Dazu gehören auch die sozialen Netzwerke, die aus bloßen Plattformen reale gesellschaftliche Kräfte gemacht haben. Die Entdeckung der Möglichkeiten des Digitalen schafft einen revolutionären Rahmen menschlicher Handlungsoptionen, den man philosophisch folgendermaßen verstehen kann: Die Digitalisierung erzeugt ein logisch kodiertes Bild von einer Sachlage, die wir durch unsere vordigitalen Medien aufgezeichnet haben. Digitalisierung ist ein Vorgang dritter Stufe. Die erste Stufe bildet die nicht mediale, natürliche Wirklichkeit, die wir bearbeiten, verändern und unseren Lebensumständen anzupassen versuchen. Sie wird auf der zweiten Stufe – auch durch die Nutzung unserer vordigitalen Technologie – medial aufgefasst. Die dritte Stufe wird erreicht, sobald die Wirklichkeit, die wir bearbeiten, selbst die Datenverarbeitung geworden ist. Daraus sind nun innovative Geschäftsmodelle entstanden, die effiziente Nutzung bereits vorhandener Ressourcen vorsehen. Der Terminus »Sharing Economy« umfasst alle Unternehmen, die auf die bereits bestehende Infrastruktur zurückgreifen und Werte schaffen. Die 2008 im Silicon Valley gegründete Online-Plattform Airbnb vermittelt einen Zugang zu vordigital bearbeiteten, in Form von Architekturen, Einrichtungen und so weiter bestehenden Daten. Die Datenverarbeitung auf dieser dritten Stufe, die eine Plattform mit kostenpflichtiger Zugangs- oder Nutzungsberechtigung zur Verfügung stellt, hat dann natürlich Rückkopplungseffekte auf den unteren Stufen. Inzwischen gibt es bereits einen Airbnb-Einrichtungsstil sowie Kommunikationsformen, die für spezifische digitale Produkte charakteristisch sind.

Der Mensch fügt sich in seine natürliche Umwelt ein. Das können wir deswegen, weil wir durch Arbeitsteilung komplexe Vorgänge in kleinere Schritte aufteilen. Damit ist der Weg für die algorithmische Erfassung unseres Tuns geebnet. Wir beschreiben dasjenige, was wir in einer arbeitsteiligen Welt tun, in der Sprache der Mathematik. Damit ist uns ein weltumspannender Durchbruch gelungen, der in den ersten Hochkulturen mit der Geometrie, also der Theorie für mögliche Landkarten, begonnen hat. Kombiniert man dieses alte Wissen mit der Erfindung des Computers, die auf den logisch-mathematischen und philosophischen Überlegungen beruht, die bekanntlich mit Alan Turing verbunden werden, zeigt sich auf Anhieb, unter welchen Bedingungen der digitale Mensch in einer Umwelt dritter Stufe lebt. Wir haben Medien erzeugt, die sich mit Medien beschäftigen, und Technologien, die Technologien verändern. Das gelingt uns, weil unsere digitale Industrie ein Modell vom Denken des Menschen einsetzt, das vom System »Mensch« entkoppelt wird.

Als unter anderem wesentlich biologisch verfasstes Gesamtsystem folgen wir Menschen aber freilich nicht nur formalen Regeln, die sich in der Sprache der Mathematik ausbuchstabieren lassen. Die Komplexität des menschlichen Lebens überschreitet die Reichweite unserer Logik. Dafür gibt es einen ganz einfachen, nachvollziehbaren Grund. Die Logik ist die Grundlage aller künstlichen Intelligenz im Sinne der heute verfügbaren Systeme der digitalen Datenverarbeitung. Sie beschreibt dabei keineswegs, wie Menschen denken oder Daten verarbeiten. Wir sind keine Computer im Sinne dessen, was als Turing-Maschine bekannt ist. Die Logik untersucht vielmehr, unter welchen optimalen Bedingungen wir Schlüsse ziehen, Information gewinnen und übertragen können. Sie entwickelt ein Modell des Denkens, das für uns normative Konsequenzen hat, weil ein Idealfall optimierter Rationalität entworfen wird. Dieses Modell ist aber eine Abstraktion, auf die wir abgesehen von Merkmalen des faktischen menschlichen Denkens, Zugriff haben, die für die optimierte Rationalität unerheblich sind. Das Verhältnis des faktischen menschlichen Denkens zum logischen Denkmodell kann man daher mit dem Verhältnis von wirklicher Landschaft und optimierter Landkarte vergleichen. Der Schwarzwald sieht in Wirklichkeit keineswegs so aus, wie er auf Google Maps dargestellt wird.

Optimierte Rationalität – es geht nicht um das, was wir sehen, sondern um das, was wir wissen

Der digitale Mensch ist heute mit einer Umwelt konfrontiert, die weitgehend aus Landkarten, das heißt aus Fällen optimierter Rationalität, besteht. Auf diese Weise ist die Arbeitsteilung viel effizienter geworden. Der uns allen bekannte Eindruck der Beschleunigung unserer Lebenswelt kommt schlichtweg daher, dass uns aufgrund der höherstufigen Technologie optimierte Pfade zur Erreichung unserer Ziele zur Verfügung stehen. Damit ist der digitale Mensch längst zum Cyborg geworden. Die diesem in der Philosophie entsprechende These vom ausgedehnten Geist (extended mind) weist darauf hin, dass jedes von uns zum Zwecke des Outcourcens unserer biologischen Intelligenz verwendete Modul neue Ressourcen in uns freisetzt.

Da wir in digitalen Umwelten komplex vernetzt sind, fungieren wir als Mitglieder hochdifferenzierter, arbeitsteiliger Gesellschaften natürlich auch als Schnittstellen der Informationsverarbeitung.

Weg mit dem Schreckgespenst Digitalisierung!

Dieser Umstand ist derzeit im Begriff, einen Platz im Menschenbild zu finden. Auf diese Weise reflektiert sich der Mensch als digitaler Mensch. Die Digitalisierung ist deswegen nicht nur ein Prozess, der auf der Ebene des Umbaus der ökonomischen Produktionsbedingungen stattfindet. Die innovative und beschleunigte Datenverarbeitung zieht vielmehr die Konsequenz nach sich, dass wir durch die Objektivierung unserer eigenen Intelligenz in Form von Denkmodellen unseren Kern verändern. Wir implementieren nämlich schrittweise die Denkformate der künstlichen Intelligenz in unsere eigenen Denkprozesse und tragen dazu bei, dass sich diese verändern. Das bringt die erfreuliche Aussicht mit sich, dass die frei werdenden Module zu Zwecken der Innovation eingesetzt werden können, was aber einen gesellschaftlichen Verständigungsprozess über die Ziele der Digitalisierung voraussetzt, der immerhin langsam in die Gänge kommt, aber von Schreckgespenstern beherrscht wird. Weder wird die künstliche Intelligenz uns unterjochen noch werden wir alle unsere Arbeitsplätze verlieren. Die Gefahren liegen vielmehr darin, dass die neuen Formen der Datenverarbeitung nicht reflektiert beobachtet werden.

MARKUS
GABRIEL

Prof. Dr. Markus Gabriel lehrt seit 2009 Erkenntnistheorie und Philosophie der Neuzeit an der Universität Bonn. Gabriel studierte Philosophie, Klassische Philologie, Neuere Deutsche Literatur und Germanistik in Hagen, Bonn und Heidelberg. Dort promovierte er 2005 bei Jens Halfwassen über die Spätphilosophie Schellings. Im Anschluss war er Gastforscher an der Universität Lissabon, 2006 bis 2008 Akademischer Rat auf Zeit in Heidelberg. Im Jahr 2008 wurde Gabriel in Heidelberg über »Skeptizismus und Idealismus in der Antike« habilitiert. Im darauffolgenden

Jahr war er Assistenzprofessor am Department of Philosophy der New School for Social Research in New York City. Seit 2009 ist Gabriel Inhaber des Lehrstuhls für Erkenntnistheorie/Philosophie der Neuzeit und Gegenwart an der Universität Bonn.

Markus Gabriel betrachtet den Menschen als das einzige Lebewesen, das sein Leben nach der Vorstellung ausrichtet, was der Mensch denn eigentlich ist. Wir beschäftigen uns stets mit uns selbst. Die Frage ist immer zeitgemäß, immer aktuell – vor allem wenn wir vor großen Veränderungen stehen oder wir uns mitten in ihnen befinden.

Wenn wir uns philosophisch mit dem *Homo sapiens* beschäftigen, stellen wir bestimmte Fähigkeiten heraus, stellen sie in den Vordergrund. Ein Charakteristikum ist besonders entscheidend: die Fähigkeit zur Objektivierung der eigenen Intelligenz. Jede historische Umwälzung verändert auch die menschliche Intelligenz. So geschieht es gerade in der Digitalisierung.

Alle philosophische Diskussion ist aber nichts ohne ihr praktisches Pendant. Was passiert mit dem Menschen im Unternehmenskontext? Was für ein Menschenbild vertreten wir und inwiefern befeuern unsere philosophischen Überlegungen eine praktische Reflexion?

Digitalisierung hat vor allem in der Praxis zwei Gesichter. Sie bietet Chancen, die den Menschen den größtmöglichen Gestaltungsraum für ein selbstbestimmtes Leben in und jenseits der Arbeitswelt gibt. Sie birgt Risiken, auf die wir auch genau schauen müssen, um niemanden in der Digitalisierung zu verlieren. »Jeder will gesehen werden« ist darum der Leitsatz von Bettina Volkens, die den Menschen im Unternehmenskontext in den Mittelpunkt stellt und sich fragt, wie wir mit diesen Chancen und Risiken verantwortungsvoll umgehen können.

Die Vernetzung des Menschen
Jeder will gesehen werden

Bettina Volkens, Vorstand Lufthansa

> *»Ein großer Teil des inneren Fortschritts liegt schon im Willen zum Fortschritt.«*
>
> Lucius Annaeus Seneca

Digitalisierung ist evolutionär

Der Mensch im Kontext der Digitalisierung? Als ich gefragt wurde, ob ich mich im Rahmen dieses Buches mit genau dieser Frage auseinandersetzen möchte, war ich spontan begeistert. Die Digitalisierung durchdringt fast jeden Aspekt der Luftfahrt, die Auswirkungen auf bestehende Prozesse sind enorm. Für das Jahr 2025 erwarten wir im Luftverkehr das Fünfzigfache heutiger Datenmengen. Für den Kunden wird sich das Reiseerlebnis komplett verändern, digitale Angebote entlang der Reisekette werden immer wichtiger. Heute hat jeder Kunde ein Smartphone. Gerade im Reisesektor entstehen disruptive Geschäftsmodelle und schon jetzt nutzen über 10 Millionen Menschen die Apps der Lufthansa Group. Bis zum Jahr 2020 investieren wir allein für die Neu- und Weiterentwicklung personalisierter digitaler Angebote 500 Millionen Euro. Aber: Digitale Angebote werden den Menschen keineswegs ersetzen können. Die Menschen, unsere Mitarbeiter, werden letztlich den Unterschied zu unseren Wettbewerbern ausmachen.

Digitalisierung nimmt Tag für Tag mehr Raum ein und wirkt auf das Unternehmen und seine Menschen. »Jeder will gesehen werden« ist der Leitsatz, der mich immer schon in meiner täglichen Arbeit leitet. Das heißt, Mitarbeiter wollen ihren Beitrag zum Gesamterfolg, zu dem einen großen Ganzen leisten und dafür auch Wertschätzung erfahren. Dabei ist es ganz egal, ob wir über repetitive und monotone oder intellektuell herausfordernde oder hoch spezialisierte Tätigkeiten sprechen. Jeder findet für sich Sinn und Sinnstiftung ganz individuell. Digitalisierung bietet den Mitarbeitern die Chance, autonomer zu sein, entscheiden zu können, welche Tätigkeiten Sinn und Wert generieren. Sie bietet die Chance, neue Arbeitskonzepte und individuelle Arbeitsumgebungen zu schaffen. Lebenslanges Lernen wird ein wesentlicher Bestandteil dieser Konzepte sein. Neue Konzepte bieten neue Chancen. Was passiert aber, wenn durch Digitalisierung und Automatisierung Tätigkeiten wegfallen? Was passiert mit den Mitarbeitern, die auf monotonen, automatisierungsfähigen Arbeitsplätzen ihren Sinn und ihren Platz gefunden haben? Wie können wir bei allen Chancen, die Digitalisierung bietet, darauf achten, dass die Mitarbeiter, die hier real bedroht sind, Entwicklungsmöglichkeiten bekommen?

Dazu müssen wir uns fragen, was den Menschen eigentlich ausmacht. Was ist das Einzigartige am Menschen, das ihn in seiner täglichen Arbeit und seinem Leben auszeichnet? Was ist der Mensch?

Der Mensch ist Wissender. Er ist in der Mehrzahl gescheit, vernünftig, klug und strebt nach Wissen. Er ist selbst Treiber der Evolution, weil Wissen ihn verändert. Das macht ihn einzigartig. Er ist ein vernunftbegabtes Lebewesen. Der Mensch bleibt nicht einfach, wie er ist, er entwickelt sich weiter, ist Teil und Treiber der Evolution.

Mir ist bewusst, dass diese Evolution aber keineswegs stringent ist. Sie erfolgt in Schüben. Diese Schübe können wir bei Kindern quasi tagtäglich mitverfolgen: Es ist spannend, zu sehen, wie Veränderung auf Geist und Körper wirkt. Wie können wir uns diese Schübe im Großen vorstellen, also langfristig?

Der Mensch ist Meister der Abstraktion: Durch Erfahrung, Erkenntnis und Imagination werden neue Bewusstseins- und Fähigkeitsebenen geschaffen. Es gibt Schübe, ausgelöst durch elementare Entdeckungen, wie zum Beispiel das Feuer und den Ackerbau – und es gibt Schübe durch die von Menschen gemachten Erfindungen, wie den Schiffsbau, den Buchdruck und das Fliegen, um nur einige zu nennen. Diese Erfindungen und Entdeckungen sind gekennzeichnet durch ihre große Wirkung auf Individuum und Masse zugleich.

Entdeckungen und Erfindungen haben unsere Menschheitsgeschichte verändert, haben uns Menschen weiterentwickelt. Auch Digitalisierung, die Erfindung und Entdeckung zugleich ist, entwickelt uns weiter. Ich bin überzeugt davon, dass Digitalisierung die neue Herausforderung schlechthin ist. Es ist das neue Feuer, das unsere Welt in ein anderes Licht tauchen wird. Es geht hier längst nicht mehr um eine bloße Entwicklung, sondern vielmehr um einen evolutionären Schritt: Wir werden uns als Menschen kognitiv und körperlich weiterentwickeln und Teil der neuen, veränderten Gesellschaft sein.

Welchen Einfluss auf Gesellschaft und soziale Systeme können wir absehen, welche Einflüsse auf die individuelle Sphäre des Menschen sind bereits jetzt erkennbar und wie müssen wir das im Arbeitskontext sehen?

Digitalisierung –
die Vernetzung der Welt

Digitalisierung ist eine Evolutionsstufe, die uns nicht nur körperlich und geistig weiterentwickeln wird. Sie wird sämtliche soziokulturellen Rahmenbedingungen verändern. Wir stecken längst in diesem Veränderungsprozess.

Vor allem unser soziales Leben wird neu definiert. Nehmen wir Snapchat als Beispiel: So viele Menschen wie nie zuvor sind auf sozialen Plattformen aktiv. Die aktuellsten Statistiken weisen auf 160 Millionen weltweit aktive Nutzer hin. Schon jetzt prägen unsere vernetzten Systeme und mobilen Endgeräte unser öffentliches und privates Leben. Wir arbeiten an einer Vernetzung der Welt.

Wir als Nutzer erreichen mit unseren Inhalten eine Anzahl an Menschen, die vor der Vernetzung der Welt nicht denkbar gewesen wäre. Wir lassen uns von Inhalten inspirieren, auf die wir vormals keinen Zugriff hatten, und Content produzieren, der durch eine repräsentative Anzahl von Usern auf dessen »Likeability« geprüft werden kann. Das globale Dorf ist imstande, ein Feedback zu geben, und bietet so die Chance, jegliche Prozesse zu demokratisieren, die vormals durch eine kleinere, nicht repräsentative Gruppe getroffen werden mussten. Sozusagen: vom Geheimwissen verschworener Klosterbruderschaften zum transparenten Wissen der Welt à la Wikipedia.

Wird durch die Zugänglichkeit und Menge der verfügbaren Informationen eine Demokratisierung aller Gesellschaften und Lebensbereiche möglich? Natürlich werden Hierarchien dadurch grundsätzlich flacher, weil jeder, der eine Meinung hat, diese auch äußern darf und kann. Positiv gesehen wären Entwicklungen wie der arabische Frühling sonst nie möglich geworden, aber gleichzeitig dürfen wir nicht die Menschen vergessen, die aufgrund ihres sozialen Status, ihrer politischen Situation oder ihrer monetären Lage nicht dazu imstande sind, am medialen Geschehen teilzunehmen und ihre Meinung frei zu äußern.

Ich behaupte, wir haben gerade hier eine große, letztlich soziale Verantwortung, entgegenzuwirken: Wir dürfen nicht zulassen, dass – wie zu Zeiten der Industrialisierung geschehen – der Wert des Menschen unter dem des Produkts eingereiht wird. Wir dürfen nicht zulassen, dass ein Teil der Gesellschaft durch die Demokratisierung der Informationswelt wachsen darf, während sich ein anderer Teil in der neuen Welt nicht äußern darf.

Digitalisierung hat zwei Gesichter. Sie eröffnet Chancen und Perspektiven, die wir bis dato noch gar nicht final absehen können. Aber sie birgt auch das Risiko, zumindest kurz- bis mittelfristig, »Verlierer« zu hinterlassen. Wir müssen den Blick auf beide Seiten richten, um bewusste und verantwortungsvolle Entscheidungen für die digitale Zukunft zu treffen. Diese zwei Seiten wirken sowohl auf gesamtgesellschaftlicher Ebene als auch auf individueller Ebene auf den einzelnen Menschen.

Menschsein und Digitalisierung – Wir wechseln die Perspektive

Der Mensch nimmt seine Evolution in die Hand. Der Mensch, der von der europäischen Aufklärung geprägt ist, ist die Basis für unser Menschenbild. Keine Maschine denkt wie wir. Keine Maschine denkt im menschlichen Sinne. Wir sind einzigartig.

In den Aufklärungsbewegungen haben wir unser Menschenbild pointiert: Die Aufklärung kann mit dem Ausspruch von Kant zusammengefasst werden: Sapere aude! Habe Mut, dich deines eigenen Verstandes zu bedienen. Das haben wir verstanden. Wir als Menschen sind rationale Wesen, die durch unseren Verstand Großes leisten können. Wir müssen nur mutig genug sein, ihn auch einzusetzen. Meiner Meinung nach ist das vor allem in Zeiten großer Umbruchphasen essenziell.

Wir Menschen sind doch in jeder Epoche von unseren Erfindungen und Entdeckungen geprägt worden. Wir sind schon immer aus den Schatten, die das Denken verdunkeln sollten, hervorgetreten. Oder anders ausgedrückt: Wir waren uns schon immer unseres Verstandes bewusst, haben den Autoritäten, die uns das Denken verbieten wollten, getrotzt und haben in den verschiedensten Ausprägungen unsere Intelligenz objektiviert: Sei es durch den Pyramidenbau, den Buchdruck, die Erfindung des Flugzeuges oder gegenwärtig durch die Digitalisierung. Durch diese Erfindungen und Entdeckungen hat der Mensch seine Evolution von Fähigkeiten und Fertigkeiten vorangetrieben.

Diese Evolution ist nicht in sich geschlossen: Nehmen wir das Fliegen – zunächst ein Traum, dann eine Imagination und Entdeckung, aus der eine Erfindung wurde, die der Menschheit die Gelegenheit gegeben hat, in große Höhen aufzusteigen. Wir können dank dieser Technologie das Leben von oben betrachten. Ohne dieses »Oben« wäre die Weiterentwicklung von zum Beispiel Geografie und Kartografie und damit, wie wir die Welt vermessen und wahrnehmen, niemals möglich gewesen. Eine Technologie, das Fliegen, hat uns eine weitere Form der Wahrnehmung gegeben. Welchen Einfluss wird Digitalisierung auf uns Menschen nehmen? Welche Perspektive nehmen wir bewusst ein?

Digitalisierung passiert einerseits viel schneller und elementarer als alles bisher Dagewesene. Digitalisierung ist ein Verstärker und wir können gleichzeitig messen, zählen und wiegen, was mit uns als Menschen passiert. Wir verstärken unsere Fähigkeiten aber nicht nur, wir erweitern sie auch im physischen Sinne: Durch digitale Helfer »enhancen« wir uns selbst. Enhancen ist der Fachbegriff für durch Technologien angestoßene physische Erweiterungen des Menschen. Wir sind in der Lage, all unsere Fähigkeiten durch die gesammelten Daten zu optimieren. Wir passen uns ganz bewusst unserer Umwelt an, so wie wir es für richtig halten, und wie es die Gesellschaft, in der wir leben, für richtig hält. Neu ist also auch, dass wir bewusst diesen Entwicklungsschritt verfolgen und damit eingreifen und steuern können, was passieren soll.

Unser Smartphone eröffnet uns ungeahnt effiziente Wege der Kommunikation und Gleichzeitigkeit. Studien belegen, dass Smartphones und das World Wide Web sogar unsere Denkstrukturen beeinflussen.

Das Gehirn fängt an, seine Strukturen zu verändern. Früher haben wir uns viel mehr Informationen gemerkt – heute bleibt im Gedächtnis oftmals nur der Ort gespeichert, an dem die Information abrufbar ist. Unser Gehirn meistert heute andere Aufgaben als vor dem Beginn der Digitalisierung.

Auch unsere Physis verändert sich längst. Die zunehmende Nutzung von Smartphones beeinflusst beispielsweise die Form unserer Daumen. Sie mutieren, werden muskulöser und geschickter als die restlichen Finger der Hand. Wie werden zukünftige Geräte, deren Funktionen wir heute nur erahnen können, wohl unsere körperlichen Eigenschaften beeinflussen?

Gerade weil wir die Veränderung belegen können, können wir sie steuern und in die Veränderung eingreifen, müssen uns aber gleichzeitig fragen, ob wir mit dem Tempo mitgehen können. Oder anders gesagt: Wir werden das Tempo nur mitgehen können, wenn wir auch bereit und in der Lage sind, immer wieder innezuhalten. Wenn wir uns auf diese Dimension einlassen, haben wir ungeahnte Möglichkeiten, zu gestalten und nicht nur gestaltet zu werden. Das erfordert Mut, Bewusstheit und Respekt im Umgang mit dem Neuen.

Arbeit 4.0. – schneller, besser, vernetzter? Wo bleibt der Mensch?

Das, was auf unsere sozialen Systeme wirkt und uns als Menschen individuell verändert, wird in der Folge die Arbeitswelt neu gestalten.

Digitalisierung ermöglicht die Übernahme von Tätigkeiten durch Maschinen, die diese besser ausführen können als der Mensch: Maschinen sind präziser als jede menschliche Hand. Sie sind zum Beispiel in der Vervielfältigung und Produktion von Gegenständen effizienter und ökonomischer. Sie nehmen dem Menschen die monotonen Tätigkeiten ab.

Darüber hinaus werden Computer in Teilaspekten der menschlichen Intelligenz besser sein als der Mensch. Sie werden in manchen Dingen schneller, effizienter und smarter reagieren als ihr menschliches Pendant – das schürt Angst, weil sie sich, wie Amazons Alexa, schneller durch eine riesige Menge an Daten bewegen können. Alexa entspricht in einer Sekunde ihrem Wunsch nach Klassik und in der anderen nach Jazz. Den Verkäufer im Plattenladen suchen wir meist nur noch aus nostalgischen Gründen auf, wenn wir uns an unsere erste Musikerfahrung als Jugendlicher erinnern wollen. Durch Musikdienste und Gadgets wie Alexa haben wir uns neue Möglichkeiten geschaffen.

Egal wo Menschen durch technologische Neuerungen Arbeit abgenommen wurde, mussten sie sich neu orientieren und waren gefordert, ihr eigenes Leben selbstverantwortlich in die Hand zu nehmen, zu gestalten und ihre Fähigkeiten zu erweitern.

Ich sehe hier einerseits Raum für die eigentlichen Potenziale. Wir als Menschen werden weniger Routinetätigkeiten ausführen müssen und Raum für soziale Interaktion und Innovation bekommen. Das schafft Lebensqualität, überspitzt formuliert vielleicht sogar ein neues Leben mit mehr Raum für Individualisierung und Besinnung auf das eigene Ich. Durch Freiraum für kreative Tätigkeiten werden Innovationen ermöglicht und eine höhere Innovationsgeschwindigkeit erzielt. Wir beschleunigen Innovation: Die Beschleunigung der Prozesse geschieht durch die starke Vernetzung und den schnellen digitalen Zugriff auf Daten, die auch ein vollständigeres Gesamtbild jeglicher Situationen und Ansprüche liefern als zu rein manuellen Zeiten. Wenn ich allein daran denke, wie einfach und effizient der Check-in-Prozess geworden ist. Schnell, effizient und smart.

Wir entwickeln Wissen weiter, akkumulieren Wissen, beschleunigen dessen Aufbau und entwickeln uns dadurch rapide weiter. Es entsteht die Möglichkeit, genau die Facetten des Menschseins, die uns einzigartig machen, weiter auszuprägen, was einem Evolutionsschritt entspricht. So betrachtet, wird die Bedeutung der Digitalisierung weit unterschätzt.

Aber andererseits sucht nicht jeder nach Kreativität, Innovation und nimmt die Herausforderung selbstverantwortlich an. Der Plattenverkäufer ist nur einer von vielen, der uns zeigt, dass die Angst vor Arbeitsplatz- und Bedeutungsverlust aktuell und real ist. »Jeder will gesehen werden« ist mein Ausgangspunkt. Was machen wir mit den Menschen, die ihren Sinn und ihren Platz, ihre Sichtbarkeit, zunächst verlieren?

Die philosophische Diskussion hilft jenen Arbeitnehmern, deren Job von Computern übernommen wird, wenig. Als Unternehmerin trage ich Verantwortung dafür, den einzelnen Mitarbeiter auf die Veränderungen vorzubereiten und zu begleiten. Klassisches Veränderungsmanagement reicht nicht aus, um solche evolutionären Prozesse abzufedern. Es geht nicht um Change-Tools, sondern um Haltung und lebenslanges Lernen. Wir sollten jede unternehmerische Aktivität hinterfragen und Arbeitnehmer in die Lage versetzen, ihre Zukunft aktiv zu gestalten. Ich möchte die Digitalisierung nicht in ein negatives Licht stellen, sondern einen bewussten Umgang mit ihr einfordern.

Digitalisierung ist eine Haltungsfrage.

Wir haben die Macht, zu gestalten, weil uns unsere Fähigkeiten einzigartig machen. Fähigkeiten, die keine Maschine ersetzen kann: Empathie und emotionale Intelligenz. Der Mensch ist eben nicht nur in der Lage, zu beobachten und zu analysieren, sondern kann sich auch in andere Menschen hineinversetzen. Intuition, Mimik und Gestik – das muss uns erst mal eine Maschine nachmachen. Kreative Prozesse, wie wir sie in den Künsten und Wissenschaften sehen, egal ob in der Literatur oder Malerei, bleiben dem Menschen vorbehalten.

Weil wir mit diesen Fähigkeiten Zukunft gestalten und Treiber des Fortschritts sind, liegt die Zukunft des Digitalen in einer lebendigen Hand. Deshalb muss die Technologie notwendig dem Menschen dienen. Wir sind der Herr im eigenen Haus, das Digitale nur Knecht. Der Nutzen für die Gesellschaft wird überwiegen und, rückwirkend betrachtet, Tür und Tor in ein neues Zeitalter sein, das dem Menschen vor allem Chancen bieten kann. Aber wir sind gefordert, den Weg dorthin verantwortungsvoll zu gestalten.

Weil wir weiter denken, wird uns die digitale Zukunft nicht überfordern. Wir werden weiter gestalten und steuern. Gerade weil wir es sind, die im Cockpit sitzen, sind wir uns der enormen Verantwortung im Hinblick auf eine digitale Zukunft bewusst. Das, was wir uns jetzt unter einer digitalen Zukunft und künstlicher Intelligenz vorstellen, ist nur die Spitze des Eisberges. Noch sind wir nicht in dieser Zukunft angekommen, aber diese Zukunft wird kommen und wir werden weitergehen. Wir werden uns neu definieren und müssen keine Angst davor haben.

Mit dieser Haltung sind wir überlegen und gerüstet und sollten positiv als Menschen in eine digitale Zukunft blicken. Es liegt in unserer Hand.

DIE AUSWIRKUNGEN DER DIGITALISIERUNG

DIE AUSWIRKUNGEN DER DIGITALISIERUNG

Was wir sehen, was wir sehen werden
Wir unterschätzen die Kraft und die Geschwindigkeit

Sie nutzen Ihr Smartphone im Durchschnitt 76-mal am Tag 145 Minuten lang[1] – wenn Sie ein durchschnittlicher Handy-Nutzer sind. Sind Sie ein sogenannter »Heavy User« bringen Sie es sogar auf 132 Nutzungen pro Tag mit 255 Minuten Nutzungsdauer. Wir bringen also im Durchschnitt mehr als zwei Stunden am Tag für etwas auf, das vor etwas mehr als zehn Jahren noch gar nicht existierte. Es gibt keine vergleichbare menschliche Errungenschaft, die unser Leben so schnell so grundlegend verändert hat wie das Smartphone.

Was sich damit zuerst verändert hat, ist unsere soziale Interaktion. Schauen wir auf unser Smartphone, haben wir gut zwei Stunden weniger Zeit, uns einem Gegenüber aus Fleisch und Blut zuzuwenden. Stattdessen sind wir in Netzwerken unterwegs, die wir als »sozial« bezeichnen und in denen wir Kontakte unabhängig von Zeit und Ort pflegen können. Ein Werkzeug, das uns eine Erweiterung unserer Präsenz ermöglicht – zuerst einmal eine sehr nützliche Angelegenheit. Das gilt ebenso für den uneingeschränkten Zugang zu Informationen, die uns selbst einfache Smartphones ermöglichen. Tatsächlich hat uns das Handy mit dem direkten Zugang zum Internet das Wissen der Welt in die Hände gegeben – buchstäblich. Es hat eine Demokratisierung von Wissen stattgefunden, die uns als Menschheit einen großen Schritt voranbringen kann – wenn wir dieses mächtige Instrument richtig zu nutzen verstehen.

Es ist bei der Geschwindigkeit, mit der sich das mobile Internet und die sozialen Medien etabliert haben, wenig verwunderlich, dass ihre Nutzung neben den unzweifelhaften Vorteilen auch Gefahren mit sich bringt. Selbst die Protagonisten der neuen digitalen Welt im Silicon Valley wurden nachdenklich, als der Einfluss der sozialen Medien auf den Wahlausgang der Präsidentschaftswahl 2016 offensichtlich wurde. Hätte die Kandidatin der demokratischen Valley-Elite gewonnen, wäre die Erkenntnis nicht so schockartig gekommen, aber gekommen wäre sie trotzdem. Und so gab sich Mark Zuckerberg nicht nur nachdenklich, sondern stellt gleich 3000 neue Mitarbeiter ein, die uns vor Fake News und Hass-Botschaften bewahren sollen.[2] Da sage einer, die Digitalisierung schaffe keine neuen Arbeitsplätze.

Was Fake News und die Interpretationshoheit über »alternative Fakten« ausmachen, beeinflusst in hohem Maß die Stimmung breiter Teile der Öffentlichkeit. Umso wichtiger ist, einen aufgeklärten Umgang mit den sozialen Medien sicherzustellen. Die Verantwortung dafür beginnt bei jedem Einzelnen, ist aber letztendlich ein gesellschaftliches Thema. Wie sich die digitale Gesellschaft mit ihren Vor- und Nachteilen darstellt und welche Trends sich abzeichnen, behandeln Malte Martensen und Christina Schwind in ihrem folgenden Beitrag.

Anmerkungen

1 Vgl. Marktforschungsinstitut dscout (2016), Studie »*Mobile Touches: A Study on Humans and their Tech*«.
2 Vgl. Scott,M., in The New York Times (05/2017) »Facebook Aims to Tackle Fake News Ahead of U.K. Election«.

Die digitale Gesellschaft
Licht und Schatten

Von *Malte Martensen*, Internationale Hochschule Bad Honnef, und *Christina Schwind*, Promerit AG

> *»Das Internet?*
> *Gibt's diesen Blödsinn immer noch?«*
>
> Homer Simpson

Professor Dr. Malte Martensen und Dr. Christina Schwind setzen sich tagtäglich mit den strategischen Herausforderungen von Unternehmen, insbesondere deren Mitarbeitern in der Digitalisierung auseinander. Sie betrachten die digitale Gesellschaft gleichsam als globale Gesellschaft und zeigen in fünf Thesen exemplarisch die Bedeutung der rasanten und weltumfassenden Veränderungen im Zuge der digitalen Transformation auf. Dabei ist für beide Autoren klar: »Digitalisierung ist per se weder gut noch schlecht.« Wichtig ist, dass wir uns rechtzeitig und ehrlich mit beiden Perspektiven – also mit Licht und Schatten – auseinandersetzen.

Die Veränderung der sozialen Interaktion

In der Geschichte der Menschheit hat kein Megatrend unsere Gesellschaft so schnell und gleichzeitig fundamental verändert wie die Digitalisierung. Zwar kam es bereits in vorherigen Jahrhunderten durch Basisinnovationen wie der Dampfmaschine, der Eisenbahn oder der Elektrotechnik zu umfassenden Veränderungen. Allerdings waren diese auf einzelne Volkswirtschaften begrenzt und es dauerte wesentlich länger, bis sie ihre gesamte Wirkung und wirtschaftliche Durchschlagskraft entfalteten. Benötigte das Festnetztelefon noch 76 Jahre, um die Hälfte aller US-amerikanischen Haushalte zu erreichen, schaffte das Smartphone diese Marke in weniger als zehn Jahren.[1] Und während das Aufkommen von mechanischen Webstühlen in Europa zu massiven Veränderungen führte, hatte sich diese Entwicklung in anderen Teilen der Welt (zum Beispiel China) in deutlich geringerem Ausmaß durchgesetzt.[2] Digitalisierung funktioniert anders. Sie ist schnell und sie ist grenzenlos. Durch die Globalisierung der Neunziger- und Nullerjahre nahmen nicht nur wirtschaftliche Grenzen ab. Gesellschaftlich und kulturell sind sich Großstädte wie Beijing und Berlin heute näher als Stadt und Land innerhalb einer Nation. Digitalisierung und Globalisierung bedingen sich gegenseitig, was die (weltumspannende) gesellschaftliche Durchschlagskraft der Digitalisierung verdeutlicht.

Die digitale Gesellschaft ist als globale Gesellschaft zu verstehen. Die Rückbesinnung aufs Nationale oder Regionale scheint diese Entwicklung eher zu bestätigen denn zu widerlegen. Neben der Globalisierung auf Makroebene ist eine tief greifende Veränderung der sozialen Interaktion als wesentlicher Treiber der digitalen Gesellschaft auszumachen: Einerseits sind wir ständig in Kontakt über eine Fülle verschiedener Kanäle, über eine Vielzahl verschiedener Endgeräte. Die Frequenz der sozialen Interaktion nimmt zu. Andererseits nimmt die Intensität und Aufmerksamkeit der einzelnen Kontaktpunkte ab: Sprechen wird ersetzt durch Chatten, wir verlieren an sozialer Präsenz.[3]

Dabei stehen wir heute potenziell mit mehr Menschen in Verbindung als je zuvor. Nie war es so leicht, Beziehungen und Kontakte auch über große Distanzen hinweg zu pflegen. Granovetters Theorie zur »Strength of Weak Ties« (1973)[4] besagte, dass es starke (»Strong Ties«) und schwache Beziehungen (»Weak Ties«) in sozialen Netzwerken gibt. Schwachen Beziehungen, wie etwa flüchtigen Bekanntschaften, wird dabei das Potenzial zugeschrieben, den Zugang zu neuen Netzwerken, Personen und Informationen zu ermöglichen. Beim Vorhandensein von ausschließlich starken Beziehungen würden diese Ressourcen verschlossen beziehungsweise eingeschränkt bleiben. Die Digitalisierung führt dazu, dass die reine Anzahl an »Weak Ties« zunimmt. Allerdings gibt es auch ein Maximum an stabilen Beziehungen, die ein Mensch mit anderen Menschen unterhalten kann. Ungeachtet des technischen Fortschritts können wir uns die Namen von maximal 150 Menschen merken und kennen deren Beziehungen untereinander. Auch die An-

Digital human

zahl der wirklich bedeutsamen Menschen, also jenen, denen wir uns wirklich anvertrauen, hat sich in der digitalisierten Welt nicht verändert.

Was sich hingegen verändert hat, sind die Kanäle und Medien, mithilfe deren wir mit unseren Kontakten in Verbindung stehen. Bereits heute gibt es mehr vernetzte Endgeräte als Menschen auf der Erde[5]. Nie zuvor stand eine solche Vielzahl an Tools und Hilfsmitteln zur Verfügung: Messenger-Dienste, soziale Netzwerke, Foren, Communities oder Videotelefonie, um nur einige zu nennen. Synchrone wie auch asynchrone Kommunikation lässt räumliche und somit auch zeitliche Distanz in der digitalen Gesellschaft zur Nebensache werden und ist an Schnelligkeit, Verfügbarkeit, Bedienbarkeit und Kosteneffizienz kaum zu überbieten.

Fassen wir zusammen: Die Globalisierung wirkt als Katalysator der digitalen Gesellschaft. Nie zuvor standen wir mit so vielen Menschen in Kontakt und waren derart vernetzt und erreichbar. Die Veränderung der sozialen Interaktion gepaart mit der schier unendlichen Flut und Verfügbarkeit an Informationen sind die Treiber der digitalen Gesellschaft. Im Folgenden leiten wir aus diesen Überlegungen fünf Thesen ab. Diese möchten wir als Trends verstanden wissen, natürlich ohne Anspruch auf Vollständigkeit zu erheben.

Fünf Thesen zur digitalen Gesellschaft

Erstens: Kultur als Exportgut

Die multipolare Welt hat nicht nur zu einem Verschieben der politischen und wirtschaftlichen Gewichte geführt, sondern auch zu einer größeren Flexibilität von Kultur. Waren die USA noch im 20. Jahrhundert Vorreiter beim Export der eigenen Kultur, wie beispielsweise in Sprache, Musik oder Traditionen, so orientieren sich Gesellschaften heute an verschiedenen Stilrichtungen und unterliegen diversen kulturellen Einflüssen. Durch die Macht der Bilder und die Schnelligkeit von Information wird Kultur zum Exportgut, beispielsweise zu erkennen an wehenden EU-Flaggen in Bollywood-Filmen.[6]

So nehmen wir einen wachsenden globalen Wettbewerb von politischen Systemen wahr, häufig ausgetragen unter dem Deckmantel der Kultur. Gesellschaften, die eine besonders begehrenswerte Marke aufbauen, wähnen sich im Zeitalter der Digitalisierung im Vorteil. Natürlich befeuert dies den ohnehin schon hohen Migrationsdruck in westliche Industrieländer, die wiederum mit restriktiver bzw. qualifizierter Migrationspolitik reagieren. Ein Oktoberfest in Buenos Aires? Gibt es. Fußballbundesliga in China? Ebenfalls. Ein Zurückerinnern an die Neunzigerjahre scheint wie eine Zeitreise in längst vergessene Tage.

Zweitens: Bildung als strategische Ressource

In Zeiten eines Überangebots von Informationen wird Bildung zur Schlüsselressource der digitalen Gesellschaft. Jeder Favela-Bewohner kann heute besser informiert sein als der US-Präsident vor 15 Jahren. Wir lernen auf YouTube, Information ist permanent abrufbar. Warum dann noch in Bildung investieren? Doch genau dieser Schluss ist in Zeiten der digitalen Gesellschaft gefährlicher denn je. Kreativität lässt sich nicht herunterladen, Innovation auf Knopfdruck ist eine Utopie. Nur wer in der Lage ist, Informationen und Daten zu interpretieren und mit Kontext- und Erfahrungswissen zu kombinieren, wird in einer digitalisierten Wissensgesellschaft einen Wertbeitrag leisten können.

Zudem kann der Stellenwert von Bildung im postfaktischen Zeitalter, in dem Gefühle und Meinungen vermeintlich mehr zählen als Tatsachen und Wahrheiten, nicht hoch genug eingeschätzt werden. Außerdem werden Maschinen den zwischenmenschlichen Umgang, bei dem Soft Skills, Einfühlungsvermögen und Kreativität den Unterschied machen, nicht übernehmen können. Schlussendlich gilt auch in der digitalen Gesellschaft die Regel des 70:20:10.[7] Nur 10 Prozent unseres Know-hows lernen wir durch Bücher, in Klassenzimmern, durch Trainings oder in Online-Kursen. 20 Prozent lernen wir durch Feedback und Interaktion mit anderen und 70 Prozent beim konkreten Ausprobieren und Anwenden – und das wird *Wikipedia* nie leisten können.

Drittens: Information vs. Informiertheit

Geht es jedoch um Informationsreichtum, liefert das Internet einen Zugang zu einer zuvor nicht dagewesenen Informationsumwelt. Sei es der »informierte Patient«, der sich vor dem Besuch des Facharztes nun selbst über Möglichkeiten der Diagnose und deren Behandlung ein Bild macht, oder das Recherchieren von Informationen zu gesellschaftlichen Kontroversen wie Gen- oder Nanotechnologie. Das Auffinden relevanter Informationen wird schneller und ohne zeitliche Verzögerung möglich. Dabei wandelt sich der Informationssuchende vom reinen Konsumenten hin zu einem Produzenten: Jeder kann sich spätestens seit dem Web 2.0 beteiligen und in Foren, auf Blogs oder Portalen die eigene Meinung kundtun.[8] Zuweilen ist von einem »Information Overload«[9] die Rede, das heißt, dass die reine Menge an Informationen das Individuum überfordert.

Um diesem Effekt zu begegnen, gibt es unterschiedliche Filtermechanismen. Einerseits liegt dies im Menschen selbst: Der Informationssuchende neigt unbewusst dazu, sich eher bestätigenden Informationen zuzuwenden. Ein Effekt, der unter dem Begriff des »Confirmation Bias« bekannt ist und welcher die eigene Position wiederum verstärkt.[10] Dazu kommt andererseits, dass auch technische Filtersysteme auf dem Prinzip der maximalen Ähnlichkeit beruhen. Egal ob *Google*, *Facebook* oder *Amazon* – die Filtermechanismen schließen ihre Vorhersagen aus der Vergangenheit und gleichen sie mit ähnlichen anderen Nutzern ab. Hat uns früher die Warteschlange in der Kantine Auskunft über das beliebteste (und damit das vermeintlich beste) Essen gegeben, orientieren wir uns heute im Internet an Bewertungen und Nutzungsverhalten anderer.

Diese Art »Trampelpfad« hilft, uns in der Informationsfülle Orientierung zu verschaffen und Entscheidungen treffen zu können. Allerdings steht die perfekte Personalisierung zunehmend in der Kritik: Abweichende Blickwinkel fehlen, die Welt erscheint uns digital viel einheiliger, als sie real, das heißt mit ihrer gesamten Komplexität und Mehrdeutigkeit, ist.[11] Womöglich werden wir durch die Filtermechanismen nicht mehr genügend gefordert, nehmen unsere Ansichten als sozial validiert hin und vergessen dabei, unsere Meinungen und Überzeugungen auf Standhaftigkeit zu überprüfen. Informationsfülle führt also noch lange nicht zu ganzheitlicher Informiertheit.

Viertens: Die neue Art des Konsums

Diese Filtersysteme, die auf Bewertungs- und Empfehlungsmechanismen beruhen, haben ihren Ursprung im E-Commerce. In diesem Sektor, in dem es um die Vorhersagen von Geschmacksfragen eines Nutzers geht, macht das Prinzip der maximalen Ähnlichkeit durchaus Sinn.[12] Durch die Transparenz des Internethandels und die Möglichkeit von Vergleichsportalen, direkt das passende Angebot auszuwählen, steigt auch die Qualität des Angebots. Online-Shopping geht sehr bequem, Bedürfnisse können orts- und zeitunabhängig befriedigt werden. Dabei weckt insbesondere die große Auswahl des Sortiments das Interesse potenzieller Käufer. Je mehr Produkte gezeigt werden, desto größer die Aufmerksamkeit. Allerdings führt dieser Effekt keinesfalls dazu, dass mehr Kaufabschlüsse erzielt werden. Es herrscht das »Paradox of Choice«: Größere Auswahl führt zwar zu mehr Aufmerksamkeit, gleichzeitig jedoch zu einer geringeren Conversion-Rate.[13] Aus diesem Grund wird im E-Commerce mit Vorselektion, Verknappung, Bewertungen und – wie im normalen Leben auch – mit Personalisierung gearbeitet.

Personalisierung funktioniert am besten dann, wenn der gläserne Kunde genügend Daten über sich preisgibt. Was mit der Nutzung von Bonus- und Mitgliedskarten und dem bargeldlosen Bezahlen begonnen hat, wird durch den Online-Handel weiter befeuert: Die Such- und Kaufhistorie von Kunden kann noch leichter verfolgt werden, die Aggregation, Konsolidierung und Analyse der Daten erfolgt in Sekundenschnelle. Umso wichtiger ist es, dass Datenschutz und -sicherheit gewahrt bleiben. Darüber hinaus gibt es ethische Grenzen, die nicht zu überschreiten sind. Das Spannungsfeld von Vertraulichkeit und Transparenz bleibt bestehen.

Fünftens: Koexistenz von digital und analog

Jahrelang schien der gesellschaftliche Wandel sich nur in eine Richtung zu bewegen: immer globaler, immer vernetzter, immer digitaler. Die exponentiell wachsenden Rechnerkapazitäten und Bandbreiten haben auch Gesellschaften einer immer schnelleren Veränderung unterzogen – zumindest an der Oberfläche. Denn seit Kurzem ist ein gegenläufiger Trend zu beobachten: der Rückzug ins Analoge. So erleben wir die Wiedergeburt analoger Technik und Konzepte, die noch vor zehn Jahren undenkbar gewesen wäre. Plötzlich lässt sich mit Vinyl wieder Geld verdienen, echten Status verspricht die Plattensammlung, nicht das iPad. Im Freundeskreis wird zu Brettspielen eingeladen, das Smartphone bleibt zu Hause. Das Comeback der Kleingartenkolonie zeigt die zunehmende Lust aufs Analoge und entspricht der Sehnsucht nach stillen Orten und Entschleunigung. Auch Diskussionsgruppen oder Nachbarschaftsinitiativen kehren erfolgreich in die analoge Welt zurück.

Natürlich werden *Mensch ärgere dich nicht* und Plattenteller die Veränderung hin zu einer digitalen Gesellschaft nicht aufhalten. Dennoch werden wir eine Koexistenz von analog und digital erleben, bei der sich im besten Falle beide Welten gegenseitig befruchten und ergänzen. Auch Vinyl wäre ohne die ständige Verfügbarkeit von Musik à la *Spotify* nichts Besonderes. Fast könnte man meinen, die digitale Gesellschaft justiere sich. Nachdem das gesellschaftliche Pendel im Rausch des Neuen ausgeschlagen war, wir uns hetzen ließen und die Beschleunigung endlos erschien, bewegt es sich nun zurück zur Mitte.

Die Verknüpfung beider Welten

Gesellschaften unterlagen schon immer Veränderungen, ein Phänomen also, das nicht neu ist und das es schon vor der Digitalisierung gab. Neu sind hingegen das Tempo und das weltumspannende Ausmaß, in der die Veränderung vonstatten geht. Wir nehmen einen Wandel wahr, der sehr viel schneller ist, fast alle Lebensbereiche erfasst und auf der gesamten Welt spürbar ist. Dabei sollte dieser Wandel aufgrund der Digitalisierung weder glorifiziert noch verachtet werden. Die Digitalisierung ist per se weder gut noch schlecht.

Anhand von fünf Thesen haben wir exemplarisch aufgezeigt, dass die digitale Transformation zu gesellschaftlichen Spannungsfeldern führt, die sowohl Licht als auch Schatten mit sich bringen: Kultur wird zum Exportgut, die Relevanz von Bildung als zentrale Ressource steigt weiter an. Informationen sind von überall und jederzeit abrufbar, führen aber nicht zwingend zu höherer Informiertheit. Konsum verändert sich und geschieht von zu Hause aus. Grundlegende menschliche Verhaltens- und

Kognitionsmuster bleiben erhalten; ihre Qualität und Quantität verändert sich jedoch. Dabei wird das Analoge durch das Digitale keineswegs verdrängt. Es geht vielmehr um eine Koexistenz und geschickte Verknüpfung beider Welten.

Genau hieraus entsteht der Handlungsdruck für die Gesellschaft: egal ob in Politik, Wirtschaft oder Wissenschaft. Das Erkennen von Risiken und Potenzialen der Digitalisierung und das Ableiten entsprechender Maßnahmen werden essenziell. Kompetenzen im Umgang mit der digitalen Welt müssen aufgebaut und geschärft werden. Dies betrifft nicht nur Experten, sondern die breite Masse der Gesellschaft. Jeder Einzelne kann individuell entscheiden, wie viel Wandel er oder sie verträgt, wo die Digitalisierung Chancen bietet und an welchen Stellen dem technischen Fortschritt und der Beschleunigung Grenzen gesetzt werden müssen. Die kritische Auseinandersetzung mit Licht und Schatten der Digitalisierung ist dafür zwingend notwendig. Denn eines ist sicher: Eher wird das Kraftwerk von Springfield abgeschaltet, als dass dem »blöden Internet« der Stecker gezogen wird.

MALTE
MARTENSEN

Prof. Dr. Malte Martensen lehrt und forscht am Berliner Campus der Internationalen Hochschule Bad Honnef/Bonn (IUBH). Seine Schwerpunkte bilden Leadership, Entrepreneurship, Organisationspsychologie und Digitalisierung der Arbeit. Neben seiner wissenschaftlichen Tätigkeit ist Malte Martensen Associate Partner bei der Promerit AG und berät Organisationen unterschiedlicher Größen und Branchen in strategischen

Digital human

Fragen des Human Resources Management. Zudem ist er ein gefragter Redner, Trainer und zertifizierter Coach sowie anerkannter Autor zahlreicher Fachbeiträge.

CHRISTINA SCHWIND

Dr. Christina Schwind ist promovierte Psychologin und seit 2013 bei der Promerit AG als Managing Consultant tätig. Nach der Promotion am Leibniz-Institut für Wissensmedien in Tübingen leitete sie zahlreiche Projekte zu Informationsaustausch und Kompetenzen in der digitalen Transformation. Als zertifizierter Scrum-Master und durch Weiterbildungen in Design Thinking steht sie für agile Methoden und Ansätze in der Beratung. Inhaltlich liegt ihr Beratungsfokus bei Promerit auf den Themen Collaboration, digitale Kompetenzen, New Work und digitale Transformation.

Wurden im letzten Autorenbeitrag die gesellschaftlichen Auswirkungen der Digitalisierung betrachtet, wenden wir uns jetzt den volkswirtschaftlichen Effekten zu. Ohne Zweifel verschieben sich in der neuen digitalen Ökonomie die Gravitationszentren im globalen Wettbewerb. Die großen Plattformbetreiber sitzen in den USA. Heute schon sind viele unserer Tätigkeiten mit einer dieser Plattformen verbunden. Sie haben sich zunehmend zu Hauptwachstumsträgern entwickelt.[14] Die Plattformen haben quasi Monopol-, zumindest Oligopol-Stellung – mit entsprechenden Auswirkungen auf die anderen Marktteilnehmer. Das Plattformgeschäft ermöglicht Marktkontrolle und höchstmögliche Margen – was die plattformnahen Branchen wie die Medien und der Handel zuerst zu spüren bekommen. Mit den direkten Auswirkungen auf Branchen und Unternehmen setzen wir uns später im Teil *Branchen im Wandel* auseinander.

Was uns zunächst interessiert, ist eine Bewertung der volkswirtschaftlichen Situation und der Perspektiven, die wir haben. Der Wettbewerb wird die Dominanz der amerikanischen Plattformbetreiber nicht mehr gefährden – allenfalls Deregulierung erscheint als unsichere Option und Ultima Ratio. Dabei ist der Effekt auf die Handelsbilanzen heute schon erheblich.[15]

Kein Trost: Das Geld, das die Plattformbetreiber verdienen, kommt nicht in der amerikanischen Gesellschaft an – die Mittelschicht schwindet.[16] Die Bemühungen von Präsident Trump, Wirtschaftsleistung zurück in die USA zu holen, sind Makulatur und haben allenfalls symbolische Bedeutung. Wir leben in einer globalisierten, hochgradig arbeitsteiligen Welt – allen protektionistischen Bemühungen zum Trotz. Die Digitalisierung wird diese Entwicklung noch verstärken mit einer größeren Dynamik und Komplexität, als das bisher der Fall ist.

Es stellt sich die Frage, welche Optionen wir in Europa haben. Das Rennen um die Plattform für die Industrie 4.0 ist noch offen. Wir haben – gerade in Deutschland – sehr gute Chancen, die Konvergenz aus Maschinenbau und Informationstechnik voranzubringen und Standards zu setzen. Dafür müssen die Rahmenbedingungen verbessert werden. Es wird unabdingbar sein, in Europa eine deutliche Deregulierung sicherzustellen. Das betrifft sowohl das Thema Datenschutz als auch die Regularien zu Firmenkäufen und Zusammenschlüssen. Plattformgeschäft bedeutet Dominanz – verhindern wir das hier, wird das Rennen in den USA oder Asien gewonnen.

Ist es schon schwer genug, die Digitalisierung mit Blick auf ihre unmittelbaren volkswirtschaftlichen Auswirkungen zu bewerten und Handlungsoptionen aufzuzeigen, stellt sich das nicht einfacher dar im Kontext der großen sozialen Fragen, die damit einhergehen. Die zentrale Frage wird sein, wie wir Beschäftigung sicherstellen und Kaufkraft erhalten, wenn sich der Schwerpunkt unserer Arbeit massiv verändert. Eine Fragestellung, der sich Clemens Fuest und Andreas Peichl in ihrem Autorenbeitrag angenommen haben.

Anmerkungen

1 Gagliardi, C. (2017). *Consumers leapfrog corporate technology.* Zugriff am 01.08.2017, unter http://www.pwc.co.uk/issues/megatrends/technological-break throughs.html

2 Kiesewetter, H. (2004). *Industrielle Revolution in Deutschland. Regionen als Wachstumsmotoren.* Stuttgart: Franz Steiner Verlag.

3 Gooch, D. & Watts, L. (2015). The impact of social presence on feelings of closeness in personal relationships. *Interacting with Computers, 27*(6), 661–674.

4 Granovetter, M. (1973). The strength of weak ties. *American Journal of Sociology, 78*, pp. 1360–1380.

5 Cisco IBSG. *US-amerikanische Statistikbehörde* 2010.

6 Zum Beispiel in *Dilwale* mit Shah Rukh Khan von 2015.

7 Lombardo, M. M. & Eichinger, R. W. (1996). *The Career Architect Development Planner* (1st ed.). Minneapolis: Lominger.

8 O'Reilly, T. (2005). *What is web 2.0: Design patterns and business models for the next generation of software.* Zugriff am 04.08.2017, unter http://www. oreilly.com/pub/a/web2/archive/what-is-web-20.html

9 Eppler, M. J. & Mengis, J. (2004). The concept of information overload: A review of literature from organization science, accounting, marketing, MIS, and related disciplines. *The Information Society, 20*, pp. 325–344.

10 Schulz-Hardt, S., Frey, D., Lüthgens C., & Moscovici, S. (2000). Biased information search in group decision making. *Journal of Personality and Social Psychology, 78*, 655–669.

11 Pariser, E. (2011). *The Filter Bubble: What the Internet Is Hiding from You.* New York: Penguin Press.

12 Munson, S. A., Zhou, D. X., & Resnick, P. (2009). Designing interfaces for presentation of opinion diversity. In D. R. Olsen Jr., K. Hinckley, M. R. Morris, S. Hudson, & S. Greenberg (Eds.), *Proceedings of the ACM CHI Conference on Human Factors in Computing Systems* (pp. 3667–3672). New York: ACM Press.

13 Schwartz, B. (2003). *The Paradox of Choice: Why More Is Less.* New York: HarperCollins.

14 BMWi (2017) »Weißbuch Digitale Plattformen – kurz und knapp zusammengefasst«.

15 Grabitz, M., in Tagesspiegel (10/2016) »Den Anschluss verloren«.
    Zschäpitz, H., in Die Welt (01/2016) »Google, Apple, Facebook, Amazon: Tech-Konzerne beherrschen die Welt

16 Fry, R.; Rakesh, K., Pew Research Center (2016) »The shrinking middle class in U.S. metropolitan areas: 6 key findings«.

Volkswirtschaft auf dem digitalen Prüfstand
Sind die Gewinner vorprogrammiert?

Von *Clemens Fuest*, Präsident ifo Institut, und *Andreas Peichl*,
Leiter ifo Zentrum für Konjunkturforschung und Befragungen

> *»Es kommt nicht darauf an,*
> *mit dem Kopf gegen die Wand zu rennen,*
> *sondern mit den Augen die Tür zu finden.«*
>
> Werner von Siemens

Wird Europa beim digitalen Wandel abgehängt? Welche Auswirkungen wird es auf Beschäftigung und Einkommensverteilung geben? Wie kann man die Kaufkraft sicherstellen? Clemens Fuest und Andreas Peichl geben Antworten auf die brennendsten Fragen zu den volkswirtschaftlichen Aspekten der Digitalisierung. Dabei sehen der Präsident des Münchener ifo Instituts und der Leiter des ifo Zentrums für Konjunkturforschung und Befragung die Chance für Europa nicht im Versuch, amerikanische Modelle zu kopieren, es ginge viel mehr darum, die Stärken der europäischen Wirtschaft durch den Einsatz digitaler Technologien und durch die Entwicklung neuer Geschäftsmodelle weiterzuentwickeln. Dazu müssen die Gesellschaft, die Wirtschaft und auch die Politik ihre Anstrengungen deutlich erhöhen, die Chancen der Digitalisierung zu nutzen beziehungsweise den nötigen Rahmen dafür zu schaffen.

Sinken Produktivitäts- und Wirtschaftswachstum derzeit wegen oder trotz der Digitalisierung?

Die Digitalisierung führt zu fundamentalen Veränderungen in der Arbeitswelt und der Wirtschaft insgesamt. Unter den volkswirtschaftlichen

Aspekten der Digitalisierung stehen derzeit drei Entwicklungen im Mittelpunkt der Debatte. Erstens erleben die führenden Industriestaaten seit einigen Jahrzehnten und insbesondere seit der globalen Finanzkrise des Jahres 2008 eine Verlangsamung des durchschnittlichen Produktivitätswachstums. Das passt schlecht zu der Erwartung, dass unter anderem durch Digitalisierung die Produktivität zunimmt. Zweitens wächst vor allem in Europa die Sorge, bei der digitalen Transformation nicht mithalten zu können und abgehängt zu werden. Die führenden Unternehmen der digitalen Wirtschaft wie Microsoft, Google und Amazon sind in den USA entstanden, auch in Asien gibt es erfolgreiche Unternehmen in diesem Sektor, Europa dagegen erscheint abgeschlagen. Drittens besteht die Befürchtung, dass die Digitalisierung zu einer größeren wirtschaftlichen Divergenz innerhalb der Volkswirtschaften führen wird. Diejenigen, die sich in der digitalen Welt gut zurechtfinden, haben steigende Einkommen zu erwarten, während andere, die diese Fähigkeiten nicht haben, nur noch schlechte wirtschaftliche Aussichten haben. Damit verbunden ist die Sorge, dass ganze Gruppen von Arbeitnehmern künftig vielleicht gar nicht mehr gebraucht und gewissermaßen durch Roboter ersetzt werden.

Der Rückgang des Wachstums der Arbeitsproduktivität in den Industrieländern wird vor allem unter dem Stichwort der »säkularen Stagnation« diskutiert. Dass die Digitalisierung diesen Trend befördert, erscheint eher unwahrscheinlich. Es ist allenfalls denkbar, dass durch Digitalisierung statistische Messprobleme entstehen mit der Folge, dass das Produktivitätswachstum systematisch unterschätzt wird. Ein Beispiel ist die Nutzung von Mobiltelefonen als Navigationsgerät, welche den Erwerb von Navigationsgeräten überflüssig macht. Während früher die Produktion von Navigationsgeräten ins Bruttoinlandsprodukt einging, wird die erweiterte Nutzung von Mobiltelefonen bei mehr oder weniger konstanten Preisen für diese Telefone nicht als effektive Preissenkung erfasst. Ähnliches gilt für andere digitale Dienste, die kostenlos verfügbar sind und somit nicht im BIP erfasst werden.

Die Auswirkungen der Digitalisierung auf das BIP insgesamt lassen sich schwer messen. Es existieren Studien, die versuchen, Produktivitätseffekte der Digitalisierung auf der Ebene einzelner Unternehmen zu messen. Auch hier gibt es erhebliche Messprobleme, aber die vorliegenden

Ergebnisse sprechen dafür, dass Digitalisierung die Produktivität steigert. Da wir in vielen Branchen erst am Beginn der Digitalisierungswelle stehen, könnten die positiven Produktivitätseffekte sich erst künftig einstellen. Ganz ausschließen, dass es zu negativen Wirkungen kommt, kann man aber nicht. Ein Grund für negative Wirkungen könnte darin liegen, dass es zur Monopolisierung von Märkten kommt. Dieser Punkt wird im Folgenden noch näher diskutiert.

Wird Europa beim digitalen Wandel abgehängt?

Gegenüber den USA erscheint Europa einschließlich Deutschland bei der Entwicklung der digitalen Wirtschaft ins Hintertreffen zu geraten. Die großen Plattformbetreiber sind in den USA beheimatet (zum Beispiel Google, Amazon, Facebook ...). Heute sind schon mehr als 20 Prozent unserer Tätigkeit mit einer dieser Plattformen verbunden. Längst wird darüber diskutiert, dass Firmen wie Amazon und Google ganze Branchen revolutionieren und künftig dominieren könnten. Dazu gehört beispielsweise die Autobranche, die gerade für Deutschland von überragender Bedeutung ist.

Die Antwort Europas auf diese Entwicklung kann nur darin liegen, die Anstrengungen, die Chancen der Digitalisierung zu nutzen, zu verstärken. Das heißt allerdings nicht, zu versuchen, ein »europäisches Google oder Amazon« zu schaffen. Es geht eher darum, Stärken der europäischen Wirtschaft durch den Einsatz digitaler Technologien und durch die Entwicklung neuer Geschäftsmodelle weiterzuentwickeln. In Deutschland werden diese Bemühungen im Kontext der Debatte über Industrie 4.0 diskutiert. Ob diese Antwort auf die Herausforderungen der Digitalisierung erfolgreich ist, wird sich erst in Zukunft herausstellen.

Auswirkungen auf Beschäftigung und Einkommensverteilung innerhalb von Volkswirtschaften

Mit Blick auf Beschäftigungseffekte der Digitalisierung sind unterschiedliche und entgegengesetzte Effekte zu unterscheiden. Einerseits werden durch Automatisierung und stärkere internationale Vernetzung Jobs in Deutschland verloren gehen. Andererseits entstehen aber auch neue Arbeitsplätze. Wenn es zu Produktivitätssteigerungen kommt, ergeben sich daraus sinkende Preise oder steigende Qualität, was zu größerer Nachfrage auf den Gütermärkten führen wird. Der gesamte Beschäftigungseffekt kann dann positiv sein, wenn der Strukturwandel so verläuft, dass nicht nur junge und gut ausgebildete, sondern auch vorhandene und ältere Beschäftigte in der Lage sind, neue Tätigkeiten auszuführen und die neuen Technologien zu nutzen.

Selbst wenn das gut gelingt, spricht allerdings einiges dafür, dass die Digitalisierung zu wachsender Ungleichheit in den Perspektiven der Einkommenserzielung führt. Das liegt zum einen daran, dass selbst große Anstrengungen bei Bildung und Weiterbildung nicht verhindern können, dass unterschiedliche Beschäftigte in der digitalen Arbeitswelt sehr unterschiedliche Produktivität entfalten. Hinzu kommt die Gefahr, dass die Perspektiven der Unternehmen künftig stärker divergieren könnten. Das hat mit den spezifischen Folgen der Digitalisierung und der wachsenden wirtschaftlichen Bedeutung der bereits erwähnten Plattformen und ihren Implikationen für die Funktionsfähigkeit des marktwirtschaftlichen Wettbewerbs zu tun.

Plattformen haben aufgrund von Netzwerkeffekten Monopol- oder zumindest Oligopol-Stellung. Das Plattformgeschäft ermöglicht Marktkontrolle und höchstmögliche Margen. Der Wettbewerb alleine wird diese Stellung nicht mehr gefährden können – auch wenn die Wettbewerbsbehörden die Plattformen streng kontrollieren. Die hohen Gewinne, die diese Konzerne erzielen, kommen teilweise bei den Beschäftigten dieser Firmen an. Deren Zahl ist allerdings nicht notwendigerweise sehr groß. Das führt dazu, dass die Einkommens- und Vermögensungleichheit künftig zunehmen könnte.

Strukturwandel bedeutet letztlich immer, dass es Gewinner und Verlierer gibt. Die Möglichkeiten, die Verlierer der Globalisierung und Automatisierung zu kompensieren, sind beschränkt. Man kann versuchen, für eine Umverteilung der »digitalen Rendite« zu sorgen. Der internationale Wettbewerb um Investitionen, Talente und technisches Wissen setzt nationalen Umverteilungspolitiken aber enge Grenzen. Eine internationale Koordination der Besteuerung mit dem Ziel stärkerer Umverteilung hat kaum Erfolgsaussichten, da für Gewinner im Steuerwettbewerb die Anreize stark sind, abzuweichen.

In der öffentlichen Diskussion wird immer wieder die Einführung einer Roboter- oder Maschinensteuer gefordert. Die Idee, Maschinen zu besteuern, wirkt auf den ersten Blick sehr reizvoll. Denn bisher wird das Steuer- und Sozialsystem im Wesentlichen von Menschen durch arbeitsbezogene Steuern und Sozialabgaben finanziert. Wenn nun Roboter diese Arbeit übernehmen, könnte man auf die Idee kommen, Roboter auf ähnliche Weise wie Menschen zu besteuern. Eine Maschinensteuer verteuert jedoch den Einsatz von Maschinen insbesondere in einer globalen Welt. Durch den niedrigeren Kapitaleinsatz wird wiederum die Produktivität der Arbeiter und damit ihr Lohn reduziert. Statt Roboter zu besteuern, sollte man ihre Besitzer besteuern. Sofern diese jedoch international mobil sind, ergeben sich allerdings die bereits erwähnten Schwierigkeiten. Wenn die normale Gewinnbesteuerung aufgrund von Gewinnverlagerungsmöglichkeiten multinationaler Konzerne hier nicht mehr zielführend ist, sollte über eine Wertschöpfungssteuer nachgedacht werden.

Zur Bekämpfung steigender Ungleichheit wird oft auch ein bedingungsloses Grundeinkommen gefordert. Als weiteres Argument für ein Grundeinkommen wird oft angeführt, dass nicht genug Arbeit für alle da sei und dass, wenn schon Roboter die Arbeit übernehmen (und dann auch Steuern zahlen), der Sozialstaat nicht mehr an der Beschäftigung (oder zumindest der Bereitschaft zur Aufnahme einer Tätigkeit) anknüpfen sollte. Der Robotersteuer haben wir schon eine Absage erteilt. Außerdem hat sich der Arbeitsmarkt bei allen technologischen Umwälzungen bisher immer als sehr robust erwiesen. Wenn Berufe wegfielen, entstanden immer neue, oft bessere. Doch dieser Strukturwandel kann zu steigender Ungleichheit führen. So verlockend ein bedingungsloses Grundeinkommen für alle über dem Existenzminimum (oder gar der Armutsschwelle) auch klingen mag, es ist einfach nicht finanzierbar.[1] Und ein Grundeinkommen deutlich unter dem Existenzminimum löst das Problem nicht. Deshalb sollte man die Bekämpfung von Ungleichheit weiterhin dem existierenden Steuer- und Transfersystem überlassen – auch wenn es hier sicherlich an der einen oder anderen Stelle Reformbedarf gibt. Insbesondere zielgerichtete Transfers an Haushalte mit keinem oder niedrigem Einkommen sind besser zur Bekämpfung von Armut und Ungleichheit. Nachzudenken wäre auch über eine Steuergutschrift für Niedrigeinkommensbezieher, wie es in vielen anderen OECD-Ländern üblich ist.

Letztlich werden Politik und Gesellschaft bei der Anpassung an die Digitalisierung nur erfolgreich sein, wenn die Chancen dieser Entwicklung ergriffen werden. Es ist von zentraler Bedeutung, möglichst viele Menschen in die Lage zu versetzen, diesen Strukturwandel erfolgreich zu bestreiten. Mittel- bis langfristig kommt hierbei Bildung, Qualifizierung und lebenslanger Weiterbildung entscheidende Bedeutung zu. In Deutschland sind verstärkte Investitionen insbesondere in frühkindliche Bildung erforderlich. Aber auch Reformen in unserem Bildungssystem (»Lernen zu lernen«) sind notwendig.

Darüber hinaus sollte die Politik aber bei sich selbst, also im öffentlichen Sektor, mehr Anstrengungen unternehmen, um die Möglichkeiten der Digitalisierung zu nutzen. Im Bereich E-Government beispielsweise ist Deutschland im internationalen Vergleich eher rückständig. Hier ist es dringend notwendig, entschlossen zu investieren. Dadurch wird nicht nur der öffentliche Sektor produktiver, auch im privaten Sektor werden neue Geschäftsmodelle ermöglicht. Ein weiteres Handlungsfeld liegt im Abbau von Investitionshemmnissen im Bereich der Regulierung. Im Gesundheitssektor beispielsweise sind die Potenziale der Digitalisierung gewaltig, sie zu heben erfordert allerdings neue Regulierungsansätze, beispielsweise neue Wege, den Schutz von Patientendaten mit effizienter Datennutzung zu kombinieren. Darüber hinaus bietet die Verfügbarkeit von Big Data und digitalen Technologien Regierungen auch neue Möglichkeiten zur Bekämpfung von Steuervermeidung und -hinterziehung. Doch auch hier sind erhebliche Investitionen erforderlich.

Fazit

Die zunehmende Digitalisierung unserer Gesellschaft stellt Bürger, Unternehmen und Regierungen vor neue Herausforderungen. In einer globalisierten Welt kann nur mehr Bildung und lebenslanges Lernen die

Antwort auf die neuen Herausforderungen sein. Gleichzeitig müssen Investitionshemmnisse abgebaut werden, um die Wirtschaft bereit für die Industrie 4.0 zu machen, und auch der Staat selbst muss entschlossener in digitale Technologien investieren. Von einer grundsätzlichen Reform des Steuer- und Transfersystems hin zu einem bedingungslosen Grundeinkommen oder einer radikaleren Umverteilung raten wir ab. Es ist völlig ausreichend, Steuervermeidung und -hinterziehung zum Beispiel auch durch die Ausnutzung neuer technologischer Möglichkeiten und Daten konsequenter zu bekämpfen. Die technologische Entwicklung lässt sich nicht aufhalten oder rückgängig machen. Deshalb müssen wir uns anpassen und neue Fähigkeiten lernen, damit wir bereit sind für die zukünftigen Herausforderungen.

CLEMENS FUEST

Prof. Dr. Dr. Clemens Fuest ist Präsident des ifo Instituts – Leibniz-Institut für Wirtschaftsforschung an der Universität München e.V., Geschäftsführer der CESifo GmbH, Professor für Volkswirtschaftslehre an der Ludwig-Maximilians-Universität München und Direktor des Center for Economic Studies (CES) der Ludwig-Maximilians-Universität München. Er ist unter anderem Mitglied des Wissenschaftlichen Beirats beim Bundesministerium der Finanzen, Programme Director des Oxford University Centre for Business Taxation, Mitglied der Europäischen Akademie der Wissenschaften, Mitglied des Wissenschaftlichen Beirats der Ernst&Young AG. Er ist außerdem Mitglied der »High Level Group on Own Resources« der EU (Hochrangige Arbeitsgruppe

Eigenmittel) und der Mindestlohnkommission der Bundesregierung. Seine Forschungsgebiete sind öffentliche Finanzen, Staatsverschuldung und Steuern.

ANDREAS PEICHL

Prof. Dr. Andreas Peichl ist Leiter des ifo Zentrums für Konjunkturforschung und Befragungen und Professor für Volkswirtschaftslehre, insbesondere Makroökonomie und Finanzwissenschaft, an der Ludwig-Maximilians-Universität München. Er war und ist an zahlreichen Forschungsprojekten für nationale Ministerien, die Europäische Kommission, das Europäische Parlament und die OECD beteiligt. Seine Forschungsarbeiten wurden in zahlreichen nationalen und internationalen Fachzeitschriften veröffentlicht. Die Forschungsschwerpunkte von Andreas Peichl liegen in den Bereichen Finanzwissenschaft, Arbeitsmarktökonomik und Verteilungsanalysen.

Anmerkungen

1 Beispielsweise kostet ein Grundeinkommen von 10 000 Euro im Jahr (833 im Monat) für alle ca. 820 Mrd. Euro. Die Summe aller Steuereinnahmen in Deutschland liegt bei gut 700 Mrd. Euro (Bundeshaushalt ca. 320 Mrd.). Welche Ausgaben sollten dann für das BEK gekürzt werden? Selbst wenn man auf sämtliche anderen Gesamtausgaben der sozialen Sicherung verzichten würde, wäre die Einsparung »nur« rund 750 Mrd. Euro.

BRANCHEN
IM WANDEL

An der Frontlinie
der Digitalisierung
Wer, wie, wann?

Es ist nicht so leicht auszumachen, wo die Frontlinie der Digitalisierung im Moment verläuft. Der Beginn der Umwälzungen, die durch die Digitalisierung hervorgerufen wurden, ist hingegen relativ klar zu verorten.

Mit dem Aufkommen des Internets war es möglich geworden, Text in jedem Umfang an jedem Ort der Welt verfügbar zu machen. Was als Austausch von Informationen in der Wissenschaft begann, fand schnell seinen Weg in die Welt der Medien. Eine ganze Branche war nicht vorbereitet auf die Veränderungen, die sich mit den einfachen Möglichkeiten der Publikation und des Konsums von Textinhalten ergab. Das einzig funktionierende Geschäftsmodell war Werbung – daran hat sich bis heute nicht viel verändert. »There is no such thing, as a free lunch« – wie es im Englischen heißt – hat seine Gültigkeit auch im Zeitalter der Digitalisierung nicht verloren.

Wenn nicht für den Inhalt bezahlt wird, ist die Ware der Konsument beziehungsweise Informationen über den Konsumenten in Verbindung mit gezielter Werbung. Daran ist nichts auszusetzen, wenn wir die Tatsache akzeptieren und die Annehmlichkeiten vielleicht sogar bewusst in Kauf nehmen. Individualisierte Werbung ist bequem – wenn wir ohnehin Kaufabsichten haben und uns über Optionen informieren wollen. Steht kein Kauf an, werden Kaufanreize geschaffen – das ist das Wesen von Marketing. Kein schlechter Deal für das, was wir bekommen. Außer natürlich, uns behagt die fließende Grenze von Informationsvermittlung zur Beeinflussung nicht. Oder die Tatsache, dass die Plattformanbieter wissen, wer wir sind, wo wir sind und waren und was wir wollen. Online-Marketing ist unendlich viel mächtiger als alles, dem wir bisher in dem Kontext ausgesetzt waren. Hier ist eine Entwicklung im Gang, welche die Medienwelt grundsätzlich verändert hat und deren Ende noch nicht absehbar ist.

Ging die Digitalisierung von Textinhalten und damit die Krise des Qualitätsjournalismus schleichend und relativ geräuschlos vonstatten, war die Digitalisierung von Musik ein Paukenschlag für die Musikindustrie und Öffentlichkeit. Die Grundlage wurde bereits 1982 mit dem mp3-Format gelegt, das von einer Gruppe um Karlheinz Brandenburg am Fraunhofer-Institut für Integrierte Schaltungen (IIS) in Erlangen sowie an der Friedrich-Alexander-Universität Erlangen-Nürnberg in Zusammenarbeit mit AT&T Bell Labs und Thomson entwickelt wurde.[1] Bereits Mitte der 90er-Jahre waren erste Abspielgeräte und PCs in der Lage, Musik auf Basis von mp3 wiederzugeben. Das Format erlaubte eine deutliche Verringerung des Speicherbedarfs von Musikdateien bei verhältnismäßig geringen Qualitätseinbußen und war damit wie geschaffen für das Internet.

Ende der 90er-Jahre erfolgte der Paukenschlag in Form von Napster, einer Tauschbörse für mp3-Dateien, die im sogenannten Peer-to-Peer-Verfahren die Dateien auf allen beteiligten Rechnern einem zentralen Server meldeten und damit für das gesamte Netzwerk verfügbar machten. Die Musikindustrie erkannte schnell die Gefahr und überzog Napster, seine Kopien und Ableger und nicht zuletzt seine Nutzer mit Klagen, aber der Geist war aus der Flasche. 2001 warb Apple mit »Rip, Mix, Burn« für iTunes, das die Digitalisierung der eigenen Musiksammlung und das Vervielfältigen auf CDs sowie kurze Zeit später das Abspielen auf dem iPod ermöglichte. Der iPod war die erste Ikone des 21. Jahrhunderts – ein Symbol für das beginnende Zeitalter der Digitalisierung und zugleich ein Fanal für die Musikindustrie.

Was der Musikindustrie wiederfuhr, traf nur kurze Zeit später die Filmindustrie, deren Produkte zwar mehr Speicherplatz benötigten, letztendlich aber auf ähnliche Art und Weise komprimiert, getauscht und am PC konsumiert werden konnten. Mit dem Aufkommen des iPhones wurde das ganze mobil und so haben wir heute ein Medienkonsumverhalten, das die gesamte Industrie immer noch vor gewaltige Herausforderungen stellt. Auch wenn die Talsohle der Geschäftsentwicklung für die Medienbranche mittlerweile durchschritten sein dürfte, gibt es hinreichend Zweifel, ob die Vergütung für die Medienmacher im richtigen Verhältnis zu den Einnahmen der Plattformbetreiber stehen wird, welche die Inhalte verfügbar machen. Eine Thematik, mit der sich Thomas Ebeling als CEO von Pro7Sat1 Media in seinem Beitrag auseinandersetzt.

Anmerkung

1 Wikipedia, »MP3« unter:https://de.wikipedia.org/w/index.php?title=MP3&oldid =166758533.

Medien – ein ungleicher Kampf?
Connecting the dots –
Our way of transformation

Von *Thomas Ebeling*, Vorstandsvorsitzender ProSiebenSat.1

> *»It is not the strongest of the species*
> *that survives, nor the most intelligent*
> *that survives. It is the one that*
> *is the most adaptable to change.«*

Charles Darwin (1809–1882)

Thomas Ebeling übersetzt für uns die darwinsche Hypothese in eine ökonomische: Transformation statt Adaption ist das Motto – und das auf einem einzigartigen, europäischen Weg. Gerade weil wir uns nicht einem amerikanischen Ideal anpassen wollen, gestalten wir diese Transformation selbst: Nicht indem wir deren Strategien kopieren, sondern mit einem eigenen Transformationsweg, der die originären Stärken erkennt und gezielt ausspielt, bereiten wir als Europäer die digitale Zukunft vor, so Ebeling.

Transformation heißt auch Kulturwandel

Was Charles Darwin vor über 150 Jahren von der Tierwelt der Galapagosinseln lernte, hat an Erkenntniswert nicht verloren. Vielmehr gilt Darwins These längst nicht nur für Flora und Fauna, sondern auch für Ökonomie und Industrie. In Zeiten des digitalen Darwinismus heißt das Zauberwort indes nicht mehr nur schlicht Anpassung, sondern Transformation: die Veränderung von Unternehmen, um im digitalen Zeitalter bestehen und sich durchsetzen zu können.

Während unter dem Stichwort »Industrie 4.0« der deutsche produzierende Sektor häufig noch um die richtige Weichenstellung zwischen

Technologisierung und Automatisierung ringt, stand die Medienindustrie schon deutlich früher an der digitalen Frontlinie – direkt zwischen dem globalen Vormarsch der US-amerikanischen Big Player und einer weitverbreiteten Disruptions-Defensive. Das innovative Tempo, das Google, Apple, Facebook und Amazon (GAFA) mit ihren milliardenschweren Kriegskassen vorlegen, ist enorm und von nationalen Spielern nicht mitzuhalten. Ist das also ein Kampf auf verlorenem Terrain? Müssen wir uns verausgaben im direkten digitalen Duell mit den Global Giants?

Ganz klare Antwort: Nein! Als nationale Mediengruppe haben wir gute Zukunftschancen, wenn wir unseren eigenen europäischen Weg gehen – und ein Gegenkonzept zum »American way of digitalization« finden. Ein Konzept, das unsere originären Stärken und die Bedürfnisse unserer lokalen Märkte berücksichtigt. Ein Konzept, das nicht ausschließlich von intransparenten Algorithmen allein bestimmt und betrieben wird, sondern ein faires Zusammenspiel von menschlicher und technologischer Intelligenz vereint. Ein Konzept, das Stärken und Schwächen aufeinander abstimmt, den Menschen als Mediennutzer, Konsumenten und Mitarbeiter schätzt und nicht zum puren Datenlieferanten degradiert.

Digitale Transformation bedeutet für uns nicht eine sofortige Substitution von analogen Geschäftsmodellen durch digitale Venture Modelle, sondern eine schrittweise Anpassung und Co-Existenz unserer Unternehmensaktivitäten. Nichtsdestotrotz sind bei dieser Entwicklung umfangreiche Investitionen in zukunftsweisende Technologien und neuartige Infrastruktur erforderlich.

Damit verbunden ist auch eine soziale Komponente, ein massiver Kulturwandel. Der Veränderungsprozess eines Konzerns wie ProSiebenSat.1 ist systemübergreifend und betrifft mit seinem Fokus-Mensch-Ansatz die Unternehmensstrategie ebenso wie den Human-Resources-Bereich. Schließlich wird ein tief gehender Change-Management-Prozess langfristig nur gelingen, wenn die Führungskräfte und Mitarbeiter von der Bedeutung der Neuausrichtung für das Unternehmen überzeugt werden können und bereit sind, sich selbst zu verändern und diesen Weg mitgehen.

Vernetzung und Synergien fördern

ProSiebenSat.1 hat die Digitalisierung von Anfang an konsequent vorangetrieben und ist der erste Medienkonzern weltweit, der lineares Fernsehen, digitales Publishing und Entertainment, eCommerce BtoC-Business sowie Content-Produktion kombiniert – und die daraus resultierenden Synergien konsequent nutzt. Durch den Abbau von tradierten Silos und die gezielte Vernetzung der Segmente kann es gelingen, zusätzliche Wachstumspotenziale zu erschließen – und damit auch die finanzielle Verantwortung eines DAX-notierten Unternehmens zu erfüllen.

Durch diese synergetische Ausrichtung ist es möglich, die Chancen zu nutzen, die sich aus der Digitalisierung unternehmensspezifisch ergeben. Für die ProSiebenSat.1 Media SE heißt das: Durch klassische TV-Werbung werden die Bekanntheit der eigenen Marken und Plattformen sowie E-Commerce-Angebote massiv gesteigert, zugleich kann über die digitalen Kontakte über alle Endgeräte ein umfangreiches Wissen über den Konsumenten aufgebaut werden. Auf dieser Basis können für Werbekunden und Geschäftspartner mithilfe innovativer Ad-Technologien kompetitive Angebote zur besseren Zielsicherheit von Kampagnen entwickelt werden. In diesem Kontext spielt die neue Währung Data eine entscheidende Rolle und erweitert ein attraktives BtoB-Business um die wichtige Konsumenten-Komponente.

Dies reflektiert die Vision und strategische Zielsetzung, über digitale Angebote weiter zu expandieren und den Konzern als führendes »Entertainment & Commerce Powerhouse« zu positionieren. Verbunden damit ist der Anspruch, an vielen Stellen marktführende Positionen einzunehmen. In diesem Zusammenhang gilt es vor allem, Geschäftsideen zu identifizieren, die im Zusammenspiel mit den klassischen Fernsehsendern optimal funktionieren. Denn die Marketing- und Reichweiten-Power von TV ist ein entscheidender Wettbewerbsvorteil – auch gegenüber Google & Co.

Märkte beobachten, Chancen erkennen

Besonders durch die Digitalisierung anderer Branchen werden sich noch weitere Wachstumschancen eröffnen. ProSiebenSat.1 hat hierfür den Bereich »German Industry Relations« gegründet, um vertikale Digital-kooperationen mit deutschen Industrieunternehmen aufzubauen und Kooperationen sowie Allianzen zu ermöglichen, die vor wenigen Jahren noch undenkbar waren.

Ein Beispiel für eine strategische Vertriebspartnerschaft verdeutlicht die Initiative mit der Deutschen Bahn. So können ICE-Reisende per WLAN nun ein Bordprogramm der ProSiebenSat.1 Media-Tochter maxdome mit rund 1000 Filmen und Serien auf ihren Laptops und Mobilgeräten empfangen. Mit dieser nationalen Kooperation soll den globalen Riesen Netflix und Amazon ein differenziertes lokales Angebot mit jährlich rund 80 Millionen ICE-Reisenden entgegengesetzt werden.

Die Herausforderung besteht darin, kontinuierlich expansive Märkte zu beobachten und zu analysieren, an welchen Stellen es Chancen in der Differenzierung oder Nischensegmente gibt. Die deutsche Volkswirtschaft mit ihren diversifizierenden Industrien und einer weltweit einmalig stabilen Mittelstandswirtschaft birgt reichlich Potenzial für strategische Branchenallianzen. Wenn in naher Zukunft selbstfahrende Autos über Deutschlands Autobahnen rollen, sollten nationale und regionale Entertainment-Angebote von hiesigen Entertainment-Anbietern zum Bestandteil dieser Fahrzeuge gehören. Denn wenn die Menschen nicht mehr selber fahren, werden sie sich anderweitig beschäftigen wollen. Was liegt da näher als gute Unterhaltung?

Auf Expedition ins Unerkannte

Um solche intensiven Transformationen und Veränderungen aus eigener Kraft entwickeln und realisieren zu können, ist ein ambitioniertes Human-Resource-Management gefordert. In Learning Expeditions werden Mitarbeiter systematisch weiterentwickelt, mit neuen Technologien vertraut gemacht und motiviert, Denkblockaden abzubauen sowie Data-Know-how und digitale Intelligenz zu entwickeln. Diese Vor-Ort-Besuche führen Gruppen von 20 bis 30 Führungskräften und Talente unseres Hauses dahin, wo Neues entsteht, wo sich die Zukunft schon heute manifestiert oder wo sich ein interkulturelles Umfeld findet, das den Reisenden relevante Denkanstöße vermittelt.

Natürlich findet eine Wissensvermittlung auch auf dem eigenen Campus statt: Unser Innovation Camp als Kreativ-Turbo lehrt die Mitarbeiter, die Extrameile zu gehen, für ihre Ideen zu kämpfen und sichtbar zu werden. In regelmäßigen Abständen werden konkrete Aufgabenstellungen erarbeitet, etwa eine Watch-Klick-Buy-Lösung oder wie man unsere Fähigkeit, mit Bewegtbildern Emotionen zu wecken, auf digitale Geschäftsmodelle übertragen kann. Die ausgearbeiteten Ergebnisse sind beachtlich und fließen unmittelbar in die operativen Prozesse ein.

Gleiches (Medien-)Recht für alle

Auch wenn wir für uns einen eigenen zukunftsgerichteten Weg der digitalen Transformation gefunden haben, bewegen wir uns doch auch im direkten Wettbewerb mit den globalen finanzstarken US-Giganten. Auf diesem Terrain fehlt es bisher durch die offiziellen Regulierungsvorgaben allerdings an einem »fair level playing field« mit gleichen Spielregeln für alle Player. Stattdessen werden europäische Medienunternehmen durch eine Überregulierung am Binnenmarkt in ihrer Weiterentwicklung der digitalen Transformations- und Wettbewerbsfähigkeit behindert. Dies gilt für essenzielle Themen wie Infrastrukturausbau, Urheberrecht, Förderung von Medientechnologie-Initiativen, Datenschutz, Steuerrecht, Schutz der Privatsphäre und Unterstützung für Start-ups.

Die rechtliche Grundlage für unser wirtschaftliches Handeln muss so gestaltet werden, dass wir uns im globalen Wettbewerb der Medienindustrie auch durchsetzen können. Die Herausforderung dabei ist, die Regulierung dem schnellen Wandel unserer digitalen Gesellschaft anzupassen. So gibt es etwa aktuell ein regionales Werbeverbot und quantitative Werberestriktionen ausschließlich im Rundfunkstaatsvertrag, nicht aber bei anderen Mediengattungen.

Diese einseitige Haltung der Politik ist nicht nachzuvollziehen. Sollte man nicht vielmehr berücksichtigen, wie schnell sich heutzutage die Innovationsgeschwindigkeit durch die Digitalisierung erhöht und sich unser Wettbewerbsumfeld und die Märkte ständig verändern? Europa und Deutschland benötigen daher mehr denn je einen massiven Abbau von Sonderregulierungen.

Auf Bundesebene muss die Auslegung und Anwendung der für alle Player gleichermaßen geltenden Datenschutzgrundverordnung mit Augenmaß erfolgen, um nicht durch die Hintertür wieder ein Ungleichgewicht zu schaffen. Digitale Geschäftsmodelle deutscher Anbieter brauchen eine solide Ausgangssituation, um für wirtschaftliches Wachstum auf nationaler Ebene zu sorgen.

Hochwertige Unterhaltung bildet das belastbare Fundament unserer Gruppe und muss finanzbar bleiben. Auch bereits erfolgreich transformierte Unternehmen wie ProSiebenSat.1 mit ihren Angeboten und Unternehmungen müssen sich ständig wandeln und weiterentwickeln, um weiterhin wettbewerbsfähig zu bleiben.

An der Frontlinie der Digitalisierung zu stehen erfordert daher Mut, Risiko- und Veränderungsbereitschaft sowie Kreativität – und das nötige Selbstbewusstsein, es auch mit globalen Giganten aufnehmen zu wollen. Nicht deren Strategien kopieren, sondern mit einem eigenen Transformationsweg, der die originären Stärken erkennt und gezielt ausspielt.

THOMAS
EBELING

Thomas Ebeling begann seine Karriere 1987 nach einem Psychologie-Studium in Hamburg bei Reemtsma. 1991 wechselte er zu Pepsi-Cola Deutschland, wo er verschiedene Positionen innehatte. 1997 verließ er das Unternehmen als General Manager und stieg auf gleicher Position bei Novartis Nutrition für Deutschland und Österreich ein. 1998 übernahm Thomas Ebeling die weltweite Leitung der Nutrition Division von Novartis und wurde im gleichen Jahr Mitglied der Gesamtgeschäftsleitung von Novartis. Von 2000 bis 2007 war er dort als CEO verantwortlich für das globale Pharmageschäft. Im Oktober 2007 wurde er CEO der Division Novartis Consumer Health. Seit 1. März 2009 ist er Vorstandsvorsitzender der ProSiebenSat.1 Media SE. Thomas Ebeling ist seit 2012 Mitglied des Aufsichtsrats der Bayer AG und seit April 2017 Mitglied des Aufsichtsrats der GfK SE.

Thomas Ebeling ist mit seinem Team bei ProSiebenSat.1 eine digitale Transformation gelungen, die ohne Alternative gewesen ist. Was digitalisiert werden kann, wird digitalisiert – das hat Medienunternehmen zuerst und mit voller Wucht getroffen. Dass man dazu seine Kernprodukte und Dienstleistungen nicht sofort substituieren muss, sondern in Kombination mit den analogen Geschäftsmodellen entwickeln kann, ist eine gute Botschaft auch für andere Branchen. Den Menschen nicht zum Daten- (und Geld-)Lieferanten zu degradieren, sondern als Kunden und Mitarbeiter in die Transformation einzubeziehen ist wahrscheinlich der einzig nachhaltige Weg für ein tragfähiges Konstrukt in der digitalen Zukunft.

Diesem Weg hat sich die Otto Group in besonderem Maß verschrieben. Mit »People First« stellt der Handelskonzern seine Kunden, Lieferanten und Mitarbeiter in den Mittelpunkt seiner Transformation, die von einem radikalen Kulturprogramm begleitet wird. Rainer Hillebrand schildert in seinem Beitrag den Weg der Otto Group.

Handel – alle gegen Amazon
Digitale Transformation mit menschlichem Antlitz

Von *Rainer Hillebrand*, Vorstand Otto Group

»Alles Erworbene bedroht die Maschine.«

Rainer Maria Rilke

Dr. Rainer Hillebrand pointiert den Leitsatz der Otto Group: »Die Wirtschaft muss dem Wohle des Menschen dienen – nicht umgekehrt.« Das Persönliche und das Menschliche im Umgang werden zukünftig die elementaren Unterscheidungskriterien in einer digitalen Welt sein. In einer Welt, in der sich alle Prozesse gleichen, ist der Mensch das Einzigartige. Die Otto Group hat in diesem Sinne den Kulturwandel 4.0 ausgerufen: Sie begreift die Maschine als Chance und Herausforderung in einer digitalen Zukunft.

Die digitale Transformation als Herausforderung

»Alles Erworbene bedroht die Maschine.« Diesen Satz hat Rainer Maria Rilke schon 1922 geschrieben. Und er hatte damit recht. Denn tatsächlich sind seitdem, zum Beispiel in der Produktion, massenhaft Arbeitsplätze verloren gegangen. Und gleichzeitig hatte Rilke unrecht. Denn mit dem technischen Fortschritt entstanden wiederum in ganz anderen Bereichen neue Arbeitsplätze – in der Wartung, der Planung, im Dienstleistungsbereich.

Rilkes Satz inmitten der Industrialisierung des letzten Jahrhunderts zeigt vor allem eines: Der technische Fortschritt, die Innovationen in der Arbeitswelt haben immer schon Ängste geschürt, Skepsis erzeugt. Bisher jedoch hat es der Mensch immer geschafft, die Ängste zu überwinden, die Herausforderungen – und mochten sie auch noch so groß sein – zu bewältigen.

Wenn wir uns also jetzt der nächsten technischen Neuerung gegenübersehen, der sogenannten digitalen Revolution, so stellt diese vielleicht die größte je zu bewältigende Umwälzung der Arbeitswelt dar. Und doch bin ich der festen Überzeugung, dass sich auch diese Herausforderung meistern lässt – ohne den Menschen und seine Interessen dabei aus dem Blick zu verlieren, vielmehr sogar, indem der Mensch auch weiterhin als zentraler Faktor gesehen wird, um die digitale Transformation erfolgreich zu gestalten.

Der Mensch im Mittelpunkt

Bei der Otto Group haben Werte schon immer eine herausragende Bedeutung gehabt. Es ging nie allein um den rein wirtschaftlichen Erfolg. Die Otto Group hat es sich vielmehr immer schon zur Aufgabe gemacht, ihrer gesellschaftlichen Verantwortung gerecht zu werden – ob nun gegenüber der Umwelt oder gegenüber den Mitarbeiterinnen und Mitarbeitern, den Menschen. Unser Aufsichtsratsvorsitzender Dr. Michael Otto lebt genau diese Verantwortung exemplarisch vor und hat dies treffend in einem Satz formuliert: »Die Wirtschaft muss dem Wohle des Menschen dienen – nicht umgekehrt.«

Das ist ein Anspruch, den wir bei der Otto Group leben und der sich deshalb auch in unserem jüngst partizipativ erarbeiteten Leitbild »Gemeinsam setzen wir Maßstäbe« und in den dazugehörigen Leitlinien für unser zukünftiges Miteinander innerhalb der Gruppe wiederfindet. Dort heißt es: »Wir schaffen Rahmenbedingungen, die es uns erlauben, die besten Talente zu rekrutieren, zu fördern und zu binden. People first!« Die Kernbotschaft dabei ist, dass wir bei allen Überlegungen, wie eine erfolgreiche Zukunft der Otto Group aussehen kann und wie wir diesen Weg bewältigen wollen, immer den Menschen in den Mittelpunkt stellen – ob als Kunde, Lieferant oder Kollege.

Ja, auf der einen Seite werden wir ein voll digitalisierter Handels- und Dienstleistungskonzern. Das ist zwingende Voraussetzung, um den tiefen

Wandlungsprozess, den die digitale Transformation mit sich bringt, erfolgreich zu gestalten. Auf der anderen Seite werden wir deshalb aber nicht unsere soziale Verantwortung für die einzelne Kollegin oder den einzelnen Kollegen über Bord werfen. So halten wir als Otto Group beispielsweise das Tarifsystem für ein hohes und schützenswertes Gut, die soziale Absicherung für ein essenzielles Arbeitnehmerrecht. Das mag uns von Marktbegleitern unterscheiden, in Maßen auch Wettbewerbsnachteile mit sich bringen; gleichzeitig ist es für uns jedoch der Ausdruck unserer hohen Wertschätzung aller Mitarbeiterinnen und Mitarbeiter und damit ein Puzzleteil unseres selbst formulierten Vorsatzes, als Unternehmen dem Wohle des Menschen zu dienen.

Gleiches gilt, wenn es um die Vereinbarkeit von Familie und Beruf geht. Wir können es uns schlicht nicht leisten, exzellente, in den konkreten Fällen meist weibliche Fach- und Führungskräfte nur deshalb zu verlieren, weil es uns nicht gelingt, diese Vereinbarkeit zu gewährleisten – und zwar auf allen Hierarchieebenen. Diese Erkenntnis ist für uns keine neue; es ist deshalb nur selbstverständlich, wenn eine unserer Direktorinnen ihre Tätigkeit trotz ihrer Position in Teilzeit ausübt, es ist kein Zufall, dass unserem Konzernvorstand inzwischen zwei Frauen angehören – ganz ohne Quotenverpflichtung. Auch hier ist es der Anspruch an uns selbst, den Menschen mitzunehmen, ihn in den Mittelpunkt der Betrachtung zu stellen.

Und natürlich lässt sich dieser Anspruch auch auf den Umgang mit unseren Kunden übertragen. Wir stellen die Wünsche des Kunden in den Mittelpunkt all unserer Bestrebungen, unseres Handelns. Wir nennen das »Customer Centricity«. Ja, diese Sichtweise sollte selbstverständlich sein für jeden Handelstreibenden. Sie mag von vielen als Allgemeinplatz verstanden werden. Und doch unterscheiden wir uns im konkreten Handeln von anderen, wenn es darum geht, diesem Vorsatz gerecht zu werden.

Natürlich verschließen wir uns beispielsweise im Kundenservice nicht den Chancen, die der technische Fortschritt mit sich bringt. Das Gegenteil ist der Fall. Wir nutzen selbstverständlich auch hier alle Möglichkeiten, die uns die Digitalisierung bietet, sei es, wenn es um die stark individualisierte, sehr persönliche Ansprache unserer Kunden in unseren über hundert Online-Shops geht, sei es bei der zukünftigen Nutzung sogenannter Chat-Bots, mit deren Hilfe sich einfache Kundenanfragen automatisiert beantworten lassen.

Und doch sind wir uns sicher, dass der persönliche, der menschliche Kontakt mit dem Kunden, den wir über unsere Relation-Center, unseren Kundendienst, gewährleisten, auch in Zukunft eine überragende Bedeutung für unseren wirtschaftlichen Erfolg behalten wird. Auch hier unterscheiden wir uns ganz sicher elementar von vielen Mitbewerbern. Und dennoch ist dieser Ansatz aus unserer Sicht ein entscheidender Baustein unseres jahrzehntelangen Erfolgs, ist es doch gerade das Persönliche, das Menschliche im Umgang, das der Kunde an unseren zahlreichen Konzerngesellschaften schätzt, weshalb er der Otto Group immer wieder neu sein Vertrauen schenkt.

Ein weiterer Grund für geschenktes Vertrauen ist ganz sicher auch ein verantwortungsvoller Umgang mit den persönlichen Daten des Kunden. Wir nutzen diese Daten, um dem Kunden auf ihn zugeschnittene, bestmögliche Angebote zu machen, um ihn so persönlich und individuell wie möglich anzusprechen – aber eben nur dann, wenn diese Nutzung mit dem strengen deutschen Datenschutzrecht vereinbar ist.

Der Weg der Otto Group

Als Otto Group haben wir es über Jahrzehnte geschafft, die zuvor angesprochenen Werte zu leben und dennoch den wirtschaftlichen Erfolg nicht aus den Augen zu verlieren. Gelungen ist dies auch, weil unser heutiger Aufsichtsratsvorsitzender Dr. Michael Otto schon vor über zwanzig Jahren einen notwendigen Wandel in der Ausrichtung des Geschäftsmodells eines Katalogversandhändlers hin zu einem primär Online-Händler initiiert hat. Andere sind frühzeitig an der digitalen Entwicklung gescheitert – ich nenne nur exemplarisch Neckermann und Quelle. Wir dagegen sind mit einem weltweiten Online-Umsatz von rund 7 Milliarden Euro auch weiterhin einer der weltweit führenden Online-Händler.

Und doch sind wir auch heute nicht blauäugig. Wir wissen um die Notwendigkeit, uns weiterhin zu wandeln, viel schneller, viel flexibler noch als früher auf die sich radikal ändernden Marktbedingungen zu reagieren. Die digitale Transformation – das Internet of Things, der Mobile und Conversational Commerce – wird den Handels- und Dienstleistungsmarkt in den kommenden Jahren disruptiv verändern. Wissenschaftliche und technologische Erkenntnisse werden zu einem tief greifenden Wandel in den unterschiedlichen digitalen Marktumfeldern führen. Und auch wenn niemand, auch wir nicht, sagen kann, wie dieser Wandel im Detail aussehen wird, so müssen wir uns darauf vorbereiten, müssen bereit sein, die richtigen strategischen Antworten zu finden.

Uns hat dies zu der Erkenntnis gebracht, dass wir uns von alten Denk- und Handlungsmustern verabschieden müssen. Wir müssen in unserem Unternehmen ein neues Verständnis für den Wandel der Kundenbedürfnisse, für die digitalen Herausforderungen, für die Anforderungen der Digital Natives schaffen. Wir müssen stärker als bisher zu digitalen Treibern werden, ohne unsere Werte dabei aus den Augen zu verlieren. Dafür bedarf es einer neuen Haltung, anders ausgedrückt: Wir brauchen eine andere Unternehmenskultur.

Die Otto Group hat aus den genannten Gründen im Jahr 2016 den #Kulturwandel 4.0 ausgerufen, den wohl radikalsten Change-Prozess ihrer Geschichte. Der #Kulturwandel 4.0 fragt nicht nur nach der zukünftigen Existenzberechtigung der Otto Group; er adressiert schonungslos den Veränderungsbedarf auf allen Hierarchieebenen, im Verhalten von Führungskräften, den Vorstand eingeschlossen. Er will eine partizipative Kommunikation auf Augenhöhe ermöglichen, will die Kompetenzen und Stärken von Mitarbeiterinnen und Mitarbeitern dort einsetzen, wo sie den größten Nutzen bringen, will Hierarchiedecken einreißen, neue Freiräume und Entwicklungsmöglichkeiten schaffen.

Wir brauchen gut ausgebildete, überdurchschnittlich motivierte, aber vor allem auch risikofreudige Mitarbeiterinnen und Mitarbeiter als digitale Treiber in unseren Konzerngesellschaften und müssen diese langfristig an die Otto Group binden. Diese Kolleginnen und Kollegen haben wir aber nur dann, wenn wir dauerhaft spannende Aufgabenfelder bieten, wenn wir unsere eigenen Prozesse infrage stellen und verändern, um zu einer agilen, flachen und schnellen Organisationsform zu werden.

Für Führungskräfte bedeutet dies, zukünftig viel stärker als bisher zum Enabler, Möglichmacher, zum Ratgeber zu werden, den Mitarbeiter zu fördern und zu unterstützen – und eben nicht mehr nur Arbeitsanweisungen nach dem Top-down-Prinzip zu erteilen. Und es heißt auch, sich selbst und sein eigenes Handeln immer wieder infrage zu stellen. Das fällt naturgemäß nicht jedem leicht und doch ist der #Kulturwandel 4.0 für uns ein unumkehrbarer Prozess, die Grundlage für das langfristige Bestehen in diesen Zeiten des tief greifenden Wandels.

Wir wollen eine neue kulturelle Identität – eine Identität, die neue Werte mit unseren bestehenden Werten verknüpft und uns zum Weltmeister der Transformation macht.

Der Mensch gestaltet den Wandel

Mit dem #Kulturwandel 4.0 haben wir also einen aus unserer Sicht großen nächsten Schritt getan, um dem digitalen Wandel zu begegnen, um die digitale Transformation zu schaffen. Und doch ist es nur ein weiterer Schritt, können wir doch nur erahnen, was uns die Zukunft bringt, vor welche Herausforderungen uns Entwicklungen wie selbstfahrende Autos, Big Data und künstliche Intelligenz stellen. Wir sind jedoch der festen Überzeugung, dass wir mit diesem Schritt die Arbeitszufriedenheit unserer Mitarbeiterinnen und Mitarbeiter entscheidend verbessern und damit natürlich auch produktiver, einen höheren Umsatz erzielen werden.

Gelingt uns dies, so bin ich mir sicher, dass wir Rilkes »Maschine« nicht als Gefahr, sondern als Herausforderung und Chance begreifen. Wir müssen der Zukunft das Bedrohliche nehmen. Der Mensch gestaltet die Transformation, nicht die Maschine. Vieles, was der Mensch kann, wird eine Maschine auch auf Sicht nicht können, zum Beispiel kreativ zu agieren, ein Bauchgefühl zu entwickeln und darauf bei schwierigen Entscheidungen zu vertrauen.

Sicher: Einige Arbeitsplatzprofile werden sich ändern, andere sicher auch ganz verschwinden. Dafür jedoch werden neue entstehen. Positionen im Dienstleistungsbereich, Stellen im IT- und Techniksektor, Positionen, für die es auf menschliche Eigenschaften wie Kreativität, Kommunikations- und Teamfähigkeit ankommt.

Wir als Otto Group stellen weiterhin den Menschen in den Mittelpunkt, weil er zentral ist für unsere Unternehmenswerte. Wir tun dies aber eben auch aus der festen Überzeugung heraus, dass wir ihn brauchen. Wir brauchen motivierte und unternehmerisch agierende Mitarbeiterinnen und Mitarbeiter für eine erfolgreiche digitale Transformation. Ohne den Menschen wird der Wandel nicht gelingen. Das ist Herausforderung und Verheißung zugleich.

RAINER HILLEBRAND

Dr. Rainer Hillebrand promovierte im Anschluss an eine Offiziersausbildung und dem Studium der Wirtschafts- und Organisationswissenschaften an der Universität der Bundeswehr im Fach Wirtschafts- und Sozialwissenschaften. Nach seinem Einstieg bei OTTO verantwortete Dr. Hillebrand dort unter anderem die Direktionsbereiche Einkauf Hartwaren sowie Verkauf. Im Vorstand der Otto Group übernahm Dr. Hillebrand zunächst die Funktion Verkauf und E-Commerce, zwischenzeitlich die Bereiche Marketing, Werbung und E-Commerce. Er war Sprecher des OTTO-Vorstands sowie Vorstand OTTO Vertrieb, Marketing und E-Commerce. Seit zehn Jahren ist Dr. Hillebrand stellvertretender Vorstandsvorsitzender der Otto Group und verantwortet die Themen Konzernstrategie, E-Commerce, Business Intelligence und Knowledge Management.

Ein Handelsunternehmen ist zuerst und in hohem Maß von der Digitalisierung der Kundeninteraktion betroffen. Dass Otto dabei nicht ausschließlich auf Online-Kanäle setzt, sondern bewusst eine menschliche Komponente als Schnittstelle zum Kunden als Differenzierungsmerkmal behält, ist eine Strategie mit guten Erfolgsaussichten. Wir sehen hier eine Form der Koexistenz digitaler und analoger, also menschlicher Interaktion, die dem Kunden Vorteile bringt und mit der sich die Transformation für das Unternehmen weniger radikal darstellen lässt.

Was für den Handel mit Konsumgütern gilt, hat besondere Bedeutung für den Handel mit Finanzprodukten. Die gesamte Finanzindustrie mit ihren zum Teil riesigen Außendienstorganisationen steht vor der elementaren Fragestellung, wie viel Kundenbetreuung in Zukunft stationär und wie viel online stattfinden wird. Mit der Beantwortung dieser Frage sind massive Veränderungen der Personalstrukturen von Banken und Versicherungen verbunden. Horrorszenarien werden entworfen, in denen eine Halbierung der Außendienstbestände in den nächsten zehn Jahren skizziert werden.[1] Unzweifelhaft ist die Tatsache, dass in der Leistungserbringung in der Finanzindustrie, der sogenannten »Dunkelverarbeitung«, noch deutliche Optimierungspotenziale bestehen. Die Digitalisierung wird hier zu starken Veränderungen von Tätigkeitsschwerpunkten führen – abhängig von den Technologien, die zum Einsatz kommen werden.

Nur wenige Unternehmen in der Finanzindustrie setzen sich konsequent mit Szenarien auseinander, welche die Auswirkungen von Investitionen in digitale Technologien auf die Personalstrukturen planbar machen. Dabei ist das die Voraussetzung dafür, frühzeitig Qualifizierungsbedarfe zu erkennen und den notwendigen Umbau in der Organisation einzuleiten. Susanne Pauser beschreibt in ihrem Beitrag einen Ansatz, mit dem das bei der Wüstenrot & Württembergischen AG gelungen ist.

Anmerkung

1 Vollweiter, I.; Peters A., Ibi Research (2013), »Digitalisierung in der Finanzdienstleistungsbranche«.

Finanzindustrie – Braucht kein(en) Mensch(en) mehr, oder? Und wie vor allem damit umgehen?

Von *Susanne Pauser*, Vorstand Württembergische Versicherungen

> *»Die wertvollste Investition*
> *überhaupt ist die*
> *in den Menschen.«*
>
> Jean-Jacques Rousseau

Eine komplett durchdigitalisierte Finanzdienstleistungswelt – eine digitale Zukunft. Ist das die Zukunft aller Finanzdienstleister? Wie gestalten wir den Wandel im eigenen Unternehmen? Susanne Pauser betrachtet die möglichen Auswirkungen der Digitalisierung auf die Workforce in 20 bis 30 Jahren und die damit verbundene gewaltige Personalveränderung genau. Vor diesem Szenario stellt sie die Frage, wie wir sozial klug mit diesem Wandel umgehen können und dabei die Mitarbeiterinnen und Mitarbeiter an Bord nehmen.

Berufsbilder und Tätigkeitsfelder im Jahr 2030

Mitarbeiterfreie Versicherung, künstliche Intelligenz statt Mathematiker, Durchdigitalisierung der (Kredit-/Schaden-)Sachbearbeitung, Robotik im Rechnungswesen … so klingt es, wenn man Szenarien über die Zukunft der Finanzdienstleistung liest.

Digitale Transformation ist dafür gleichzeitig das zusammenfassende Schlagwort, der Anspruch an Belegschaften und Personalabteilungen und nicht zuletzt ein gerne genommenes Verkaufspaket für Unternehmensberatungen auf der Suche nach einem neuen Thema für das eigene Geschäftsmodell.

Ganz klar ist, die Digitalisierung und weitere Trends, wie zum Beispiel verändertes Kundenverhalten, Niedrigzinsen oder zunehmende Regulatorik, werden die Finanzbranche in den nächsten zehn Jahren massiver verändern als alle Trends der letzten 50 Jahre. Dabei geht es nicht nur um Veränderungen in Produkten, Vertrieb oder Service, sondern um einen Umbau der kompletten Leistungserbringung und damit der Personalstrukturen.

Doch bei der Frage, was das genau heißt in der Praxis in Unternehmen und Personalbereichen, stochern viele noch im Nebel, versuchen sich in Altersstrukturanalysen, reden das Thema klein (aus Angst vor Verunsicherung) oder groß (auf der Suche nach der eigenen Daseinsberechtigung). Wie also damit umgehen, wenn die Zukunft hinreichend unklar, aber der Druck auf Veränderung notwendig groß ist? Und wie vor allem so damit umgehen, dass einerseits der Blick auf die (möglichen) Realitäten nüchtern und der Umgang damit sozial klug ist?

Für die W&W Gruppe ist klar, dass es für die Beantwortung dieser drängenden Fragen und damit auch für die Meisterung der digitalen Transformation den strategischen Dialog zwischen HR und dem Business braucht. Und die Basis dafür sollte ein guter Blick auf mögliche Auswirkungen des Themas auf Belegschaften und auf das eigene Geschäftsmodell-Bild als attraktiver Arbeitgeber sein.

Bislang existierten in der Finanzbranche kaum gesicherte Erkenntnisse und wenig geeignetes Instrumentarium, um Szenarien zu entwickeln, die die Auswirkungen von Investitionen in Digitalisierung auf die Personalstrukturen und damit die zukünftige Wettbewerbsfähigkeit antizipieren. Aber genau diesen Blick brauchte es, um Antworten auf die drängenden Fragen der Digitalisierung zu finden: Wie wird die Belegschaft der W&W Gruppe im Jahr 2025 und 2030 aussehen? Welche Auswirkungen sind aus der Digitalisierung heraus auf Berufsbilder und Tätigkeitsfelder anzunehmen? Wo und wie stark wird die Digitalisierung den Konzern verändern? Aber auch gegenläufige Effekte aus dem demografischen Wandel zu berechnen und beide Bilder (Veränderung aus Digitalisierung – Veränderungen aus Demografie) übereinanderzulegen.

Ziel war nicht, einzelne Skills abzubilden und Veränderungen im Detail zu beschreiben, sondern uns einen praktisch nutzbaren Überblick über die gesamtheitlichen Auswirkungen der diversen Einflussfaktoren zu verschaffen.

Praktisch gesprochen: Wen brauchen wir in Zukunft in welchen Bereichen und mit welchen Fähigkeiten – und wen haben wir dann (noch) oder eben nicht mehr? Digitalisierungs- und Unternehmensstrategie mussten also mit Personalstrukturen übereinandergelegt werden, um daraus Überhänge oder Bedarfe und entsprechende Deckungs-/Umsetzungsstrategien abzuleiten.

Instrumentarium für ein strategisches Personalstruktur-Management

So entwickelten wir mit externer Unterstützung ein effektives Instrumentarium zur Simulation der Bedarfs- und Bestandsentwicklung vor dem Hintergrund verschiedener Digitalisierungsszenarien, mit dem wir nicht nur den quantitativen Personalbedarf, sondern auch die qualitativen Veränderungen für unsere Belegschaft ermitteln können.

Die Grundlagen des Instrumentariums bilden eine umfangreiche Literaturrecherche (76 Studien) sowie qualitative Interviews mit relevanten unternehmensinternen Stakeholdern, die eine valide Einschätzung von Trends und Entwicklungen im internen und externen Kontext des Unternehmens abgeben konnten.

Ergebnis war das »Szenario 2030«, das bewusst in extremer Ausprägung eine sehr weit fortgeschrittene, durchdigitalisierte Finanzdienstleistungswelt darstellt: Automatisierung ist im Vertrags-, Kredit- und Bankbereich nahezu vollständig umgesetzt, Robotik greift in allen Bereichen, der Kunde agiert in Self-Services und interagiert mit Avataren, lässt sich auf Beratungsvorschläge durch die Maschine ein und Leistungsfälle werden blind durchgeroutet. Selbstverständlich sind auch Stabsbereiche durchoptimiert und auf das Wesentliche, digital unterstützt, zurückgeführt. Zugegeben, ein zugespitztes Szenario, das aber wichtig war, um ein Einstiegsraster zu finden, anhand dessen man eine Prognose wagen konnte, um dann Zwischenschritte definieren zu können, die enger am eigenen Geschäftsmodell und damit an der eigenen Realität liegen.

Im nächsten Schritt galt es, die Belegschaftsstruktur intensiv zu analysieren und zweidimensional nach Funktion und Tätigkeitsschwerpunkten zu clustern.

Die Funktionscluster strukturieren vorhandene und neue Berufsgruppen. Handlungsleitende Fragen dabei waren: Was tun wir im Betrieb, welche Aufgaben haben wir und wie können wir diese zusammenfassen? Bestehende Berufsbildbeschreibungen oder Stellenanzeigen waren dabei ein Hilfsinstrument, können aber solides Wissen aus dem Personalbereich und den Fachbereichen nicht ersetzen. Insgesamt wurden 25 Funktionscluster verabschiedet, innerhalb deren weit über 80 Prozent der im Unternehmen vorhandenen Tätigkeiten zugeordnet werden können. So wurden beispielsweise alle Tätigkeiten, die (unternehmensübergreifend) mit der Aufgabe »Risiko- und Leistungsprüfung von Kundenprodukten« befasst sind, in einer Kategorie unter dem Funktionscluster »Produkt-, Prozesssteuerung und Kundenservice« zusammengefasst.

Die Clusterung von Tätigkeiten war wichtig, da die verschiedenen Tätigkeitsaspekte unterschiedlich stark von Digitalisierungstendenzen betroffen sind – eine Sortierung allein nach Aufgaben/Funktionen genügt nicht, da sonst die Auswirkungen von digitalen Veränderungen nicht differenziert genug betrachtet werden können.

Diese Matrix von Funktionen und Tätigkeitsschwerpunkten wurde dann mit Ist-Zahlen befüllt – »Wie viele Kapazitäten haben wir heute in welchen Bereichen?« – und darauf per Excel die Annahmen berechnet, wie sich die Digitalisierung auf die einzelnen Bereiche auswirken würde. Diese Simulation der Bedarfs- und Bestandsentwicklung für das Szenario 2030 weist die Deckungslücken aus und beinhaltet das Vordenken der Deckungsstrategien in Bezug auf die Entwicklung der Personalstrukturen bei W&W sowie notwendige Maßnahmen zur Sicherung der Wettbewerbsfähigkeit des Konzerns.

Im Ergebnis zeichnet sich eine gewaltige Personalveränderung ab – insbesondere natürlich ein Abbau in den sachbearbeitenden Bereichen, aber auch zum Beispiel im Bereich der Stäbe, der Finanzen und der internen Dienstleistungen. Deutlich wurde aber auch ein nötiger Aufbau in steuernden, planenden und strategisch-entwickelnden Bereichen – darüber hinaus aber auch in sehr kundennahen, qualifiziert und umfassend arbeitenden Einheiten, wie zum Beispiel Videotelefonie, wertschöpfende, kundenzentrierte Bereiche.

In einem dritten Schritt wurden diesen einzelnen Clustern die natürlichen altersbedingten Abgänge gegenübergestellt. Damit ergab sich erneut ein ganz anderes Bild, in welchen Bereichen Überhänge und damit Abbaubedarfe und wo ein gezielter Aufbau nötig sein könnte.

Auf Basis dieser Ergebnisse, die wichtige Tendenzen zur Bedarfs- und Bestandsentwicklung sowie zu Deckungslücken in der Digitalisierungsentwicklung aufzeigen, konnten wir einen fundierten Dialog mit dem Business einleiten, bei dem der Schwerpunkt darauf liegt, rechtzeitig Maßnahmen zur Umstrukturierung des Personalkörpers einzuleiten.

Vom Zukunftsszenario zu konkreten Maßnahmen

Nachgehend haben wir ein Szenario 2025 konkretisiert, das deutlich enger an der Realität, an den technischen Systemen und vor allem am Geschäftsmodell der W&W Gruppe sein musste. Dazu wurden Interviews mit allen Vorständen geführt und das Bild der Gruppe im Jahr 2025 gemeinsam konsolidiert. Insgesamt ging es also um die Entwicklung eines gemeinsamen Blicks auf die W&W Gruppe unter der Fragestellung: Was können wir (technisch umsetzen, digitalisieren, verändern) und was wollen wir? (Wie sehen wir uns? Welches sind unsere Werte? Was ist in Zukunft unser Geschäftsmodell?)

Auf dieser Basis wurde mittels der analysierten Cluster eine erneute Auswertung durchgeführt mit dem Ziel, konkrete Maßnahmen abzuleiten. Handlungsleitende Fragen waren jetzt: Wo müssen wir abbauen, wo können wir umbauen, wo müssen wir qualifizieren, wie kann zukünftig eine Ausbildung aussehen, wo müssen wir mutig investieren und wo müssen wir restriktiv agieren? Dazu gehen wir in Gespräche mit verantwortlichen Führungskräften, aber auch Arbeitnehmervertretern, um eine gemeinsame Strategie zu entwickeln. Dieser Prozess ist nicht abgeschlossen, sondern der Beginn einer gemeinsamen Tour durch Gegenwart und Zukunft unseres Unternehmens.

Was haben wir gelernt und welches waren die Erfolgsfaktoren?

Wir sind das Thema im besten Verständnis der neuen digitalen Arbeitswelt angegangen: Keine Angst vor der Näherung, kein Anspruch auf Perfektion, keine Detaildiskussionen, kein Kleben am Wort und vor allem Mut zum ersten extremen Szenario und Kompromisse bei den weiteren Schritten. Es braucht zumindest bis zur Entwicklung eines soliden Szenarios keine Diskussionen im allzu großen Kreis.

Die Handhabbarkeit hat Priorität – nicht im Detail verlieren und zu viele Unterpunkte und Tätigkeitsprofile definieren, sondern besser verschiedene Analysen fahren und sich auf Einzelunternehmen konzentrieren oder Teilbereiche weglassen.

Es braucht nicht zuerst wissenschaftliche Genauigkeit, mehr noch wiegt die Kombination aus Geschäftsverständnis, gutem Personalerwissen und technischer Expertise. Mit den Erkenntnissen muss sorgsam umgegangen werden. Kommunikation muss insofern mit Bedacht angegangen werden: Digitale Transformation heißt den Wandel gestalten und Chancen vermitteln, nicht schönzureden oder Horrorszenarien zu Abbau und dem Verlust von Arbeitsplätzen zu entwickeln.

Die Gestaltung der Zukunft liegt in unseren Händen

Im Ergebnis ist es uns gelungen, die Grundlagen für die Gestaltung der digitalen Transformation der W&W Gruppe zu legen: nüchtern zahlenbasiert, fern von Sprechblasen und pragmatisch. Wir haben jetzt ein Instrumentarium zur Verfügung, mit dessen Hilfe wir die Veränderungen weiter deutlich machen und Konsequenzen ziehen können. Und damit ist das Projekt kein Personalprojekt mehr, sondern ein zentraler Beitrag zur Gestaltung des Business, eine Grundlage für die Entwicklung der Gesamtorganisation. Niemand muss Angst vor der Zukunft haben, denn die Gestaltung liegt in unseren Händen. Und sie sieht eben gerade nicht völlig mitarbeiterfrei aus, sondern »nur« deutlich anders.

Wir sind uns sicher: In Teilen haben wir genau diese Mitarbeiterinnen und Mitarbeiter schon an Bord, diese gilt es zu halten und weiterzuentwickeln. In Teilen werden vielleicht Mitarbeiterinnen und Mitarbeiter diesen Weg nicht mehr mitgehen können, hier können wir frühzeitig Vorsorge treffen und altersbedingte Lösungen finden. In großen Teilen müssen wir umqualifzieren, dazu brauchen wir Zeit und Geld, aber Qualifizierung ist billiger als teurer Abbau und Neueinkauf. Aber in Teilen werden wir auch neue, attraktive Arbeitsplätze anbieten können und dafür können wir uns schon jetzt platzieren und neue Mitarbeiterinnen und Mitarbeiter gewinnen. Deshalb bleibt nach meiner Überzeugung die Finanzdienstleistung attraktiv für die Mitarbeiter und genau durch die Mitarbeiter – sie darf und muss aber anders werden! Um dafür eine vernünftige Grundlage zu schaffen hilft ein Projekt wie unseres nicht nur, es ist ein Muss für (Personal-)Verantwortliche, die nicht nur Verwalter, sondern Gestalter der digitalen Transformation sein wollen!

SUSANNE
PAUSER

Dr. Susanne Pauser ist seit 2015 Vorständin der Württembergischen Versicherung mit Sitz in Stuttgart. Sie ist zuständig für das Personalressort und Compliance. Susanne Pauser ist seit 2014 Generalbevollmächtigte der Wüstenrot & Württembergische AG (W&W) sowie für das Geschäftsfeld BausparBank und Versicherung. Sie kam 2012 als Personalleiterin zu dem Vorsorge-Spezialisten und war zuvor in gleicher Funktion bei der HUK-Coburg VVaG tätig. Susanne Pauser studierte Pädagogik, Philosophie, Religionswissenschaften und Sprecherziehung.

Haben Sie noch kein Finanzprodukt online verglichen und abgeschlossen, gehören Sie zur Mehrheit der Bevölkerung. Anders verhält es sich wahrscheinlich, wenn es darum geht, eine Reise zu buchen – sei es eine Bahnfahrt, einen Flug, ein Hotel oder gleich einen ganzen Urlaub. Das Vergleichen von Angeboten im Internet ist über eine Vielzahl von Portalen möglich – Online-Buchung inklusive. Auch hier ist die Schlacht um den Kundenzugang in vollem Gange. Was mit Buchungsportalen wie hrs.de oder booking.com begann, hat sich schnell weiterentwickelt in Richtung Vergleich, wie zum Beispiel von expedia.de oder swoodo.com oder sein eigenes Geschäftsmodell gefunden wie mit airbnb.com. Heute selbstverständlich, vergessen wir schnell, innerhalb welch kurzer Zeit sich unsere Gewohnheiten geändert haben, wenn wir uns in der realen Welt auf die Reise machen wollen.

Der Nutzen des Ganzen hat zwei wesentliche Aspekte: offensichtlich das Suchen und Finden des günstigsten Angebots. Ein Umstand, der die Anbieter zu einem zunehmend verschärften Preiswettbewerb zwingt. Der zweite Aspekt ist die Verbesserung der Transparenz der Angebote, die zu einer Verbesserung der Qualität der angebotenen Leistung führt. Dass wir uns vorab auf Fotos und über Bewertungen informieren können, wie das Ferienhaus aussieht, bewahrt uns vor Enttäuschungen (und Familienkrisen) am Urlaubsort.

Zugegeben, wir sehen die Auswüchse dieser Entwicklung, die sich in zweifelhaft zustandegekommenen Bewertungen äußert oder in bewusst intransparenten Angeboten. Das führt zum Teil sogar zu einer Renaissance der längst verloren geglaubten Reisebüros, die ihre Existenz in erster Linie über Spezialisierung und einen treuen Kundenstamm halten konnten. Das ändert aber nichts an der Tatsache, dass die Touristik-Industrie sich innerhalb von wenigen Jahren komplett transformieren musste und damit noch nicht am Ende der Reise angekommen ist, wie Elke Eller in ihrem Beitrag für TUI schildert.

Touristik – vom Reisebüro zur Blockchain
Digitale Transformation braucht den Menschen

Von *Elke Eller*, Vorstand TUI

> *» Man nehme sich immer die Zeit, eine Frage zu stellen,*
> *nicht immer, eine Frage zu beantworten.«*
>
> Oscar Wilde

Für Elke Eller ist klar, die Digitalisierung verändert, wie wir leben, reisen und arbeiten. Digitale Tools, Chat-Bots, VR & Co. sieht sie dabei lediglich als erste sichtbare Vorboten für das, was noch kommt. Jedoch steht für die studierte Volks- und Betriebswirtin ebenso fest, dass der Mensch auch in Zukunft im Mittelpunkt des Wirtschaftsgeschehens stehen werde. So ginge der Wandel auch nicht ohne tief greifende Veränderungen für Mitarbeiterinnen und Mitarbeiter vonstatten, die zukünftig ganz anders arbeiten werden, als wir es heute tun. »Schnellere und dezentralisierte Entscheidungen, mehr Transparenz, mehr Vertrauen, mobiles Arbeiten, veränderte Verantwortlichkeiten – das sind die Herausforderungen, vor denen jede Organisation in der digitalen Transformation steht«, so Elke Eller, die hier beschreibt, wie sich der weltweit führende Touristikkonzern zukunftsfest aufstellt.

Die Zukunft der Touristik ist digital

Die Wege dahin mögen in verschiedenen Ländern unterschiedlich aussehen: Reisebüros werden in Deutschland noch lange zum Stadtbild gehören, während in Schweden die Mehrheit der Reisen bald per Smartphone gebucht wird. Doch unabhängig von diesen Entwicklungen wird die Digitalisierung grundlegend verändern, wie Touristikunternehmen operieren.

Die TUI Group ist der führende Touristikkonzern der Welt. Der direkte Kundenzugang macht Investitionen in Hotels und modernste Kreuzfahrtschiffe planbarer und sichert frühzeitig Auslastung. Mit dem integrierten Angebot können wir unseren 20 Millionen Gästen unvergleichliche Urlaubserlebnisse in 180 Urlaubsgebieten der Erde bieten.

Unsere Gäste nutzen bereits auf vielfältige Art und Weise unsere digitalen Angebote. Die Meine-TUI-App begleitet Kunden von der Buchung ihres Urlaubs bis zum Urlaubsort und darüber hinaus. Virtual-Reality-Brillen helfen bei der Auswahl eines Ausflugs und geben zum Beispiel in ihrer Mobilität eingeschränkten Menschen die Möglichkeit, sich vorab über die Gegebenheiten zu informieren. Indem die an verschiedenen Kontaktpunkten gewonnenen Informationen miteinander verknüpft werden, erhalten unsere Gäste passgenaue Angebote.

Darüber hinaus gehört die TUI Group zu den ersten Unternehmen, die die Möglichkeiten der Blockchain für sich nutzen. Daten und Zugriffsrechte können mithilfe der Blockchain einfach, schnell, fälschungssicher und für alle transparent verbreitet werden. Die TUI sieht darin viele Chancen nicht nur für den Konzern selbst, sondern auch für die Kunden und deren Urlaubserlebnisse. Die TUI plant, das gesamte Hotel-Inventar in die Blockchain zu verlagern. Im ersten Schritt bewirkt dies eine enorme Effizienzsteigerung bei der Steuerung der Hotelkapazitäten. In Zukunft könnte dann auch eine öffentliche Nutzung durch Dritte möglich sein, unter anderem durch den Gast selbst. Dann würden nicht nur Zimmer, sondern auch andere Services wie Ausflüge oder Wellness-Angebote Urlaubern direkt angeboten. Darüber hinaus beschäftigen uns Themen wie künstliche Intelligenz oder Big Data, mit denen beispielsweise Mitarbeiter individualisierte Angebote für ihre Kundengespräche generieren können. Digitale Tools werden so zu digitalen Assistenten in der Touristik.

Tief greifende Veränderungen auch für die Mitarbeiterinnen und Mitarbeiter

Für die Mitarbeiterinnen und Mitarbeiter der TUI bedeuten diese Entwicklungen tief greifende Veränderungen. Ich bin überzeugt, dass die digitale Transformation der Arbeit jedoch erst am Anfang steht. Wir sehen derzeit bereits digitale Services für die Kunden und selbstverständlich sind digitale Tools Normalität im Arbeitsalltag. Doch scheint mir das lediglich eine erste sichtbare Ausprägung der digitalen Transformation zu sein. In den Unternehmen der Zukunft wird sehr anders gearbeitet werden, als wir es heute tun. Und wir sollten uns darüber im Klaren sein, dass diese tief greifenden Veränderungen der Arbeitswelt nicht nur begrüßt werden, sondern dass es auch Mitarbeiter geben wird, die darauf mit Ängsten und Unverständnis reagieren.

Arbeit hat sich seit Jahrhunderten kontinuierlich weiterentwickelt. Vor welchen Herausforderungen standen die Menschen, als Dampfmaschinen in die Fabrikhallen einzogen und die Fließbandfertigung in die Produktion einzog. Sie führten zu enormen Produktivitätssteigerungen, gerade für relativ gering qualifizierte Arbeitskräfte. Und einige können sich vielleicht noch erinnern, mit welchen Weltuntergangsszenarien die Einführung von PCs in Unternehmen in den 1980er-Jahren einhergingen, nach dem Motto (und *Spiegel*-Titel) »Fortschritt macht arbeitslos«. Und haben diese Fortschritte in der Informations- und Kommunikationstechnologie, bei programmierbaren Maschinen und in der Automatisierungstechnik nicht auch Vorteile für hoch qualifizierte Arbeitskräfte mit sich gebracht? Die Geschichte der Arbeit zeigt, dass eine grundlegende Transformation nicht das Ende der Arbeit bedeuten muss. Aber jede grundlegende Veränderung der Bedingungen von Arbeit wird die Anforderungen an ihre Quantität und Qualität verändern. Ich bin überzeugt davon, dass der Mensch auch in Zukunft im Mittelpunkt des Wirtschaftsgeschehens stehen wird. Und dass wir qualifizierte Mitarbeiterinnen und Mitarbeiter in Zukunft mehr denn je brauchen werden, insbesondere in einer Dienstleistungsbranche wie der Touristik. Die neue Arbeitswelt wird aber geprägt sein von neuen digitalen Werkzeugen, neuen digitalen Prozessen und neuen Berufsbildern, die viel grundlegender als bisher von digitalen Kompetenzen abhängen.

Die Veränderungen der Arbeitswelt auf digitale Tools oder digitale Geschäftsmodelle allein zurückzuführen greift in meinen Augen allerdings zu kurz. Natürlich ist die digitale Transformation ein prägender Trend für die Arbeit der Zukunft. Ich halte allerdings zwei weitere Trends für ebenso relevant, ohne die das Arbeitsumfeld von morgen nicht zu verstehen sein wird. Zunächst müssen sich Personalverantwortliche damit auseinandersetzen, dass das gesellschaftliche und wirtschaftliche Umfeld sich grundlegend verändert hat. Vereinfacht ausgedrückt: vom Arbeitgeber- zum Arbeitnehmermarkt. Die Jugendarbeitslosigkeit ist in Deutschland im Vergleich zu vielen anderen europäischen Ländern sehr gering. Es herrscht eine gute Stimmung am Arbeitsmarkt. Oft können sich Fachkräfte aussuchen, welche Stelle sie annehmen. Es genügt meist nicht mehr, nur ein attraktives Package anzubieten, um gute Bewerber für ein Unternehmen zu gewinnen. Fragen der Kultur und der Kommunikation in Unternehmen gewinnen an Bedeutung für Bewerber. Die TUI Group hat deshalb in diesem Jahr ein neues Employer Branding eingeführt, mit dem das Unternehmen auch in der Ansprache zukünftiger Bewerber die »Digitalität« deutlicher als in der Vergangenheit in den Vordergrund stellt. Statt Strandbilder prägen nun Illustrationen rund um die Zukunft des Reisens die Arbeitgeberkommunikation. Damit unterscheiden wir uns ganz bewusst von der klassischen Touristik-Bildsprache – für eine neue Generation von zukünftigen Mitarbeiterinnen und Mitarbeitern.

Sinn und Selbstverwirklichung

Ein weiterer Trend sind die veränderten Arbeitsvorstellungen junger Berufseinsteiger. Soziologisch betrachtet haben wir heute in den meisten Unternehmen fünf Generationen in Arbeit. Dazu gehören die Traditionalisten, die Baby Boomer, die Generation X, Y und Z. Auch vor der Digitalisierung arbeiteten verschiedene Generationen in einem Unternehmen zusammen. Und doch scheinen mir mit Blick auf die Bedeutung der Arbeit für die eigene Lebenszufriedenheit und auf die Gewichtung zwischen Karriere und Privatleben einige bisher unumstößliche Gewissheiten in den Unternehmen wie selbstverständlich hinterfragt zu werden. Anstatt um die Linienkarriere geht es jungen Menschen zunehmend um Sinn und Selbstverwirklichung. Statt Führungskräfte wollen sie Coaches als Vorgesetzte. Nicht mehr der von oben herab mit harter Hand führende Dirigent, sondern die pfleglich mit ihrer Arbeitszeit umgehende Führungskraft, mit der sie direkt und auf Augenhöhe Kontakt aufnehmen können, ist der neue Idealtypus. Der Manager wird zum Coach, Unternehmensbereiche zur Community und die Organisation zum kollaborativen und fluiden Netzwerk. Für die jüngste Generation in unseren

Unternehmen sind bereits heute die Unterschiede zwischen der eigenen Lebenswelt und der Berufswelt enorm. Wie wir in Unternehmen organisiert sind, wie wir arbeiten, wie wir führen, welche digitalen Tools genutzt werden – all das scheint derzeit für die meisten unserer jüngsten Mitarbeiterinnen und Mitarbeiter ein eigener Kosmos zu sein. Und es wird die Aufgabe der Personalmanager sein, diese unterschiedlichen digitalen Erfahrungswelten zwischen Berufs- und Privatleben zu überwinden. Und der Zeitpunkt dafür könnte nicht besser sein. Das Bedürfnis nach mehr Selbstbestimmung und Mobilität bei Mitarbeitern ist zweifelsohne vorhanden. Gleichzeitig bietet die Digitalisierung Unternehmen völlig neue Möglichkeiten, auf diesen Bedarf mit smarten Lösungen zu reagieren und die Arbeit anders und flexibler zu organisieren. Hier ist eine neue Dynamik zu beobachten, von der Arbeitgeber und Arbeitnehmer gleichermaßen profitieren können.

Für Personalverantwortliche ist dies die Chance, mit individualisierten und intelligenten Digitalangeboten Mitarbeiterinnen und Mitarbeiter auf ihrem Weg zu mehr Selbstbestimmung und Flexibilität zu unterstützen. Das kann einerseits durch eine konsequente Digitalisierung der eigenen Angebote geschehen. In der TUI Group werden beispielsweise »Digital Classrooms« angeboten, die eine Alternative zu organisatorisch aufwendigen (und kostenintensiven) Treffen darstellen, zeitintensive An- und Abreisen überflüssig machen und auch von zu Hause nutzbar sind. Aber auch externe Lösungen können eine Option sein. Start-ups wie die beiden Gewinner des HR Start-up Award des Bundesverbandes der Personalmanager Humanoo (die App ermittelt den physischen sowie mentalen Gesundheitszustand jedes Nutzers und empfiehlt individuell zugeschnittene Trainings) oder die Jobsharing-Plattform Tandemploy.com zeigen, wie digitale Anwendungen Mehrwert für die eigene Organisation bringen.

Zu den künftigen Aufgaben der HR wird es gehören, Management und Mitarbeiter zu befähigen, komplexe Themen mittels der richtigen Technologie zu bewältigen. In meiner Beobachtung waren Personalabteilungen in der Vergangenheit sehr gut darin, komplexe Herausforderungen in Prozesse zu überführen und sie zu managen. Wenn die Herausforderungen jedoch immer komplexer werden, dürfen Prozesse nicht ebenfalls komplexer werden. Der Anspruch sollte sein, komplexe Probleme mit schlanken, einfachen Prozessen zu lösen. Und ich bin überzeugt davon, dass der Schlüssel zu dieser schlanken, einfacheren Welt in den digitalen Tools liegt.

Agile Organisationen

Wer jedoch unter Digitalisierung ausschließlich mehr Online-Tools und einige neue Möglichkeiten der Datenauswertung versteht, unterschätzt die tief greifenden Auswirkungen auf die Arbeitswelt. Der Treiber hier heißt: Agilität. Schnellere und dezentralisierte Entscheidungen, mehr Transparenz, mehr Vertrauen, mobiles Arbeiten, veränderte Verantwortlichkeiten – das sind die Herausforderungen, vor denen jede Organisation in der digitalen Transformation steht, auch die TUI. Agilität darf aber nicht nur ein Motto sein oder nur eine Methode. Agile Organisationen wird es nur geben, wenn es gelingt, ein neues Mindset bei Mitarbeiterinnen und Mitarbeitern zu etablieren. Agilität braucht die passende Kultur und eine entsprechende Struktur im Unternehmen, um zu funktionieren.

In der TUI Group gehört ein Teilbereich der IT zu den Ersten, die sich konsequent auf agile Arbeitsweisen ausgerichtet haben.[1] Die zunehmende Digitalisierung des Geschäftsmodells eines Touristikkonzerns steigert die Komplexität und die gegenseitigen Abhängigkeiten von Prozessen innerhalb eines Unternehmens. Die IT-Bereiche sind hier besonders gefordert. Weshalb es wenig überrascht, dass man dort vorweggeht. Dazu haben die Mitarbeiter das »Agile Manifest for Agile Software Development« verfasst, das die grundlegenden Werte dieser neuen Arbeitsweise festlegt. So wird darin unter anderem Individuen und Interaktionen Vorrang vor Prozessen und Werkzeugen eingeräumt. Und statt sich stoisch an einem Plan festzuhalten, wird dazu aufgerufen, sich auf Veränderungen einzulassen. Das Manifest lässt erahnen, welche Dimensionen das größte Handlungsfeld zukünftiger HR-Arbeit in agilen Organisationen sein werden: Haltung und Menschenbild. Um die Zusammenarbeit zu unterstützen und die Verzahnung einzelner Fachbereiche zu gewährleisten, wurde die IT in eine Matrixorganisation überführt, welche die Teams und Mitarbeiter funktionsübergreifend verbindet. Ziel war es, bestehendes Abteilungs-Silo-Denken aufzubrechen, Fachleute aus unterschiedlichen Bereichen anlassbezogen zusammenzuführen und so die Zusammenarbeit effizienter zu gestalten.

Die aktuellen Marktentwicklungen und die Herausforderung an schneller werdende Produktentwicklungszyklen erzeugen weiterhin Veränderungsdruck. Eine agile Arbeitsweise einzuführen heißt nicht, »das Problem« zu lösen – sondern ein Umfeld zu schaffen, in dem in Zukunft den Herausforderungen von Mitarbeitern und Führungskräften optimal begegnet werden kann. Denn dass Veränderung auf Veränderung folgt, ist die neue Normalität.

Unsicherheit in Zeiten des Wandels

Die neue Struktur und die neue Arbeitsweise führten in der operativen Umsetzung zunächst bei einigen Beteiligten zu Unsicherheit und Unklarheiten in den Rollen, Verantwortlichkeiten und Aufgaben und daraus resultierend zu einer erhöhten Belastung und Fluktuation. Die neue Arbeitsweise erforderte eine enge Begleitung und Unterstützung seitens der Führungskräfte und HR. Die Organisationsform ist für Führungskräfte, Mitarbeiter und Arbeitnehmervertretung neu. Ihre Besonderheit liegt vor allem darin, dass eine agile Matrixorganisation – die neue Welt – in einem klassisch geprägten, gewachsenen Konzern mit einer traditionellen und starken Gremienstruktur – der alten Welt – etabliert wurde.

Ich halte dieses Vorgehen geradezu für ein Kennzeichen der neuen Zeit: Statt ein ausgefeiltes, überkomplexes Konstrukt in einer Gesamtorganisation einzuführen, wurde in einem Bereich vorweggegangen. In der TUI Group nennen wir diese Herangehensweise: Freedom within a Framework. In allen Bereichen verfolgen wir diesen Ansatz, der darauf baut, zentral die Leitplanken zu definieren und lokal beziehungsweise regional (oder wie hier in einer bestimmten Abteilung) über die konkrete Umsetzung entscheiden zu lassen. Richtig ist, dass die klassischen und hierarchischen Strukturen, Kommunikations- und Reportingstrukturen um diese »agile Insel« herum vorerst bestehen bleiben. Darüber hinaus bleiben gesetzliche Rahmenbedingungen, die im industriellen Zeitalter begründet wurden, relevant und müssen bei der Ausgestaltung solcher Experimentierräume im Unternehmen berücksichtigt werden. Mitarbeiterinnen und Mitarbeiter sehen sich mit ihren Bedürfnissen nach Zugehörigkeit, vertrauensvollen Arbeitsbeziehungen und Sicherheit konfrontiert, die in einer agilen Matrixorganisation völlig neu definiert werden müssen. Die Entwicklung von vertrauensvollen Beziehungen benötigt Zeit und Erfahrung und kann nicht durch eine Strukturveränderung verordnet werden. Die Digitalisierung mag revolutionär sein – das Verhalten von Mitarbeitern in Unternehmen wird sich nur evolutionär, schrittweise verändern.

An der Digitalisierung führt kein Weg vorbei

Microsofts Spracherkennungssystem hat inzwischen bei der Erkennung von Wörtern aus einer Konversation eine ähnliche Fehlerrate wie Menschen. Googles Übersetzungssystem kennt 103 verschiedene Sprachen und übersetzt täglich über 140 Milliarden Wörter. Viele Routinetätigkeiten, für die wir heute Mitarbeiterinnen und Mitarbeiter beschäftigen, werden in Zukunft von Systemen mit künstlicher Intelligenz übernommen werden können. Und dennoch bin ich zutiefst davon überzeugt: Auch in Zukunft werden Mitarbeiterinnen und Mitarbeiter den Unterschied machen – wenn es gelingt, ihnen in Unternehmen das richtige Umfeld für ihre Arbeit zu bieten.

ELKE
ELLER

Dr. Elke Eller ist Mitglied des Vorstandes für das Ressort Personal sowie Arbeitsdirektorin der TUI Group. Zudem ist sie Mitglied des Aufsichtsrats der Nord/LB und Präsidentin des Bundesverbandes der Personalmanager. Vor ihrer Tätigkeit bei TUI war Eller bei der Volkswagen AG tätig, seit 2007 als Mitglied des Vorstandes im Geschäftsbereich Personal und Organisation bei der Volkswagen Financial Services AG, seit 2012 als Mitglied des Markenvorstandes im Geschäftsbereich Personal von Volkswagen Nutzfahrzeuge. Zuvor war sie in Leitungsfunktionen für Gewerkschaften tätig.

Einen Konzern wie TUI erfolgreich durch die digitale Transformation zu bringen ist hinreichend komplex, wie wir dem Beitrag von Elke Eller entnehmen konnten. Die schiere Größe und Diversität eines solchen Konglomerats macht das Finden von Lösungen und deren Anwendung in der Breite nicht eben leicht. Das Beharrungsvermögen großer Organisationen ist augenscheinlich eines der größten Hindernisse, wenn es darum geht, die notwendigen Veränderungen proaktiv anzugehen. Die Lösung liegt dabei nicht in der Technologie, die das Spiel verändert, sondern vor allem bei den Spielern – den Mitarbeitern, welche die Digitalisierung erfolgreich in ihren Arbeitsalltag integrieren.

Bei einer reinen Größenbetrachtung sollten sich die Herausforderungen der Digitalisierung für kleinere Unternehmen weit weniger schwierig darstellen als für große Organisationen. Per se flexibler müssten Mittelständler die Digitalisierung schneller durchdringen und zu ihrem Vorteil nutzen – sollte man meinen. Dass die Hindernisse auch und gerade für kleinere Unternehmen durchaus beachtlich und die Ansätze für eine erfolgreiche Transformation sehr ähnlich sind, schildert Aurel Schoeller, Vorsitzender des Vorstands pfm medical AG, in seinem Beitrag.

Anmerkung

1 Vgl. Veröffentlichung von Anne Werther und Fabian Esser, Training und Development der TUI Business und Service GmbH (Werther, A./Esser, F.: Agiles Arbeiten – wie es die Rolle der Personalentwicklung revolutioniert und doch einiges beim Alten bleibt. In: Schwuchow, K. & Gutmann, J. (Hrsg.): HR-Trends 2018. Strategie, Kultur, Innovation, Konzepte, Freiburg: Haufe).

Medizintechnik und Mittelstand – per se gesund?
Digitalisierung braucht Agilität

Aurel Schoeller, Vorstandsvorsitzender pfm medical

> *»Digitalisierung hat das vielleicht größte Potenzial für die Medizin seit der Erfindung des Penicillin.«*
>
> Dr. Bernhard Rohleder

Mittelständisch, doch international aktiv, innovationsgetrieben, doch streng reguliert, dem Markenkern treu, doch immer mit Blick auf die Zukunft – gibt es für die pfm medical AG per se schon viele Spannungsfelder zu meistern, erhöht sich die Komplexität des Marktes durch die Digitalisierung noch mal drastisch. Um die wachsenden Herausforderungen zu meistern und sich weiterhin mit den kleinen wie großen Namen der Branche, aber auch mit Disruptoren messen zu können, setzt das in Köln ansässige Medizintechnikunternehmen auf neue Arbeitsmethoden, begleitet von einem großen Kultur- und Führungswandel, der beispielsweise vernetztes Denken, hierarchie- und abteilungsübergreifende Zusammenarbeit und mobiles Arbeiten begünstigt. Gleichzeitig, so der Vorstandsvorsitzende Aurel Schoeller, ist es von Bedeutung, dem Markenkern treu zu bleiben und bei aller Veränderungsbereitschaft einen stabilen Rahmen zur Orientierung zu geben.

Patientenzentrierte Innovationen

Die Digitalisierung durchdringt mit hoher Geschwindigkeit alle Branchen – und fordert selbst etablierte Unternehmen heraus. Für alle Unternehmen heißt es generell, noch stärker schon heute mögliche Kundenbedürfnisse von morgen zu antizipieren und danach ihr Portfolio auszurichten. In der Medizintechnik geht es zwar schon immer darum, Innovation hervorzubringen und Bewährtes abzuwägen – und gerade wenn es um die Gesundheit des Menschen geht, ist das eine besondere Herausforderung. Doch mit der Digitalisierung – als eine weitere Dimension neben der Globalisierung und veränderten Bedürfnissen unterschiedlicher Generationen an Mitarbeitern und Kunden – erhöht sich die Komplexität unseres Marktes noch mal drastisch. Dies erfordert nicht zuletzt ein hohes Maß an Flexibilität im Denken der Mitarbeiter im Einzelnen sowie in der Organisation im Ganzen.

Haben schon viele Unternehmen unterschiedlicher Branchen mit dieser Herausforderung zu kämpfen, erschwert in der Medizintechnik die zunehmend strengere Regulierung eine schnelle Transformation – insbesondere in kleineren Unternehmen. Denn für die Unternehmen unserer Branche, die aus gutem Grund eine besondere Aufmerksamkeit des Gesetzgebers genießt, heißt das, immer genau zu prüfen, ob die Innovation auch den erwünschten Nutzen für die Lebensqualität des Patienten bringt. Mit anderen Worten: Ein Produkt mag pfiffig sein, es muss aber letztlich auch den hohen Qualitätsanforderungen entsprechen und dem Menschen dienen. Und zwar immer gleichzeitig.

Digitaler Wandel im Mittelstand

Zugleich stehen wir als international aktives mittelständisches Unternehmen vor weiteren besonderen Herausforderungen. Zwar wird dem Mittelstand gemeinhin eine besondere Fähigkeit zur Transformation nachgesagt: Weniger starre Strukturen, flache Hierarchien, schneller Durchsatz von der Idee zur Produktion, ergo eine hohe Reaktionsgeschwindigkeit. Allerdings haben mittelständische Unternehmen häufig nicht die Größe und die Finanzkraft, die es braucht, Ideen im Inkubatormodus zu entwickeln, in iterativen Zyklen schnell zur Marktreife zu bringen und dann über unterschiedliche Kanäle zu vertreiben. Das Umsatzvolumen von Unternehmen der Medizintechnikbranche betrug zwar allein im Jahr 2016 28 Milliarden Euro. Allerdings sind in dieser Branche 188 000 Menschen alleine in Deutschland zu 93 Prozent in Unternehmen mit weniger als 250 Mitarbeitern beschäftigt.

Gerade für solche kleinen und mittelständischen Unternehmen ist es wichtig, sich beispielsweise damit auseinanderzusetzen, wie Start-ups funktionieren und welche Chancen sich daraus ergeben können. Auch Spezialisierung und Kooperationen mit anderen Unternehmen können mögliche Wege sein, um dauerhaft die Nase vorn zu haben. In jedem Fall müssen wir in einer regulierten Branche wie der Medizintechnik die Augen offen halten. Trendscouts und ganze Stäbe sind dabei eher etwas für Konzerne.

Auf dem Weg in eine neue Arbeitsrealität

Was die zentralen Herausforderungen der pfm medical auf dem Weg in eine neue Arbeitsrealität angeht, sitzen wir im gleichen Boot wie die großen Unternehmen: Es bedarf einer ständigen Bereitschaft, zu lernen, Wissen für alle bedarfsgerecht verfügbar zu machen, Hierarchiegrenzen aufzubrechen, vernetztes Denken zu ermöglichen. Gleichzeitig wollen wir unsere Errungenschaften aus der Vergangenheit bewahren, nämlich das, wofür Kunden wie Mitarbeiter die pfm medical schätzen: die persönliche Note, der hohe Anspruch an Qualität bei Produkten und Dienstleistungen sowie ein sozial wertschätzender Umgang, woran wir vor allem bei den aktuellen Veränderungen weiterhin festhalten wollen.

Kollaboration

Traditionelle Werte schließen als Leitplanken veränderte Wege der Zusammenarbeit keineswegs aus. So haben wir beispielsweise bereits in 2015 ein Social Collaboration Tool eingeführt, in dem sich inzwischen eine Vielzahl von Communitys etabliert haben und mit dessen Hilfe Projekte abteilungs-, standort- und länderübergreifend vorangetrieben werden. Gerade die unterschiedlichen medizinischen Anwendungsgebiete, die wir abdecken mit Produktionsstandorten im In- und Ausland sowie einer breiten internationalen Händlerstruktur, haben zu einer vergleichsweise schnellen Akzeptanz geführt.

Wir wollen und müssen offen sein für ein verändertes vernetztes Denken und Methoden zur Ideenfindung erlernen. Ein weiteres Beispiel auf diesem Weg ist das Digital Bootcamp, welches wir unter der Moderation von Profis durchgeführt haben. Der Vorstand hat gemeinsam mit Führungskräften und Mitarbeitern im Start-up-Modus geschäftlich interessante Ideen entwickelt, die wir von einer »fiktiven« Investorengruppe haben prüfen lassen. Dafür haben wir uns drei Tage eingeschlossen und im Anschluss die Organisation an den Ideen und dem Prozess dorthin teilhaben lassen. Wir denken diese nun konsequent weiter und versuchen, parallel Methoden wie Design Thinking auch in unseren Alltag zu integrieren.

Interaktionen, agile Methoden, mehr Ideenaustausch, das bedeutet auch, dass heute jeder Einzelne stärker gefordert ist, sich im Rahmen einer engeren Vernetzung über Hierarchie- und Abteilungsgrenzen hinweg einzubringen. Damit wird die Kommunikation »demokratischer« und ist nicht mehr alleine Aufgabe der Unternehmenskommunikation. Diese übernimmt stärker die Funktion zur Bereitstellung von Instrumenten, Befähigung zur zielgerichteten Kommunikation, Koordinierung und Steuerung. Denn schließlich brauchen wir eine Orientierung, die es Mitarbeitern ermöglicht, sich gerade innerhalb der veränderten Umgebung zurechtzufinden und sich zu verorten. Nur so lassen sich Kräfte dauerhaft mobilisieren.

Werte- und Kulturwandel

Solche Veränderungen erfordern überdies einen großen Kulturwandel. Neben der neuen Form der Zusammenarbeit brauchen wir verstärkt auch eine disruptive Kultur, also die Fähigkeit eines jeden Mitarbeiters, offen zu sein für Neues, »um die Ecke« zu denken, während er seinem Tagesgeschäft nachgeht.

Im gleichen Zuge müssen wir eine Balance aus Agilität und Accountability herstellen. Dabei braucht es eine Fehlerkultur, die »Trial and Error« erlaubt, aber auch ermöglicht, den Fehler schnell hinter sich zu lassen, um aus dem Gelernten die richtigen Entscheidungen abzuleiten. Der

Begriff der Verantwortung muss neu definiert werden, gerade in einer zunehmend individualisierten Lebens- und Arbeitswelt. Denn nur wer Verantwortung für seine Arbeit in der flexibel gewählten Arbeitszeit übernimmt, dem kann man auch mobiles Arbeiten ermöglichen. Weniger Kontrolle beruht auf einer Vertrauenskultur, die eben nur möglich ist, wenn Mitarbeiter mit so viel Eigenverantwortung umgehen können. Im Umkehrschluss bedeutet dies aber auch, dass alle – Führungskräfte, Mitarbeiter und Arbeitgeber – darauf achten müssen, dass sie sich nicht überfordern. Generell braucht es keine neuen Unternehmenswerte, denn daran, wie wir miteinander und mit Kunden umgehen wollen – also nach den Prinzipien Klarheit, Vertrauen, Loyalität, Stolz und Wertschätzung – ändert sich nichts.

Transparenz schaffen und Orientierung geben

Gleichwohl überprüfen wir in regelmäßigen Abständen unsere Strategie und richten unsere Ziele wie jedes andere erfolgreiche Unternehmen an den sich ändernden Marktbedingungen aus. Daneben wollen wir unsere Haltung bewahren gerade in diesen Zeiten, die gerne unter dem Akronym VUCA zusammengefasst werden. Bei aller Veränderungsbereitschaft wollen wir in einem stabilen Rahmen Orientierung geben. So entwickeln wir auch unseren Markenkern weiter und definieren uns als Arbeitgeber. Ein klares Profil hilft uns gegenüber Marktpartnern, Kunden, Patienten und Mitarbeitern. Wer nicht weiß, wofür er steht, kann auch kein verlässliches Leistungsversprechen abgeben.

Das haben wir ganz aktuell so in unserem Markenhandbuch für alle sichtbar definiert. An diesem Findungsprozess waren zahlreiche Führungskräfte und Mitarbeiter beteiligt. Darin haben wir unseren Anspruch und unseren Charakter im Einzelnen durchdekliniert, sodass Mitarbeiter selbst immer wieder Orientierung finden und sich am gemeinsamen Anspruch messen können. Die Nachvollziehbarkeit ist ein wichtiges Element für eine erfolgreiche Evolution, eine Transformation, die kontinuierlich erfolgt.

Führung neu definieren

Daneben stellen wir unsere Führungsleitlinien auf den Prüfstand und nehmen die Führungskräfte mit ins Boot, um Anpassungen vorzunehmen, wo unser bisheriges Vorgehen nicht mehr zeitgemäß ist. Feedback ist beispielsweise ein zentrales Element des wertschätzenden Umgangs mit Mitarbeitern, das auch wichtiger Bestandteil von Führung ist – neben Fördern und Fordern. Hierbei denken wir derzeit auch über agilere Methoden nach, die den Bedürfnissen von Führungskräften und Mitarbeitern gerecht werden.

Fazit

Gelingt uns der Wandel in Kultur, Führung und Organisation, bietet die Digitalisierung in der Medizintechnik ein enormes Potenzial. Zwar sind Innovationen in einer Branche wie der Medizintechnik schon seit jeher gefragt, doch bieten sich durch die Digitalisierung heute deutlich mehr und sich schnell verändernde Potenziale.

Dabei müssen wir neue Möglichkeiten einbeziehen, wie sich bestehende Produkte die Vernetzung zunutze machen und Dienstleistungen ergänzen lassen, die über digitale Kanäle abgerufen werden können, oder Ideen aus einem ganz anderen Geschäftsumfeld berücksichtigen. So könnte eine Frage sein, wie sich Konzepte aus dem Bereich des Ambient Assistant Living mit Medizinprodukten verknüpfen lassen. Wir werden neue Kontaktmöglichkeiten zum Patienten haben und durch die Nutzung von Daten ein enorm hohes Potenzial für Entwicklungen und Technologien haben, die echten Nutzen für die Patienten und die Versorgung entfalten werden.

Es ist unser Ziel, immer unserem Markenkern treu zu bleiben, als ein Unternehmen, das qualitativ hochwertige Lösungsangebote in den Fokusbereichen Infusion, Surgery, Histotechnologie und kardiovaskuläre Technologie verlässlich anbietet und dabei den Fokus auf die persönliche Beratung dauerhaft behält, wo sie erforderlich ist. Denn das können und dürfen Kunden und Patienten von uns erwarten.

AUREL SCHOELLER

Aurel Schoeller ist Vorsitzender des Vorstands der pfm medical ag mit Hauptsitz in Köln. Nach einer Bankenlehre und seinem Studium der Betriebswirtschaftslehre sammelte er berufliche Erfahrungen im elterlichen Unternehmen Anker Teppichboden sowie bei der ITF GmbH. Als Leiter Einkauf startete er anschließend bei pfm medical, wo er seit 2003 die Verantwortung für das gesamte Unternehmen hat. Er setzt die erfolgreiche Entwicklung der pfm medical ag, die Jürgen Wolter 1971 gründete, weiter fort. Schoeller ist neben seiner Funktion auch Anteilseigner des Unternehmens, das seit über 40 Jahren in Familienbesitz ist.

Bei pfm steht die Innovation im Zentrum der digitalen Transformation. Nicht verwunderlich in einer Branche, in der es wie in keiner anderen Industrie um das Wohlergehen und letztendlich die Zukunft des Menschen geht. Der Einsatz neuer digitaler Technologien in der Diagnostik einerseits, in der Therapie (insbesondere bei genetischen Therapieansätzen) andererseits hat das Potenzial, die großen Krankheiten wie Krebs zu besiegen und unser Leben drastisch zu verlängern.

Der Einfluss der Digitalisierung auf die bis hierhin vorgestellten Industrien ist offensichtlich gravierend. Die neuen Technologien verändern das Geschäft zum Teil disruptiv mit entsprechenden Auswirkungen für alle Beteiligten. Die Branchen und Unternehmen stehen im Blickpunkt der Öffentlichkeit – wir alle sind mehr oder weniger direkt betroffen von den Veränderungen und haben oft einen persönlichen Bezug zu den Produkten und Dienstleistungen. Unser Fokus auf die Branchen, die frühzeitig und massiv von der Digitalisierung betroffen sind, verstellt den Blick auf die Branchen, in denen die Entwicklung zeitversetzt und augenscheinlich weniger spektakulär stattfindet. Es könnte der Eindruck entstehen, die Digitalisierung betreffe nur einen Ausschnitt unseres ökonomischen Systems, weite Teile unserer Wirtschaft seien wenig betroffen von den Chancen und Risiken der Digitalisierung. Ein Irrglaube, der allerdings bis vor kurzer Zeit in vielen Führungsetagen noch weit verbreitet war.

Wie sehr die Digitalisierung eine zutiefst traditionelle Branche verändert und was jedes Unternehmen daraus lernen kann, schildert Thomas Birtel, CEO der Strabag AG, in seinem Beitrag.

Bauunternehmen – digitaler als man denkt
Daten revolutionieren eine Branche

Von *Thomas Birtel*, Vorstandsvorsitzender STRABAG

> *» Wenn sich eine Tür schließt, öffnet sich eine andere;*
> *aber wir sehen meist so lange mit Bedauern auf die geschlossene Tür,*
> *dass wir die, die sich für uns geöffnet hat, nicht sehen. «*

Alexander Graham Bell

Thomas Birtel zeigt uns, dass *Smart Dust* die Essenz der digitalen Baustelle ist – wir schaffen uns in Zukunft eine Umgebung, die uns wahrnehmen kann und auf deren Daten wir aufbauen können: »Sämtliche relevanten Informationen werden in naher Zukunft digitalisiert verfügbar sein. Nicht nur aktuelle, sondern auch historische, bislang analog erstellte und archivierte Daten.« Wie beeinflusst dies die Baubranche? Was bedeutet das für das Bauwerk selbst? Wie werden Städte in Zukunft aussehen und wie wird sich deren Infrastruktur gestalten? Welchen Mehrwert hat es für die Gesellschaft? Fest steht, Daten sind das neue Öl, auf dem unsere digitale Welt gebaut werden wird.

Bauen hat eine geringe Produktivität – noch

Wie selbstverständlich und scheinbar mühelos überqueren wir in der heutigen Zeit Täler, gleiten durch Berge, fahren unter Städten hindurch, schweben in gläsernen Kabinen in große Höhen, schauen aus leinwandgroßen Fenstern auf Städte hinab. Zuweilen duschen und frühstücken wir in hundert Metern Höhe, wechseln mit enormer Geschwindigkeit unsere Aufenthaltsorte zwischen Ländern und sogar zwischen Kontinenten. Die Infrastruktur der Welt wurde über große Zeiträume hinweg errichtet – und wird täglich erweitert und erneuert. Wirtschaftlich ist der Bausektor heute von zentraler Bedeutung: So sind allein 10 Prozent des Bruttoinlandproduktes der Europäischen Union ausschließlich Bauinvestitionen zuzurechnen; weltweit sind es etwa 13 Prozent. Der Bausektor schafft Arbeitsplätze und schafft mit seinen Produkten die Grundlage, auf der andere Wirtschaftszweige ihre Kraft entfalten können.

Eine zunehmende Migration, die demografische Veränderung der Bevölkerung, die Urbanisierung weltweit, die Erneuerung von in die Jahre gekommenen Infrastrukturnetzen in Europa und Nordamerika, bezahlbarer Wohnraum in den Metropolen auf allen Kontinenten – das sind nur wenige Beispiele großer baubezogener Aufgaben, die gesteigerte Investitionen in den Bausektor in den nächsten Jahren erwarten lassen.[1]

Der technologische Fortschritt hat bisher eher langsam Eingang in den Bausektor gefunden – mit dem Resultat, dass dessen Produktivität in den vergangenen fünfzig Jahren nicht nur nicht mit den stationären Industrien hat mithalten können, sondern absolut abgenommen hat.[2] Diese geringe Produktivität des Bausektors im Vergleich zu anderen Industrien hat vielschichtige Gründe.

Das Baugeschäft zeichnet sich durch eine ausgeprägte Projektbezogenheit aus. Darüber hinaus sind technische, logistische, kaufmännische sowie behördliche Anforderungen mit zahlreichen und wechselnden Beteiligten zu erfüllen. Bauherren, Planer, Ausführende, Lieferanten, Nachunternehmer, Nutzer, Behörden, Anwohner – alle möchten gehört sein. Planungsänderungen nach Baubeginn sind keine Seltenheit und bei Straßenbauprojekten befindet sich die Produktionsstätte in vielen Fällen »unter rollendem Rad«. Eingriffe in das Erdreich sorgen nicht selten trotz gründlicher Baugrunduntersuchungen für Überraschungen. Damit ändern sich die Randbedingungen häufig und schnell. Das führt dann auf einmal dazu, dass die Ausführung begonnen wird, obschon die Planung noch nicht fertig ist – »baubegleitende Planung« heißt es dann. Entsprechend vielseitig, ad hoc und unübersichtlich ist bei derart vielen Schnittstellen meist der Umgang mit den für Entscheidungen erforderlichen Informationen. Das Ausmaß des Informationsverlustes nimmt mit der Anzahl der Schnittstellen zu. Beispielsweise entsteht an der Schnittstelle zwischen Bauausführung und Inbetriebnahme in der Regel ein großes Defizit. Für die Auftraggeberschaft bedeutet dies bei Korrekturen und

Sanierungen die aufwendige Wiederbeschaffung von Informationen, die bislang nirgendwo zentral gesammelt worden sind.

Gerade wegen dieser Unwägbarkeiten sind sehr erfahrene Projektbeteiligte wesentlich für eine erfolgreiche Projektausführung. Daher ist im Baugeschäft der Anteil impliziten Know-hows besonders ausgeprägt, was einen intensiven, unmittelbaren und persönlichen Austausch erfordert – und fördert. Das erklärt die noch weitverbreitete analoge Steuerung von Baustellenprozessen. Dass Materialtransporte mit Strichlisten erfasst und mit papiernen Lieferscheinen abgerechnet werden. Dass Sicherheitsbegehungen noch händisch protokolliert und abgelegt werden. Dass Bewehrungsabnahmen viel Zeit in Anspruch nehmen, weil Formulare ausgefüllt und abgelegt sein wollen. Dass die Disposition von Mensch und Maschine sehr häufig noch mit Listen gesteuert wird.

Die Verheißung vernetzender Technologien

Die augenblickliche und grenzenlose Kommunikation – ermöglicht durch eine nicht zu versiegen scheinende Innovationskraft der Informationstechnologien – sowie der radikale Preisverfall für Rechner- und Speicherkapazitäten verändern maßgeblich sämtliche industrie- und damit produktionsbezogenen Prozesse. Sensoren sind inzwischen so klein, handlich und robust geworden, dass unsere gesamte Umwelt damit bestückt werden kann. Und damit auch die bebaute, die wir als Baukonzern mitgestalten. Initiativen wie »Planetary Skin« von Cisco oder Hewlett Packards »Central nervous system for the Earth (CeNSE)« kündigen unter dem Begriff des »smart dust« Millionen weiterer an das Internet angeschlossener Sensoren an.[3] Deren Datenströme, geführt über das Internetprotokoll IPv6, das mehrere Tausend Internetadressen auf jedem Quadratmeter der Erdoberfläche ermöglicht, und verknüpft über den künftigen 5G-Telekommunikationsstandard, werden eine »wahrnehmende Umgebung« schaffen – wir sprechen vom Beginn des kognitiven Zeitalters.[4] Aufgrund der enormen Leistungsfähigkeit der datenverarbeitenden Zwischen- und Endgeräte stehen daher nahezu beliebige

Informationen an jedem Ort und zu jeder Zeit sofort bereit – und ermöglichen somit eine bisher nicht dagewesene Art der Zusammenarbeit zwischen zahlreichen Personen und Gruppen über Standorte hinweg. Mittels hochauflösender Visualisierungstechnologien können komplexe Vorgänge dargestellt und vermittelt werden, die sich ein Mensch sonst kaum mehr vorzustellen vermag.

Bauen mit digitalen Daten

Die technologischen Möglichkeiten beschleunigen nicht nur die Verarbeitung von Daten und Informationen. Das große prognostizierte Potenzial zur deutlichen Steigerung von Produktivität, Wertschöpfung sowie der Qualität im Bausektor wird auch durch die enormen Fortschritte bei mobilen und (teil-)autonomen sowie codegesteuerten Produktionsmöglichkeiten erwartet, welche durch die verknüpfenden Informations- und Kommunikationsmöglichkeiten nun möglich werden.[5] Unter dem Begriff 3D-Druck werden unterschiedliche Verfahren zusammengefasst, die aus einem digitalen 3D-Bauplan direkt ein Volumenobjekt erstellen – von der additiven Fertigung, die mörtelt und mauert, bis zum Schweißen verschiedener Stähle. »Gedruckt« werden können inzwischen zahllose Materialien. Für den Bausektor sind Kompositmaterialien, Mörtelgemische, Stahl und Harze bedeutsam. Damit eröffnet die skalierbare Robotik dem Bauwesen neue Optionen.

Exoskelette können die Leistungsfähigkeit von Bauarbeitern bei schweren Arbeiten erhöhen und diese in »Bau-Cyborgs«[6] verwandeln. Roboter assistieren beim Gebäudebetrieb.[7] Dort können sie Innenräume scannen, bei der Navigation in Gebäuden das Auffinden von Revisionsöffnungen anhand von 3D-Gebäudeplänen unterstützen, Betriebszustände mittels der im Gebäude eingebetteten Sensorik abfragen sowie die fallspezifischen Unterlagen bereitstellen, damit die angeforderten Wartungsarbeiten rasch und fehlerfrei erledigt werden können. Im Straßenbau wurde kürzlich erstmals in Deutschland die cloudgestützte Prozessoptimierung in einem Bauvorhaben demonstriert, bei dem auch autonom fahrende Walzen getestet wurden.[8] Nicht zuletzt werden die Menschen auf Baustellen besser geschützt; sensorbestückte Arbeitskleidung, Helme und Baumaschinen lassen die unmittelbar Beteiligten schneller erkennen, ob sich jemand in einem Gefahrenbereich bewegt.

Diese wenigen Beispiele zeigen bereits, dass digitale Daten das Bauen schon heute stark verändern. Sämtliche relevanten Informationen werden in naher Zukunft digitalisiert verfügbar sein. Nicht nur aktuelle Informationen, sondern auch historische, bislang analog erstellte und archivierte Daten und Informationen. Und auch neuartige Daten, die bisher noch gar nicht existierten, weil sie schlichtweg bis vor Kurzem technologisch nicht vorstellbar waren.

Das Bauwerk – über den Lebenszyklus gedacht

Die neuen Bauproduktionsmöglichkeiten erfordern einen neuen Ansatz der Planung. Vor etwa dreißig Jahren begannen Architekten mit CAD (Computer-Aided-Design) die ersten 3D-Zeichnungen. Daraus entwickelte sich das Building Information Modelling, meist bekannt unter dem Akronym BIM. Inzwischen werden mit dem 3D-Geometriemodell Informationen zu Materialien, Kosten, Terminen etc. verknüpft, was auch als »5D« Eingang in die BIM-Szene gefunden hat.

Im Idealfall ermöglichen BIM-basierte Entwürfe den Baubeteiligten, an einem virtuellen (oder digitalen) Zwilling des Bauvorhabens Änderungen, Varianten, Sanierungen und Ausbauten von der technischen Planung über die Erstellung von Leistungsverzeichnissen und Materiallisten bis hin zu den damit verbundenen Kosten nachvollziehbar vorwegzunehmen. Somit rückt eine im Bau schon lange angestrebte Kosten-, Planungs- und Terminsicherheit in greifbare Nähe. Informationslücken und Kollisionen in den einzelnen Fachbereichen und Disziplinen können dann rechtzeitig identifiziert und teure Planungs- und Abstimmungsfehler vermieden werden. Insbesondere in der Baubranche mit ihren Gewinnmargen im niedrigen einstelligen Bereich – zum Vergleich: im Autobau liegt sie typischerweise bei 10 Prozent, bei Software sogar bei 33 Prozent – kann das hinsichtlich des wirtschaftlichen Erfolgs des Projekts entscheidend sein.

Dieser Ansatz erzwingt allerdings immer mehr Entscheidungen an den Anfang des Bauprojekts – in die Phase der Planung. Die Baubeteiligten, allen voran Auftraggeber und Auftragnehmer, legen dann im »Frontloaded Design« die Randbedingungen und Vorgehensweise fest. Partnerschaftsmodelle werden von der modellbasierten Arbeitsweise profitieren.

Bedeutung für die bebaute Umwelt

Die Frage ist nicht nur, wie diese Entwicklungen unsere tägliche Bautätigkeit beeinflussen, sondern welche Systemlösungen entwickelt werden können, die einen Nutzen für Kunden und Gesellschaft schaffen. Und welche Geschäftsmodelle sich daraus ergeben – und welche Marktteilnehmer diese erfolgreich entwickeln.

Fahrzeuge und Gebäude oder Fahrzeuge und Straßen werden nahezu in Echtzeit vernetzt. Zustände, seien es Gebrauchszustände von Brücken oder die eisbedingte Rutschgefahr auf Fahrbahnen, können inzwischen mittels des Internets der Dinge autark erkannt werden und entsprechende Mitteilungen an Wartungsdienste auslösen. Die Sensorik im Fahrzeug überwacht nicht nur dessen Zustand, sondern erfasst jede Bodenunebenheit. Damit können Straßenzustände kontinuierlich kartiert werden, analog der via App angezeigten Verkehrsdichte. Die präventive Wartung könnte aus technischer Sicht dann auch für Straßen möglich sein.

Bedeutung für die Bauindustrie

All diese Entwicklungen werden sich auch auf die Bautätigkeit auswirken und damit auf die Beteiligten und deren Expertise. Branchenübergreifende Kooperationen ermöglichen einerseits die Erschließung neuer Märkte und locken andererseits neue Marktteilnehmer an, wie das Beispiel Google bei der Gebäudeautomation oder bei der Einführung des fahrerlosen PKW beweist. In jedem Fall zeigt sich: Systemlösungen mit konkretem Nutzen für Kunden und Gesellschaft stehen im Vordergrund.

Ein Ideales Anwendungsfeld in der Bauwelt ist die Schaffung bezahlbaren Wohnraums in nachhaltigen Bezirken in der Stadt von morgen.[9]

Aus unternehmerischer Sicht bleibt auch die Frage zu lösen: Wem gehören die Daten, die auf Plattformen, den digitalen Marktplätzen, von den Baubeteiligten genutzt werden und dort zu neuen Daten, Informationen und vor allem neuen Erkenntnissen führen? Fest steht: Daten sind das »neue Öl«[10] und auch in der Bauindustrie stellen wir uns die Frage, wie die gewünschte und zur Erhöhung der Produktivität erforderliche Integration der Bauabläufe – was mit dem Zusammenführen der dazu nötigen Daten einhergeht – vor dem Hintergrund gelingen kann, dass diejenigen einen deutlichen Mehrwert erzielen werden, welche die Daten besitzen, interpretieren und Geschäftsmodelle daraus entwickeln. Für Generalunternehmen, deren Vermögenswerte zu großen Teilen aus leicht digitalisierbaren Daten und Informationen bestehen, mit denen Planungs-, Bau- und Betriebsprozesse gesteuert werden, kann diese Fragestellung existenziell sein.

Wer baut zukünftig?

Die Zukunft des Bauens ist Partnerschaft – mit der voranschreitenden Erweiterung der Funktionalitäten von Materialien und Bauteilen zu systemischen Modulen und dem Anspruch, Bauwerke über deren Lebenszyklus vorauszudenken, wächst die Komplexität moderner Bauprojekte. Damit steigen die Anforderungen an die Menschen, die sie realisieren sollen.

Der erfahrene Bauleiter und der Polier werden weiterhin erforderlich sein; ihre Aufgaben werden sich jedoch verändern. In einigen Fällen werden wir ganz umdenken müssen. Was macht der Architekt, wenn die Produktionsmethoden Bauteile und Strukturen erschaffen können, die man gar nicht planen kann? Im Bausektor entwickeln sich daher ganz neue Berufsbilder, wie der BIM-Manager, der die Bauwerksmodelle bei der Umsetzung steuert. BIM-Modellierer erstellen die virtuellen Zwillinge der Bauobjekte. Lean-Construction-Experten übertragen bereits heute schon Methoden aus der Automobilproduktion, um die Anteile von Verschwendung systematisch und kontinuierlich zu reduzieren. Gemeinsam mit Prozessanalysten erarbeiten sie die Grundlagen für Prozessstandards, explizit formulierte Vorgehensweisen, um künftig Abläufe, zum Beispiel mit Workflow-Werkzeugen, mit einer höheren Produktivität und Qualität robuster auszuführen.

Programmierer verknüpfen die Modelle mit Internet-of-Things-Daten und Datenanalysten setzen selbstlernende Algorithmen der künstlichen Intelligenz ein, um den Mehrwert aus den großen Datenmengen maschinell zu destillieren. Diese neuen Aufgaben werden andere Menschen für das Bauen interessieren als bisher, wie es allein schon die Start-up-Szene mit zahlreichen baurelevanten Lösungen zeigt.[11]

Der Bausektor wird von dieser größeren Diversität profitieren. Und die bebaute Umwelt, in der wir alle leben.

THOMAS
BIRTEL

Dr. Thomas Birtel promovierte an der Ruhr-Universität Bochum zum Doktor der Wirtschaftswissenschaften. Seine berufliche Laufbahn begann er beim damaligen deutschen Handels- und Anlagenbaukonzern Klöckner & Co; dort avancierte er zum Abteilungsleiter des Rechnungswesens der Klöckner Industrie-Anlagen GmbH. Danach wechselte er in die Geschäftsführung der schwedischen Frigoscandia-Gruppe. 1996 trat er als Mitglied des Vorstands der STRABAG Hoch- und Ingenieurbau AG in die STRABAG-Gruppe ein und wurde 2002 in den Vorstand der STRABAG AG Köln berufen. Seit 2006 gehört er dem Vorstand der Konzernholding STRABAG SE in Wien an, seit Mitte 2013 ist er deren Vorsitzender. Er ist ferner Mitglied des Beirats der Deutschen Bank sowie der HDI Global SE und gehört den Aufsichtsräten der VHV Versicherungen an.

Lean-Construction-Experten, die Fertigungsverfahren aus der Automobilindustrie übertragen, BIM-Modellierer, die virtuelle Zwillinge von Gebäuden entstehen lassen, Bauarbeiter in Exo-Skeletten für schwere Tätigkeiten – die Zukunft der Bauindustrie klingt teils nach Science-Fiction. Die beschriebenen Technologien allerdings sind keine Fiktion – die geschilderten Verfahren sind marktreif und finden zunehmend Einsatz in Hoch- und Tiefbau. Wie wir gelernt haben, werden sich die Aufgaben und Tätigkeiten damit selbst in einer vermeintlich traditionellen Branche massiv wandeln.

Die Auswirkungen dieser Entwicklungen sind nicht zuletzt für die Mitarbeiter im Unternehmen eine echte Herausforderung. Laufen wir Gefahr, uns von der Geschwindigkeit der Transformation abhängen zu lassen? Wie organisieren wir uns im Angesicht dieser Umwälzungen? Was bedeutet das für die Art und Weise, wie wir in Zukunft Arbeit gestalten? Fragestellungen, denen Christian P. Illek in seinem Beitrag nachgeht, in dem er die digitale Transformation aus der Perspektive der Mitarbeiter und Führungskräfte der Telekom AG beschreibt.

Anmerkungen

1 Global Insights. 6/2016 https://www.ihs.com/industry/economics-country-risk. html.
2 Shaping the future of Construction. A breakthrough in Mindset and Technology. Industry Agenda by World Economic Forum. 2016. McKinsey Global Institute, 2017. Reinventing Construction: A Route to Higher Productivity. In Collaboration with McKinsey's Capital Projects & Infrastructure Practice.
3 Evans D.: The Internet of Things – How the Next Evolution of the Internet of Things is Changing everything. Cisco Internet Business Solutions Group – White Paper, 2011.
4 Kelly K., 2016. The Inevitable – Understanding the 12 technological forces that will shape our future. Viking.
5 Shaping the future of Construction. A breakthrough in Mindset and Technology. Industry Agenda by World Economic Forum. 2016.
Hypovereinsbank 2016. Bauwirtschaft im Wandel. Trends und Potenziale bis 2020.
Shaping the future of Construction. Inspiring Innovators refine the Industry. Industry Agenda by World Economic Forum. 2017.
Voices on infrastructure. Rethinking engineering and construction. Global Infrastructure Initiative 2016. By McKinsey & Company. Oct 2016.
6 MAX (SuitX) https://www.youtube.com/watch?v=7MRS1qOxpV4.

7 www.navvis.com/

8 http://smartsite-project.de/

9 Bareiß R., Pralle N. (2014). Bauen im Zeitalter des Internets (der Dinge). Relevante Trends bei Gebäuden, Städten, Mobilität – und zukünftige Erfolgsfaktoren. Bauingenieur Verlag VDI Bautechnik.

10 Economist 2017. Regulating the internet giants. The world's most valuable resource is no longer oil, but data. Economist May 6th, 2017.

11 https://angel.co/angel-funds

Telekommunikation – ganz vorne dabei? Und wer führt?

Von *Christian P. Illek*, Vorstand Telekom

» Worin liegt die eigentliche Rolle des Managements?
Im intelligenten Reagieren auf Veränderungen. «

Jean-Jacques Servan-Schreiber

Erfolgreiches Führen im digitalen Zeitalter ist für Telekom-Personalvorstand Christian P. Illek eine Frage der inneren Haltung und Geschwindigkeit. Gebraucht werden umsetzungsorientierte Führungskräfte mit hoher Verlässlichkeit, die fähig sind, Teamautonomien erfolgreich zu organisieren. Führungskräfte in Großunternehmen müssen zudem noch in der Lage sein, ambidextre Strukturen zu managen, und Mut zum Experimentieren haben.

Das Dilemma von Großunternehmen

Der Chef macht eine Ansage, die Mitarbeiter setzen um. Oben wird gedacht, unten wird gemacht! Transparenz oder gar Beteiligung an Entscheidungen? Fehlanzeige! Diese Art der hierarchischen Führung war lange Zeit das gängige Prinzip der Unternehmenssteuerung.

Doch das Command-and-Control-Prinzip, bei dem strategische Ziele mit Gehorsam und Geradlinigkeit von oben nach unten durchgesetzt werden, hat sich überholt. Noch nie zuvor standen Führungskräfte unter so radikalem Änderungsdruck wie heute. Ursache dafür ist die zunehmende Durchdringung der Unternehmen mit digitaler Infrastruktur – vor allem in wissensbasierten Unternehmen, in denen der freie Fluss der Informationen entscheidend für den Erfolg ist. Wenn dank moderner IT im Prinzip alle wichtigen Informationen auch allen Mitarbeitern zugänglich sind, verändert das auch das Wesen von Führung drastisch: Was früher so einfach nach dem Top-down-Prinzip funktionierte, ist heute viel komplizierter. Anders ausgedrückt: Im digitalen Zeitalter ist es schwieriger geworden, Chefin oder Chef zu sein.

Für Manager in Großunternehmen wie der Telekom ergibt sich eine zusätzliche Komplikation – nämlich die von ambidextren Organisationsstrukturen und Abläufen. Wörtlich übersetzt heißt Ambidextrie Beidhändigkeit und bezeichnet das Phänomen, mit rechter und linker Hand gleich stark und geschickt zu sein.

Im Unternehmensumfeld steht Ambidextrie für das Nebeneinander von zwei Herausforderungen. Einerseits betreiben Unternehmen erfolgreich ihr etabliertes Kerngeschäft und sind bemüht, es kontinuierlich zu optimieren (Exploitation). Gleichzeitig stehen sie unter dem permanenten Druck, die Innovationsgeschwindigkeit zu erhöhen und sich – in Teilen – neu erfinden zu müssen (Exploration). Es wird nicht weniger verlangt als unternehmerische Beidhändigkeit. Ambidextrie wird so zum Maßstab für die Zukunftsfähigkeit eines Unternehmens.

Organisationsexperten sprechen auch von der blauen und grünen Welt. Der blaue Bereich umfasst das Kerngeschäft und benötigt in weiten Teilen klare und stabile Organisationen und Arbeitsbedingungen, Regeln, Routinen und Richtlinien. Wiederholbarkeit und kontinuierliche Verbesserungen sind hier die Stichworte. Fokus liegt auf der Erhöhung von Effizienz. Während der grüne Bereich agil, projektbasiert oder poolbasiert organisiert werden kann und offen ist für interne und externe Netzwerke. Der Fokus liegt hier auf Kreativität und »kontrolliertem Experimentieren«.

Ein Beispiel aus der Telekommunikationsbranche: Der Rollout von Netzinfrastruktur ist kein Feld für Experimente. Es ist Teil des Kerngeschäfts, braucht Planbarkeit und ein Höchstmaß an Verlässlichkeit – das garantieren entsprechende Strukturen. Die Gestaltung der zukünftigen Netztechnologie 5G dagegen erfordert viel Kreativität und einen passenden Rahmen zu ihrer Entfaltung. So unterschiedlich beide Aufgaben sind, so notwendig und essenziell sind sie beide für den Erfolg des Unternehmens.

Sinnvolles Nebeneinander

Die Herausforderung besteht nun darin, eine Organisation und vor allem auch eine Unternehmenskultur zu etablieren, in der beide Ansätze zur Geltung kommen: der exploitative genauso wie der explorative.

In einer »idealen« Welt würde man sie entkoppeln und in ihren eigenen Ökosystemen, Organisationsstrukturen und Prozessen belassen. Aber das geht an der wirtschaftlichen Realität oftmals vorbei. Für die meisten Unternehmen gilt deswegen: Das sinnvolle Nebeneinander ist die Richtschnur. Es geht also nicht um ein »Entweder-oder«, sondern um ein »Sowohl-als-auch«. Dabei kommt es – auch mit Blick auf die Strategie eines Unternehmens – auf die richtige Mischung an. Und auf das Verständnis für die Wechselwirkung zwischen beiden Welten: Was heute noch grün ist, kann morgen vielleicht schon blau sein.

Zur Verdeutlichung ein Blick auf Apple: Die Einführung des iPhone 2007 war eine radikale Innovation und hat unser Kommunikationsverhalten und damit unser aller Leben verändert. In den Folgejahren bestand die Weiterentwicklung des iPhone dann nur noch in graduellen Anpassungen. Aus grünem wurde also blaues Geschäft. Das Beispiel zeigt: Auch die größte Innovation wird im Laufe der Zeit zum Kerngeschäft. Und auf der anderen Seite brauchen gerade tradierte und geübte Prozesse bisweilen einen gewissen Gründergeist, um die Dinge neu zu betrachten.

Wie das aussehen kann, zeigt unter anderem unser Programm UQBATE. Hier können engagierte Mitarbeiter vielversprechende Geschäftsideen jenseits aller Berichtslinien entwickeln und vorantreiben. Im Idealfall kann diese Idee später in den Regelprozess integriert werden (Spin-in) oder es kommt zur Ausgründung (Spin-off). Und schon seit 2012 sind wir mit unserem Inkubator Hub:raum mit Standorten in Deutschland, Polen und Israel ganz nah an der innovativen Start-up-Szene. Hier bekommen wir frühestmöglich Zugriff auf neue Technologien und Geschäftsmodelle, die Start-ups gewinnen einen starken strategischen Partner und Zugang zu Kunden und Know-how. Und auch das muss gemanagt werden.

Führungseigenschaften werden neu vermessen

Vor diesem Hintergrund besteht die Kunst der Führungskraft darin, die Balance zwischen beiden Welten im Unternehmen zu justieren. In der Praxis heißt das: Abhängig von der Aufgabe müssen Führungskräfte bei Teamzusammensetzung und -struktur sehr genau hinschauen und auch mehr Variabilität zeigen. In Bereichen, in denen neue Ideen gefunden werden sollen, wie etwa der Produktentwicklung, lassen sich Aufgaben eher in flexiblen und agilen sowie möglichst heterogenen Projektstrukturen bewältigen. In umsetzungsorientierten Bereichen, man denke zum Beispiel an den Netzausbau, führen stabile und stringente Strukturen besser zum Ziel.

Das geht einher mit einer starken Veränderung in der Unternehmenskultur und -struktur: Individuelle Arbeitsmodelle, mehr Transparenz und mehr Austausch gewinnen an Bedeutung.

Führungskräfte treffen dabei auf selbstbewusste Mitarbeiter, die an Entscheidungsfindungen beteiligt werden wollen und gleichzeitig Orientierung mit Blick auf das Gesamtsystem erwarten. Ferner bringen es digitale Kollaborationstools, wie interne soziale Netzwerke, mit sich, dass Wissen transparenter und schneller geteilt wird. Im digitalen Arbeitsumfeld müssen Führungskräfte diese Tools verstehen und beherrschen. Denn mit den sogenannten Digital Natives kommen immer mehr Menschen in den Arbeitsmarkt, die mit den neuen Kommunikationsmitteln aufgewachsen sind und auf diesem Gebiet deshalb oftmals einen Vorsprung haben.

Den Wandel managen

Um erfolgreich durch den digitalen Wandel zu navigieren, sind heute also andere Kompetenzen notwendig. Auch neue Methoden und Instrumente werden vom Digital Leader verlangt.

Die Telekom ist in großen Teilen eine blaue Organisation. Was wir lernen müssen, ist, besser und schneller grün, also innovativ zu werden.

Darauf müssen Führungskräfte vorbereitet werden. Aus diesem Grunde haben wir bei der Telekom den Schwerpunkt unseres neuen weltweiten Fortbildungsprogramms für leitende Angestellte in 2017 auf das Managen von ambidextren Unternehmensstrukturen gelegt. Mit »levelUP!«, so der Name des Programms, wird der Begriff Digital Leadership mit konkreten Inhalten gefüllt.

Das Programm hilft nicht nur dabei, Führungsfähigkeiten zu erweitern und zu verbessern, sondern vermittelt auch neue Sicht- und Denkweisen durch inspirierenden Austausch mit führenden Innovatoren und Managementexperten.

Dabei werden interaktive Lernformate größtenteils digital, teilweise aber auch in Präsenz angeboten. Das Lernen ist auf die individuellen Bedürfnisse abgestimmt, Lerninhalte werden selbst zusammengestellt. Nach dem Programm-Motto »Educate! Inspire! & Transfer!« wird das Erlernte dann im täglichen Geschäft umgesetzt. Unsere Führungskräfte werden so zu CEOs ihrer eigenen Karriere.

700 Telekom-Manager aus dem In- und Ausland nehmen in der ersten Phase an »levelUP!« teil. Für uns ist der Kurs ein wichtiges Experimentierfeld. Wir probieren etwas aus: Was gut funktioniert, behalten wir bei, was nicht, lassen wir sein. Das kritische Feedback der Teilnehmer ist die Entscheidungsgrundlage dafür.

Der Start des Führungskräfte-Programms ist ein wesentlicher Baustein unserer digitalen Transformationsagenda im HR-Bereich. Die Personalarbeit orientiert sich bei uns an einem griffigen Dreiklang: People, Places und Tools. Erstens brauchen wir Skills, die es unseren Mitarbeitern ermöglichen, digital zu arbeiten. Zweitens wird es darauf ankommen, die richtigen Arbeitsumgebungen zu schaffen (offene Bürowelten, Arbeiten von zu Hause oder unterwegs). Und schließlich brauchen unsere Mitarbeiter standardisierte Tools, die es uns erlauben, uns untereinander zu vernetzen.

Scheitern erlaubt, wegducken nicht

Zusammenfassen lassen sich all diese Maßnahmen unter dem populären Begriff Future Work. Ganz handfest (und jenseits aller Schlagworte) geht es dabei um die Art und Weise, wie wir zukünftig zusammenarbeiten – und wie wir diese Arbeit neu organisieren. Besonderes Augenmerk legen wir dabei auf die kulturprägende Verantwortung der Führungskräfte.

Wir wissen: Die Digitalisierung der Wirtschaft führt zu immer schnelleren Reaktionszeiten und kürzeren Planungshorizonten. Entscheidungen müssen schneller getroffen werden, damit steigen aber die Unsicherheit und das Risiko. Um Tempo aufzunehmen, müssen Führungskräfte ihre Teams fehlertoleranter arbeiten lassen. Das »Prototyping« wird in dieser Lern-und Fehlerkultur immer wichtiger. Statt ewig auf die Entwicklung der vermeintlich besten Lösung im Sinne von 100 Prozent hinzuarbeiten, reichen oftmals auch weniger als die berühmten 80 Prozent, um loszulegen. In sich rasant wandelnden Marktumgebungen verzeihen Kunden Fehler, aber kaum mangelnde Geschwindigkeit. Scheitern ist in einer Fehlerkultur ausdrücklich erlaubt, wegducken allerdings nicht.

Mitarbeiter brauchen ein Arbeitsklima, das sie ermutigt, auf Fehlentwicklungen hinzuweisen. Und die Führungskraft muss, wenn etwas schiefläuft, in der Lage sein, die »Reißleine« zu ziehen. Das ist Teil der persönlichen Verlässlichkeit, die sich in der Verantwortung für das Gesamtsystem manifestiert. Der Blick für das Ganze ist hier gefragt.

Virtuelle Führung

Wo Mitarbeiter in vielen Bereichen orts- und zeitunabhängiger arbeiten als bisher, braucht es auch die Fähigkeit zur virtuellen Führung. Systeme, die es erlauben, auf Distanz zu führen. Die besondere Herausforderung liegt darin, den Mitarbeitern mehr Freiheiten einzuräumen und gleichzeitig dafür zu sorgen, dass die gewünschten Arbeitsergebnisse zum vereinbarten Zeitpunkt auch erzielt werden. Anders ausgedrückt: Die Führungskraft muss lernen, Teamautonomien zu akzeptieren und mit Blick auf das gewünschte Ergebnis zu managen. Der Fokus liegt dabei auf der Umsetzung.

Modernes Leadership braucht zudem ein weiteres Koordinatensystem, das über harte und messbare Zielwerte hinausgeht – auch das ist Ausdruck einer sich verändernden Führungskultur im digitalen Zeitalter. Künftig muss Erfolg daher auch über das »Wie« bewertet werden: Wie innovativ bin ich? Wie ermögliche ich die Zusammenarbeit und den Informationsfluss? Und wie ermögliche ich es anderen, sich zu entfalten?

Da verlässliche Prognosen durch die hohe Geschwindigkeit des digitalen Wandels kaum möglich sind, ist das Experimentieren so wichtig. Eben weil wir viele Antworten heute noch nicht haben, darf man Dinge auch mal ausprobieren, um zu sehen, ob sie funktionieren. Das gilt auch für die Erprobung von neuen Führungsmodellen.

Die digitale Transformation ist ein Prozess, der in jedem Unternehmen, in jeder Industrie anders ablaufen wird. Das heißt aber auch: Wir haben es in der Hand. Wir können diesen Wandel selbst gestalten. Und diese Chance sollten wir optimistisch und vor allem auch furchtlos ergreifen.

CHRISTIAN P. ILLEK

Dr. Christian P. Illek leitet seit April 2015 das Vorstandsressort Personal bei der Deutschen Telekom. Zuvor war Illek als Vorsitzender der Geschäftsführung von Microsoft Deutschland tätig. Er prägte dort flexible Arbeitszeitmodelle, indem er die starre Büro-Anwesenheitspflicht abschaffte. Bis 2012 war Illek Geschäftsführer Marketing der Telekom Deutschland GmbH und leitete darüber hinaus die Bereiche Wholesale, Mehrwertdienste sowie die internationale Produktentwicklung für Festnetz, IPTV, konvergente und -Angebote der Deutsche Telekom AG. Vor seiner Berufung als Bereichsvorstand T-Home und Geschäftsführer Marketing T-Mobile arbeitete er in verschiedenen Führungspositionen bei den Firmen Bain & Company und Dell sowohl in Deutschland als auch in der Schweiz.

UNTERNEHMERISCHE HANDLUNGSFELDER

UNTERNEHMERISCHE HANDLUNGSFELDER

Die Hebel der digitalen Transformation
Wie schaffen wir die neue Arbeitsrealität?

Im letzten Kapitel haben Vertreter von Unternehmen unterschiedlicher Branchen und Größen beschrieben, welche Herausforderungen die Digitalisierung an sie stellt und wie sie diese angehen. Trotz aller Unterschiedlichkeit lassen sich Muster erkennen, die allen hier vorgestellten Unternehmen zu eigen sind. Es sind meist dieselben Hebel, die bedient werden, um die mit der Digitalisierung einhergehenden Veränderungen zu managen.

In der Erkenntnis, dass die Technologien vorhanden sind und ihr Nutzen nur durch deren Anwendung entsteht, besteht die größte Aufgabe für eine Organisation. Letztendlich geht es darum, Menschen mit der neuen Arbeitsrealität in Einklang zu bringen.

Und so setzt ein Teil der beschriebenen Maßnahmen bei den Mitarbeitern und ihren Kompetenzen an. Das Ziel dabei ist, jeden Akteur in der Organisation in die Lage zu versetzen, seine neue Rolle in der digitalisierten Arbeitswelt erfolgreich zu spielen.

Voraussetzung dafür ist eine Unternehmenskultur, die den Neuerungen gegenüber aufgeschlossen ist und die Digitalisierung als Chance für das Unternehmen und den Einzelnen ansieht. In Verbindung mit einer Führung, welche die notwendigen Freiräume gewährt, wie Christian P. Illek in seinem Beitrag gefordert hat, kann sich das Potenzial der Digitalisierung entfalten. Was es dazu noch braucht – und auch hier ähneln sich die Ansätze aller Unternehmen, die in diesem Buch zu Wort kommen –, ist eine neue Form der Arbeitsorganisation. Unter dem Schlagwort New Work fassen wir heute alle Ansätze zusammen, welche die Arbeit und Zusammenarbeit im Digitalzeitalter ausmachen.

In der Kombination der Maßnahmen liegt die Chance, die digitale Transformation zu bewältigen. Christian Zabel beschreibt für uns den Dreiklang aus Können, Wollen und Dürfen als Voraussetzung, dabei erfolgreich zu sein.

Digital human

Was wichtig ist in der Digitalisierung
Können, wollen, dürfen wir das?

Von *Christian Zabel*, Technische Hochschule Köln

> *»Mögen täten wir schon wollen,*
> *aber dürfen haben wir uns*
> *nicht getraut.«*

Karl Valentin

Christian Zabel formuliert drei wesentliche Herausforderungen für Organisationen in der digitalen Transformation: »nicht können, nicht wollen, nicht dürfen«. Eine radikale Fokussierung auf Kundenbedarfe gehört laut dem Köllner Professor für Innovationsmanagement und Unternehmensführung ebenso zu einer erfolgreichen digitalen Transformation, wie eine iterative Arbeitsweise und eine Führung, die den organisatorischen Rahmen schafft. Der Wandel erfordere die Beteiligung aller Einheiten eines Unternehmens. So nennt Professor Zabel am Ende noch eine der wichtigsten Empfehlungen, die es für uns alle zu beachten gilt: loslegen und tatsächliche Erfahrungen mit einer digitalen Arbeitsweise sammeln.

Die drei Herausforderungen

»Nicht können, nicht wollen, nicht dürfen« – so lassen sich Herausforderungen zusammenfassen, vor denen Unternehmen bei ihrer Digitalisierung stehen. Dabei müssen alle drei gleichermaßen überwunden werden, damit eine Transformation gelingen kann.

Nicht können – Digitalisierung als analytisch-strategische Herausforderung

Die Digitalisierung kann verkürzend als Zusammenwirken von zwei Faktoren beschrieben werden:

1. Eine immer engmaschigere »Vermessung der Welt« durch Sensoren macht Daten massenhaft zugänglich, bei gleichzeitiger automatisierter Verarbeitung und Auswertbarkeit.
2. Die Senkung von Transaktions- und Opportunitätskosten eröffnet Potenziale zur Optimierung und entgrenzt den Wettbewerb, da Markteintritte so einfach werden wie noch nie.

Infolgedessen müssen Unternehmen nicht mehr auf »ihren« Wettbewerb blicken, sondern sich radikal auf Kundenbedarfe fokussieren und dabei neue Wege gehen. Unternehmen stehen dabei zunächst durchaus vor einer strategisch-analytischen Herausforderung. So sind zentrale Fragen der künftigen Wettbewerbspositionierung zu klären: Wohin geht die Werterstellung? Wie kann sich das Unternehmen auf profitable Customer-Journeys fokussieren, die im entgrenzten digitalen Wettbewerb den Kern der Wertschöpfung darstellen? Eine Meta-Studie von 46 Studien zur Digitalisierung in Deutschland zeigt, dass Unternehmen bei ihrer Digitalisierung vor allem die hohen Kosten bei unsicheren Erlösen sowie den Aufbau von Fachpersonal, das Daten strukturiert und zielorientiert sammelt und durch Algorithmen für strategieleitende Aussagen nutzbar macht, als problematisch erachten.[1]

Nicht dürfen – adaptiv agieren

So komplex diese »Nicht können«-Hürde ist – die größeren Hürden treten in der Implementierung auf. Dies liegt zunächst am transversalen Charakter der Digitalisierung: So erfordert etwa der Fokus auf Customer-Journeys eine Beteiligung verschiedener, wenn nicht aller Einheiten eines Unternehmens. Dabei muss neben der »Hardware« von Organisationsstruktur und IT-Systemen auch die »Software« von Prozessen und Arbeitsweisen verändert werden.

Letzteres wird nicht nur nötig, weil junge Mitarbeiter aus der Millennial-Generation dies erwarten. Vielmehr geht es jenseits von Recruiting-Aspekten darum, auf die gestiegene Umweltdynamik zu reagieren. Der Großteil der Unternehmen würde seine Wettbewerbsumwelt heute als VUCA (volatile, uncertain, complex, ambigious) bezeichnen. Neue, branchenfremde Wettbewerber können nun leichter in etablierte Märkte eintreten, mithilfe digitaler Instrumente schnell skalieren und so mit disruptiven Innovationen (Christensen, 1997) bestehende Anbieter bedrohen – man denke beispielweise an Tesla, Uber, Airbnb.

Digitalisierten VUCA-Umwelten ist jedoch mit kaskadierend-analytischen Upfront-Strategien, zum Beispiel in der klassischen Organisationsplanung (Zerlegung in Teilaufgaben und Zusammenfassung in Stellen- und Abteilungsbeschreibungen), kaum beizukommen.[2] Nicht nur veralten die Planungsgrundlagen schnell bzw. sind unvollständig – schwerwiegender ist die Tatsache, dass auf diesem Wege die oben beschriebenen Flexibilitätsreservoire nicht genutzt werden können.

Dies legt eine stärker iterative Arbeitsweise und Steuerung nahe, wie sie der »Auftragstaktik«[3] im Militärischen entspricht. Statt genauer Handlungsanweisungen werden vielmehr Ziele definiert, die von den Ausführenden in eigenständiger Herangehensweise erreicht werden sollen. Diese »agile« Arbeitsweise hat sich in der Softwareentwicklung bereits etabliert, lässt sich jedoch auch auf die gesamte Geschäftsentwicklung anwenden.[4]

Unternehmen müssen hierfür, statt wie bisher rein direktiv im Regelkreis Planung-Steuerung-Kontrolle zu arbeiten, auf die Selbststeuerung von Teams durch metrikgesteuertes Führen setzen. Sie sind aufgefordert, die notwendigen Strukturen und Prozesse zu schaffen, um eine Ausrichtung auf Wertschöpfung und datenbasiertes Lernen zu ermöglichen.

Dafür muss jedoch auch die weitere Organisation angepasst werden: von einer Bürokratie, die auf formeller Autorität basiert, hin zu einer »Adhocratie«, die problemzentriert ist, experimentbasiert entscheidet und über anspruchsvolle Zielsetzungen im Sinne der Auftragstaktik steuert. Eine Isolation agiler Einheiten vom Restunternehmen ist dabei nicht für jedes Unternehmen geeignet.[5] Vielmehr stellt sich die Frage, wie agile Strukturen integriert und nicht abgeschottet werden können. Dafür müssen Schnittstellen gestaltet werden, damit die Arbeitsweisen sich befruchten und nicht blockieren.

Nicht wollen – Digitalisierung als Führungsherausforderung

Dieser Umbau gleicht für viele Unternehmen einer kulturellen Revolution. Diese mag sich für die einen befreiend anfühlen, wird aber insgesamt Widerstände hervorrufen. So klagen ältere Mitarbeiter auch im Silicon Valley über die Anforderungen der »neuen« Arbeitsweise.[6]

Bei dieser Transformation sind daher – neben der unerlässlichen Unterstützung durch das Topmanagement – insbesondere die Führungskräfte gefragt. Sie leben die Werte als Coach ihren Teams vor, holen mittelfristig die »richtigen« Mitarbeiter in ihre Teams und schaffen in ihren Bereichen den richtigen organisatorischen Rahmen. Zentral ist zudem die Kommunikation. Dazu gehört zunächst eine realistische Bestandsaufnahme, die von der Strategie her kommend glaubwürdig die Frage beantwortet: Weshalb wollen wir anders arbeiten? Dann müssen konkrete Ausgestaltungen erarbeitet werden: Wie arbeiten wir konkret? Hier muss mit Augenmaß auf die Unternehmenskultur und -erfordernisse reagiert werden. Daher stellt sich auch die dritte Frage: Was sind wir bereit aufzugeben?

Können, wollen, dürfen – digitale Kompetenz, Führung und Organisation

Unternehmen – und damit insbesondere die Führungsebenen – müssen einen Dreiklang aus digitaler Kompetenz, Führung und Organisation beherrschen.[7] Sie müssen dies gleichsam zu einem digitalen Credo verdichten: einer realistischen und auf das Unternehmen angepassten Überzeugung, wie und in welchem Ausmaß der Dreiklang umzusetzen ist. Dies muss an der Spitze beginnen, muss aber auf jeder (Leitungs-)Ebene des Unternehmens vorhanden sein. Sonst können die Führungskräfte ihre Vorreiterrolle nicht authentisch ausfüllen. Hier ist bislang eine Lücke zu beobachten: Kollmann und Schmidt kommen zu dem Ergebnis, dass die Mehrheit der Entscheider in Unternehmen »digitale Anfänger« sind, »die weder die Hälfte der nötigen digitalen Fähigkeiten noch die Hälfte der erforderlichen Management-Qualifikationen mitbringen«.[8]

Wie bei einem Marathonlauf beginnt die Transformation mit dem ersten Schritt. Nach einer initialen Beschäftigung mit diesem Thema erscheint angesichts der Herausforderungen insbesondere nötig, tatsächliche Erfahrungen mit einer digitalen Arbeitsweise zu sammeln, um so nicht nur bei kognitiv-abstrakten Beschreibungen zu verharren.

CHRISTIAN ZABEL

Prof. Dr. Christian Zabel ist Professor für Innovationsmanagement und Unternehmensführung an der Technischen Hochschule Köln. Er forscht, publiziert und berät seit über zehn Jahren zu Digitalstrategien, Business Model Innovation und digitaler Transformation von Unternehmen, insbesondere in der Medienbranche. Bis Ende 2014 leitete er das Produktmanagement von t-online.de, Deutschlands größtem General-Interest-Portal. Von 2009 bis 2012 begleitete er als Assistent des Vorstandsvorsitzenden René Obermann die digitale Transformation der Deutsche Telekom AG. Zuvor war er Leiter Forschung & Beratung bei der Medienberatung HMR International und arbeitete als Journalist für Fachmedien und TV. Christian Zabel studierte Journalistik in Dortmund und Brüssel sowie Politikwissenschaften in Paris und promovierte zum Innovationswettbewerb im deutschen TV-Produktionssektor.

Der von Christian Zabel geschilderten Herausforderung des »Könnens« kommen wir mit dem Ansatz von »digitalen Kompetenzen« nach. Entscheidend hierbei ist die Abgrenzung von Kompetenzen gegenüber Skills. Es geht bei der Digitalisierung nicht zuerst um erlerntes Wissen (Skills), wie zum Beispiel eine spezielle Programmiersprache.

Vielmehr zählt Erfahrungswissen in der Anwendung moderner Technologien und im Umgang mit der zunehmenden Informationsflut. Das beginnt bei den persönlichen Arbeitsmitteln – im einfachsten Fall mit dem Mailing-System oder der Dokumentenablage. Kein Privileg der sogenannten *White-Collar*-Mitarbeiter. Es gibt heute so gut wie keinen Arbeitsbereich mehr, der von Informationssystemen ausgeschlossen ist. Produktionsplanungssysteme und Warenwirtschaftssysteme bestimmen beispielsweise die Arbeit in den Werks- und Lagerhallen. Eine Pflegekraft wird heute mit Produkten aus den Bereichen E-Health, Smart Home, Digital Rescue oder Ambient Assisted Living (AAL) konfrontiert. Systeme wie diese richtig zu bedienen ist der Kern dessen, was wir als digitale Kompetenz bezeichnen.

Darüber hinaus sind Lernfähigkeit und die Fähigkeit, sich zu vernetzen, universelle Eigenschaften, die wir nicht hoch genug gewichten können. Hier liegt im Übrigen die Chance für jeden Arbeitnehmer, seinen Marktwert selber zu bestimmen und Rationalisierungsängsten selbst entgegenzutreten. Erst in zweiter Linie sind Qualifikationen gefragt, die neue digitale Welt zu gestalten.

Wie groß die Not an dieser Stelle ist, kann vielleicht beurteilen, wer zum Beispiel aktuell Online-Marketeers oder User Interface Designer für seine Organisation gewinnen muss.

Themenstellungen, die Marco Camboni und Julian Simmé nicht unbekannt sind. Sie schildern in ihrem Beitrag, wie die Lufthansa AG mit digitalen Kompetenzen die gesamte Organisation und jeden Mitarbeiter fit für die digitale Zukunft macht.

Anmerkungen

1 Demary/Engels/Röhl/Rusche 2016: 35ff.
2 Schreyögg/Geiger 2016.
3 Tetlock/Gartner 2016
4 Vgl. am Beispiel von Start-ups Ries 2008
5 Weinreich 2016: 156.
6 Economist 2017.
7 Weinreich 2016: 26.
8 Kollmann/Schmidt 2016: 88.

Digital Workforce
Mindsets und Masterminds

Von *Marco Camboni* und *Julian Simée*, Lufthansa

*»Für das Können gibt es nur
einen Beweis: das Tun.«*

Marie Freifrau von Ebner-Eschenbach

In der digitalen Transformation verändern sich nicht nur Geschäftsmodelle und Strategien rapide. Auch die von den Mitarbeitern zu beherrschenden Kompetenzen und Skills unterliegen aktuell einem starken Wandlungsprozess. Dies gilt insbesondere dann, wenn die Unternehmen bei der Digitalisierung einen »Consumerization«-Ansatz verfolgen und den Kunden in den Mittelpunkt stellen. Die Lufthansa Group hat sich auf Spurensuche begeben und Kompetenzen für die digitale Arbeitswelt von morgen entwickelt. Diese unterscheidet sie konsequent von benötigten Skills, die gegebenenfalls auch extern beschafft werden müssen.

Helden anheuern

Kennen Sie das? Wenn Sie auch HR-Verantwortung tragen, lautet die Antwort mit Sicherheit: Ja. Sie sollen mal eben digitale Experten einkaufen, am besten »Digital Heroes«. Das Unternehmen muss ja digitaler werden, da braucht es eben ein paar dieser jungen Leute, die gut programmieren können und so ganz anders arbeiten. Die nicht nur digitale Geschäftsmodelle entwickeln und Apps programmieren, sondern gleichzeitig auch die gesamte Organisation in Bezug auf »Digital Mindset« und »Agility« mitreißen.

Mir stellt sich hier die Frage, und diese Fragestellung erscheint mir zunächst vor allem als Problem: Wie lautet die Definition der »Digital

Heroes«? Eine zweite Schwierigkeit, die sich ergibt, ist die Vermutung, dass diejenigen, die am ehesten auf die Definition passen würden, lieber in San Francisco als in Duisburg oder Frankfurt arbeiten möchten. Zentral aber stellt sich die Frage, ob ein Unternehmen ab einer gewissen Größe eine Kompetenz- und Kulturentwicklung nur über eine punktuelle Zufuhr von »Masterminds« erfolgreich gestalten kann. Anders gesagt: Wie viel digitale Kultur braucht es in einem Unternehmen dieser Größe, bis der kulturelle »Break-Even-Point« erreicht ist und die digitale Kultur gewinnt? Braucht es nicht eine breitere Basis von digitalem Verständnis und Befähigungen? Ein neues Mindset?

In der digitalen Transformation verändern sich nicht nur Geschäftsmodelle und Strategien rapide. Auch die von den Mitarbeitern zu beherrschenden Kompetenzen und Skills unterliegen aktuell einem starken Wandlungsprozess. Gerade in einer so vielfältigen Unternehmensgruppe wie der LH-Group gibt es aber nicht den Mitarbeiter. Wir müssen gleichzeitig über Flugbegleiter, Piloten, Techniker, Köche und klassische Administrationsprofis nachdenken, um nur einige zu nennen. Dies wird insbesondere dann verstärkt, wenn die Unternehmen bei der Digitalisierung einen »Consumerization«-Ansatz verfolgen und den Kunden in den Mittelpunkt stellen. Die Lufthansa Group hat ein Kompetenzmodell für die digitale Arbeitswelt von morgen entwickelt.

Wo stehen wir gerade?

Für viele Unternehmen waren die digitalen Veränderungen der letzten Jahre zunächst mehr oder weniger irrelevant, da neue digitale Dienstleistungen keine größere Auswirkung auf ihr Geschäftsmodell und die Arbeitsrealität ihrer Mitarbeiter hatten. In der Regel wurden lediglich einzelne Prozessschritte digitalisiert oder automatisiert, die in der Produktion Effizienzsteigerungen und eine Kostenreduktion ermöglichten. Mittlerweile spüren die Unternehmen aber massiv den Druck, digitaler zu werden, und zwar grundlegend – sowohl in Richtung Kunde als auch in Richtung Mitarbeiter.

Die Digitalisierung an sich ist ja nicht neu. Sie ist aber in den Unternehmen angekommen. Die Geschwindigkeit jedoch, in der sie auf die

Organisationen wirkt und wie sie die Organisationen permanent und nicht nur in mehrjährigen Zyklen verändert, ist neu. Die Digitalisierung wird für viele Unternehmen langfristig über deren Erfolg entscheiden.

Consumerization-Ansatz verfolgen

Ein relevanter Erfolgsfaktor in der Transformation ist die konsequente Verfolgung des »Consumerization«-Ansatzes der digitalen Systeme. Kunden erwarten digitale Touchpoints und Bindung ermöglichende Erlebnisse, wenn sie in Interaktion mit einem Unternehmen treten. Applikationen (Apps) und Websites sind vermehrt die wichtigste Möglichkeit, mit Kunden in Kontakt zu treten. Mit Portalen wie »LH.com«, der »Lufthansa App« oder dem zentralen Recruiting-Portal »be-lufthansa. com« sind wir bereits in der Vergangenheit erfolgreiche, viel prämierte Schritte gegangen. Kunden erwarten aber zunehmend einen höheren Grad von individualisierten Angeboten und Produkten und sind dafür bereit, Informationen über sich preiszugeben.

Diese digitalen Schnittstellen müssen einfach zu bedienen sein und sich – genau wie im privaten Umfeld – nahtlos in das Leben integrieren lassen. Dieser Anforderung werden Unternehmen nur gewachsen sein, wenn sie die dafür benötigten Kompetenzen und Skills in ihrer Mitarbeiterschaft vorhalten können. Sonst wird niemand aus Sicht des Kunden diese digitalen Touchpoints entwickeln und bauen können. Die Art und Weise, wie Menschen als Kollektiv in den Unternehmen arbeiten, aber auch die Arbeitsmittel, die sie dabei ganz individuell handhaben müssen, verändern sich ebenfalls elementar. Digitale Unterstützung gibt es, egal ob in der Administration (E-Mail, MS Office, Internet) oder in Produktionsstätten und im operativen Geschäft, mit »Custom«-Applikationen zwar schon seit vielen Jahren. Nun bietet die Digitalisierung aber eine weitaus umfangreichere Unterstützung, wird zu einem integralen Bestandteil der Arbeitswelt und zum maßgeblichen Arbeitswerkzeug für die Mitarbeiter. Systeme, die sich nicht wie im privaten Umfeld leicht bedienen und intuitiv in den Arbeitsalltag einbinden lassen, werden regelrecht boykottiert.

Entwicklung eines Modells digitaler Kompetenzen

Die immer größere Ausdehnung und Bedeutung von Digitalisierung in den internen Prozessen und an den Touchpoints zum Kunden bringt auch neue Anforderungen an die Kompetenzen und Skills der Mitarbeiter mit sich. Kompetenzen und Skills, die Mitarbeiter in den 1970er- oder 1980er-Jahren benötigten, haben sich seinerzeit schon laufend verändert. Viele haben inzwischen gar keine Relevanz mehr. Damals hielten die ersten Personal Computer (PC) im großen Stil Einzug in den Unternehmen; die Art des Arbeitens veränderte sich für viele Mitarbeiter dadurch grundlegend.

Im laufenden Prozess sich verändernder Kompetenzen und Skills entwickeln sich auch die Jobs weiter. Einige verlieren an Bedeutung, neue entstehen. Dies alles geschieht in der aktuellen digitalen Transformation in einer nochmals erhöhten Geschwindigkeit. Die digitale Transformation können Unternehmen nur dann meistern, wenn zumindest eine kritische Masse der Mitarbeiter entsprechende Kompetenzen und Skills besitzt, um die Transformation erfolgreich zu gestalten und zum Leben zu bringen. In einigen Definitionen stellt Kompetenz die Kombination aus Fähigkeiten, Wissen und Fertigkeiten dar. Nach wiederum anderen Definitionen ist Kompetenz die Voraussetzung dafür, dass Wissen und Fertigkeiten zielführend eingesetzt werden können. Was braucht ein Mitarbeiter, um erfolgreich in dem jeweiligen Unternehmen arbeiten zu können? Kompetenz sehen wir häufig als Leistungsvoraussetzung, welche die Basis für erfolgreiches Handeln darstellt. Welcher Mitarbeiter-Typ wird es am einfachsten haben, in dem Unternehmen wirksam zu werden? Und welche Kompetenzen müssen Mitarbeiter entwickeln, um ihren Beitrag zum Unternehmenserfolg heute und zukünftig leisten zu können?

Jetzt mal konkret: Spannend ist im Kontext dieses Buchs natürlich die Frage, welche Kompetenzen in der digitalen Transformation und in dem jeweiligen Unternehmen gefragt sind und wie ein Ansatz aussehen kann, um ein digitales Kompetenzmodell zu entwickeln. Anders als bei klassischen Kompetenzmodellen wurden in unserem Prozess der Modellentwicklung neben den internen Stakeholdern (Business) auch externe Stakeholder in die Analyse einbezogen. Vertreter von digital »reifen« Unternehmen aus unterschiedlichen Branchen wurden von uns dazu befragt, welche Business-Herausforderungen die digitale Transformation unter anderem in ihren Unternehmen mit sich bringt und welche veränderten Anforderungen an ihre Mitarbeiter und Führungskräfte daraus resultieren.

Erfolgskritische digitale Kompetenzen bei Lufthansa

Als Ergebnis geht daraus ein Kompetenzmodell für die LH Group hervor, das auf den ersten Blick keine Revolution, aber in der Kombination der einzelnen Kompetenzen wirksam im Hinblick auf den digitalen Wandel ist. Die sechs identifizierten Kompetenzen, wie folgend aufgelistet, sind in ihrer Gesamtheit als Modell zu verstehen und sind gegenwärtig wahrscheinlich für uns alle relevant.

Im Zentrum steht mit Digital Literacy eine Kompetenz, die insgesamt den adäquaten Umgang mit neuen Technologien bezeichnet. In der Literatur werden verschiedene Arten von Literacy unterschieden (wie zum Beispiel ICT Literacy, Internet, Information und Media Literacy, Digital Literacy). Bei Digital Literacy geht es aus unserer Sicht um die Kompetenz, sich in unterschiedlich gestalteten Informationsumwelten zurechtzufinden. Digital Literacy ist eine Kompetenz, die in der digitalen Welt zentral werden wird und die mit darüber entscheidet, wer daran teilnehmen kann und wem der Zugang zur digitalen (Arbeits-) Welt möglicherweise verschlossen bleibt.

Human-Centricity ist eine Art Versprechen, die eigene Arbeit konsequent vom Nutzer her zu denken und zu gestalten. Unabhängig davon, ob es sich um interne oder direkt beim Endkunden ankommende Prozesse handelt: Der Mensch steht, egal ob als Kunde oder als Mitarbeiter, im Mittelpunkt der digitalen Transformation, weswegen auch das Denken und Handeln jedes Einzelnen daran ausgerichtet sein muss.

Digitalisierung führt dazu, dass wir erstens schneller und zweitens mit deutlich mehr Information konfrontiert werden. Mitarbeiter sind nicht mehr nur Konsumenten von Information, sondern werden vermehrt auch zum Produzenten. Im Rahmen von Information Mastery wird die Frage relevant, ob jeder Einzelne die Kompetenz besitzt, mit einer Fülle an Informationen umzugehen, diese zu priorisieren und entsprechend seiner Expertise einen relevanten Beitrag zum Erfolg des Unternehmens zu leisten.

Als Kompetenz war Resilienz bereits früher schon wichtig. Jedoch verschwimmen nun durch die Maxime »anytime, anywhere, always on« die Grenzen von Berufs- und Privatleben noch weiter. Daher umfasst Resilienz die Fähigkeit, sich und die eigenen Ressourcen verantwortungsvoll und selbstständig zu steuern und zu organisieren. Und das alles bei immer kürzeren Zyklen, in denen Veränderungen ablaufen.

Wir müssen flexibel für Veränderungen jeder Art sein – und zwar sehr konstant. Arbeit wird insgesamt agiler, bedenkt man Stichworte wie Design Thinking, »Permanent Beta« und iterative Entwicklung. Persönliche Veränderungsbereitschaft und Agilität als Kompetenz werden in einer dynamischen, sich verändernden Arbeitswelt mehr denn je gefordert sein.

Zusammenarbeit wird virtueller. Damit wird Networking über Bereichs-, Erfahrungs- oder Ländergrenzen hinweg noch relevanter. Sich aktiv zu vernetzen, eigenes Wissen zu teilen und das Wissen anderer gezielt in die eigene Arbeit einzubinden, das wird für das Gesamtunternehmen erfolgskritisch.

Digitale Kompetenzen einführen und verankern

Wie schafft man es nun, die Workforce auf die digitale Transformation vorzubereiten und sie zu den digitalen Kompetenzen zu befähigen? Als wir uns diese Frage zum ersten Mal gestellt haben, waren die Antworten zunächst sehr klassisch: Die Integration in HR-Instrumente, angefangen von Recruiting-Leitfäden über Mitarbeitergespräche bis hin zum Qualifizierungsangebot, lauteten die Ideen, die beim Brainstorming gefunden wurden. Ein Jahr später sind wir fest davon überzeugt, dass Digitalisierung auch einen schnelleren Umgang in der Entwicklung und Qualifizierung mit sich bringt. Es braucht einen zweigleisigen Ansatz.

Was motiviert uns dabei? Wir wollen die Organisation zukunftsfähig machen, indem wir ihre digitalen Kompetenzen erweitern. Wir wollen jedem Mitarbeiter die Gelegenheit geben, sich selbst zukunftsfähig(er) zu machen, indem wir ihn/sie motivieren, die eigene digitale Kompetenz zu entwickeln und damit ihren/seinen Arbeitsmarktwert zu steigern. Wir wollen das auf eine Weise tun, die neu, modern und digital ist.

1. *Kompetenzen:* Kompetenzen können und sollen durchaus weiterhin in die bestehenden HR-Instrumente eingebettet werden. Gleichzeitig gehen unsere Überlegungen aber in Richtung einer agilen digitalen Umsetzung: Im Kern steht ein Learning-Network, in dem jeder Mitarbeitende seine digitalen Kompetenzen erprobt und entwickelt. Seine Selbstverortung über eine fundierte Diagnostik – im mobilen Zugriff – selbst übernimmt. Lernen über Learning Nuggets – jederzeit zugänglich, unabhängig von Ort und Zeit. Vernetzung, Austausch und Teilen von Wissen über das Learning Network schaffen ein kollektives Moment. Der mobile Zugang und die Ansätze (Gamification, Networking) vermitteln Leichtigkeit und schaffen Motivation. Der Shift von »Learning off the job« zu »Learning on the job« wird relevanter denn je. Durch den Einsatz digitaler Technologien wird das Ganze zudem leichter durchführbar.
2. *Skills:* Im Unterschied zur Vermittlung digitaler Kompetenz im Sinne eines »digitalen Mindset«, sieht die Befähigung der Workforce in Bezug auf digitale Skills etwas anders aus. Hier ist häufig Expertenwissen und tief greifende Expertise gefragt, die entweder intern aufgebaut oder von extern angefragt werden muss. Skills beschreiben spezifischere Kenntnisse, Fertigkeiten und Wissen, die jobspezifisch sind und die aus der eigenen Rolle und/oder Funktion abgeleitet werden.

Skills müssen vermehrt extern zugekauft werden

Die bereits jetzt und zukünftig verstärkt gefragten digitalen Kompetenzen und Skills sind ein elementarer Bestandteil, um die digitale Transformation in den Unternehmen erfolgreich zu meistern. Jedes Unternehmen wird zukünftig ein digitales Unternehmen werden müssen. Dies kann nur erreicht werden, wenn alle Mitarbeiter zumindest über jene Basiskompetenzen verfügen, die notwendig sind, um in einem digitalen Umfeld arbeiten und die Digitalisierung mit gestalten zu können.

Je mehr Mitarbeiter aktiv an der Gestaltung der digitalen Transformation teilhaben, desto mehr werden neben den übergreifenden Kompetenzen auch digitale Skills relevant. Zur Ableitung von benötigten digitalen Skills gibt es keine Schablone, die auf alle Unternehmen passt und anhand deren maßgeschneiderte Skill-Profile festgelegt werden könnten. Das wird sich in jedem Unternehmen, in jedem digitalen Projekt anders ausprägen.

Da wären wir dann auch wieder bei den »Digital Heroes«. Es wird einige von ihnen brauchen. Hoch spezialisiert, mit einem einzigartigen Skill-Set. Bewusst für ein bestimmtes Produkt, eine Fragestellung, eine Applikation rekrutiert, ob intern oder als Freelancer. Themen wie Freelancer-Management und die Erweiterung der Workforce durch externe Digital-Experten, werden relevanter denn je. Es zeigt sich deutlich, dass der Skill-Shift in der digitalen Arbeitswelt für HR bereits jetzt ein zentrales Themenfeld ist und weiter an Bedeutung gewinnen wird.

MARCO CAMBONI

Marco Camboni ist Büroleiter für den Vorstand Personal und Recht der Lufthansa Group und leitet gleichzeitig die HR-Strategie. In seiner Verantwortung für das HR-Portfoliomanagement steuert er zudem die strategischen HR-Initiativen und -Projekte, die group-übergreifend Auswirkung auf das Unternehmen und die Mitarbeiter haben.

JULIAN SIMÉE

Julian Simée ist Manager Corporate HR Strategy bei der Lufthansa Group und leitet unter anderem das Projekt »Digitalization HR«. Zu seinem Aufgabengebiet gehören zudem noch die Weiterentwicklung von HR-Konzepten und die Sicherstellung des Links zwischen der Organisationsstrategie und der HR-Strategie. Aufgrund seiner Kenntnisse im Bereich Digitalisierung ist Julian Simée ein gefragter Referent auf diversen Veranstaltungen.

Ist mit den digitalen Kompetenzen das »Können« adressiert, braucht es auch das »Wollen«, um die Chancen der Digitalisierung zu nutzen. Eine »Digital-Kultur« ist die Voraussetzung dafür, die Veränderungen zu gestalten, die mit der digitalen Transformation verbunden sind. Technologie-Freundlichkeit ist zentral, um das Thema als Chance zu begreifen. Neugier, Offenheit und Veränderungsbereitschaft charakterisieren die Organisation im Zeitalter der Digitalisierung. Und das beginnt an der Spitze der Organisation. Wie glaubwürdig ist eine Unternehmensleitung in der selbst deklarierten digitalen Transformation, wenn die eigenen Mails von der Assistenz sortiert und ausgedruckt werden und Vorlagen mit zweiwöchigem Vorlauf auf Papier abgeliefert werden müssen?

Gerne wird die Frage gestellt, ob das eigene Unternehmen plötzlich zu einem Start-up oder womöglich wie Google werden muss. Die Antwort lautet natürlich: »Nein. Muss man nicht. Kann man gar nicht.« Wir können aber ruhig die Krawatten ablegen, während wir unseren eigenen Weg finden, aus einer hierarchisch geprägten Command-and-Control-Kultur zu einem Miteinander zu kommen, das von Vertrauen und durch Freiheitsgrade geprägt ist. Dabei darf man sich Anregungen holen von Google oder Amazon oder eben von Start-ups. So wie es Gisbert Rühl gemacht hat, der bei Klöckner mit kloeckner.i ein eigenes Start-up zur Keimzelle der Transformation eines Traditionsunternehmens gemacht hat.

Digital Culture
Digitalisierung beginnt im Kopf

von *Gisbert Rühl*, Vorstandsvorsitzender Klöckner

*» Werte kann man nicht lehren,
sondern nur vorleben. «*

Viktor Frankl

Vor dem Hintergrund der Digitalisierung will Klöckner & Co nicht nur sich selbst neu erfinden – als Vorreiter der digitalen Transformation in der Stahlindustrie hat sich der weltweit aktive Stahl- und Metalldistributor zum Ziel gesetzt, seine Liefer- und Leistungskette durchgängig zu digitalisieren – viel mehr noch verfolgt das Unternehmen die Vision, eine offene Industrieplattform für die Stahl- und Metallindustrie aufzubauen und damit den gesamten Stahlhandel zu revolutionieren. Gisbert Rühl zeigt auf, wie das traditionsreiche Unternehmen die neuen Herausforderungen anpackt und mit einem radikalen Wandel der Unternehmenskultur eine wichtige Grundlage für die digitale Transformation schafft. Denn der Motor der Veränderungen, so betont Gisbert Rühl, sind die Mitarbeiter.

Stahl – eine ganze Industrie in der Krise

Dunkle Wolken am Himmel der globalen Stahlindustrie. Einst das Herz der deutschen Industrie, befindet sich die deutsche und internationale Stahlindustrie bereits seit einigen Jahren in der Krise. Gebeutelt von hoher Wettbewerbsintensität, weltweiten Überkapazitäten und volatilen Ergebnissen aufgrund starker Marktpreisschwankungen, trägt sich das Geschäftsmodell kaum noch. Gleichzeitig befindet sich die gesamte Weltwirtschaft inmitten der vierten industriellen Revolution, die die Wirtschaft, Menschen und Gesellschaft, wie wir sie heute kennen, für immer prägen wird. Diese Entwicklungen zwingen eine ganze Branche zum Umdenken und zu Veränderungen. Unternehmen, die nicht frühzeitig reagieren und sowohl ihre internen als auch externen Prozesse gemeinsam mit ihren Stakeholdern digitalisieren, werden vom Markt verschwinden. Amazon hat es mit dem Buchhandel vorgemacht. Physische Buchläden finden sich in deutschen Fußgängerzonen kaum mehr. Seit der dicke Schmöker vom eReader ersetzt wurde, gilt die Branche wieder als profitabel. Das zeigt, die Digitalisierung bietet große Chancen für die Zukunft. Wir bei Klöckner & Co wollen diese Zukunft aktiv mitgestalten und als Vorreiter in der Digitalisierung der Stahlbranche Marktanteile hinzugewinnen.

Wie Klöckner das Geschäftsmodell im Stahlhandel revolutioniert

Wir begreifen die Digitalisierung als eine große Chance, um uns selbst neu zu erfinden: So treiben wir die Evolution unseres 110 Jahre alten Klöckner-Konzerns voran und stellen uns den aktuellen sowie künftigen Herausforderungen des Stahlhandels in einem globalen Umfeld. Digitalisierung besteht bei uns aus den drei Bereichen Technologie, Wissen (Know-how) und Kultur. Treiber und Herzstück der Digitalisierung und Antwort auf die Herausforderungen unserer Branche ist unser Berliner Digital Lab: kloeckner.i. Der neue Unternehmensteil ist nicht nur Technology Lab, sondern im Wesentlichen der Ursprung einer ganz neuen Kultur. Darin spielen unsere Mitarbeiter die Hauptrolle – als Pioniere, Erfinder und Wegbereiter. Unsere Vision ist, eine offene Industrieplattform für die Stahl- und Metallindustrie aufzubauen. Ein digitaler Marktplatz, mit dem wir alle Stakeholder in unserer Industrie – auch unsere Wettbewerber – miteinander vernetzen. Früher hätten wir mit der direkten Entwicklung der Industrieplattform gleich den ganz großen Wurf versucht und womöglich nicht die Bedürfnisse des Marktes getroffen. Daher haben wir zunächst mit der Entwicklung einfacher digitaler Tools angefangen, welche die Zusammenarbeit mit uns erleichtern, und diese dann Stück für Stück gemeinsam mit unseren Kunden weiter ausgebaut. Getreu dem Motto: »Denke groß, aber starte klein.«

Warum Digitalisierung eine Chance ist

Durch die Digitalisierung gestalten wir die Zusammenarbeit mit uns nicht nur besonders komfortabel, sondern auch profitabel. Die verbesserte Order-Transparenz erlaubt, zukünftige Bedarfe besser zu planen, und führt zu einer Absenkung der Vorräte. Im Ergebnis verringert sich so die Kapitalbindung (NWC) und die Händler stärken ihre finanzielle Flexibilität. Es entsteht im Kerngeschäft eine Win-Win-Situation für uns und unsere Kunden. Zusätzlich erschließen wir uns mit der Industrieplattform aber auch ein neues, eigenständiges Geschäftsfeld und wollen hierfür mit strategischen und finanziellen Investoren kooperieren. Klöckner kann dann neben seinen proprietären digitalen Verkaufskanälen, wie beispielsweise Webshops, zusätzlich als einer von vielen Händlern über die Plattform Stahl anbieten.

Take-off Richtung Zukunft

Wer die elektrisierende Spannung des Fortschritts unserer Zeit hautnah erleben will, der geht nicht nach München, London oder Paris. Der Wilde Westen unserer Tage liegt wieder in Kalifornien – im Silicon Valley. Sitz der beiden wertvollsten Unternehmen der Welt: Apple und Google. Ein Brutkasten für Visionen und Innovationen. Junge und interessante Unternehmen revolutionieren hier gesamte Branchen. Nach einem Besuch vor vier Jahren im Epizentrum der Disruption war ich infiziert. Es reifte die Idee, nicht nur Klöckner, sondern den gesamten Stahlhandel umzukrempeln.

Eine kurze Geschichte von Trial and Error

Das Silicon Valley macht es vor: Die Arbeit an einer revolutionären Idee ist ein langer Prozess. Auch wir wollen aus Fehlern lernen. Dazu müssen wir viel ausprobieren, und, ja, auch oft scheitern können. Das sind die absolut notwendigen Grundlagen eines Prozesses, an dessen Ende ein erfolgreiches Geschäftsmodell stehen soll.

Zu Beginn unserer Arbeit installierten wir eine interne, durch einen Professor moderierte Innovationsgruppe. Nach einigen Runden stellten wir das Projekt wieder ein, da wir aus unseren eingefahrenen Denkweisen nicht herauskamen. Wir haben zwar einige evolutionäre Ideen entwickelt, aber keine revolutionären.

Uns allen wurde klar: Um vom Spirit und Know-how der Start-ups zu profitieren, mussten wir dahin gehen, wo Veränderung in Deutschland stattfindet. Wir vernetzten uns mit der Start-up-Szene in Berlin und mieteten im Herbst 2014 einen Tisch im betahaus an, einem Coworking Space für Start-ups in einer sehr frühen Phase. Zwei Management–Trainees waren ständig vor Ort und auch ich verlegte mein Office wochenweise ins betahaus.

Um das beste Ergebnis herauszuholen, haben wir einen Digitalberater hinzugezogen. Gemeinsam nutzten wir innovative Arbeitsweisen wie Design Thinking und Lean Start-up und entwickelten zunächst sogenannte MVPs (Minimum Viable Products), die erst einmal nur die wichtigsten Funktionen abdeckten.

Unser Vorhaben, den Stahlhandel zu revolutionieren, zog das Interesse der Start-up-Szene auf sich. Bereits Anfang 2015 gründeten wir unser Digital Lab kloeckner.i und mieteten eigene Räumlichkeiten in Berlin an. Digital Innovations & Products, Software Development, Online-Marketing und Customer Care – für diese Bereiche wollten wir exzellente Experten. Es gelang uns, etablierte Fachleute aus der Start-up-Szene und bereits etablierten Online-Playern wie Ebay, Amazon und Rocket Internet zu verpflichten und mit uns gemeinsam an den neuen Ideen von kloeckner.i zu arbeiten.

Innovationsteams

Wer Innovationen im B2B-Bereich vorantreiben will, der braucht das Beste aus beiden Welten – Start-up und Corporate. Wir verbinden diese auf den ersten Blick gegensätzlichen Sphären. Genau das ist die Besonderheit unserer Innovationsteams. Unsere Teams setzen sich aus Mitarbeitern von kloeckner.i, Mitarbeitern von Klöckner aus dem Vertrieb sowie Kunden zusammen. Innovationsstrategien, die uns vorher externe Digitalberater beigebracht haben, beherrschen wir nun selbst und sind nicht mehr auf fremde Unterstützung angewiesen. Mittlerweile arbeiten bereits mehr als 50 Digitalexperten bei kloeckner.i erfolgreich an der Zukunft des Stahlhandels.

Veränderung als Konstante der Unternehmenskultur

Als Klöckner & Co vor 110 Jahren gegründet wurde, hatten fast alle Unternehmen einen Patriarchen an der Spitze, der mit teils eiserner Hand geführt hat. Siemens, Krupp, Henkel, Bosch – es war die Zeit der großen Unternehmerfamilien. Ihre Geschäftsmodelle waren stabil. Die Globalisierung steckte noch in den Kinderschuhen. Das Silicon Valley war eine unberührte Wüste. Die Worte Disruption und Agilität im Unternehmenskontext waren noch nicht erfunden. Mitbestimmung und offene Kulturen, wie wir sie heute kennen, waren noch lange nicht in Sicht. Kurzum, eine andere Welt. Mit dem Wandel haben sich die Ansprüche an Unternehmen verändert. Unternehmenskulturen, die über Jahrzehnte gewachsen sind und Mitarbeiter, Führungskräfte und Prozesse maßgeblich prägten, sind plötzlich nicht mehr zeitgemäß. Benötigen Anpassung. Wir haben einige Zeit gebraucht, um zu realisieren, dass wir nicht nur unser bestehendes Geschäftsmodell, sondern auch unsere bestehende Kultur radikal und nachhaltig ändern müssen. Das ist eine Herausforderung für die Menschen bei Klöckner. Besonders für Mitarbeiter, die schon seit Jahrzehnten ein Teil von Klöckner sind. Wie auch in unseren Gründungsjahren packen wir diese Aufgabe an. Entschlossenheit, harte Arbeit und der Wille zum Erfolg waren damals und sind auch heute noch die Voraussetzung, dieses Ziel zu erreichen – wir sind auf einem guten Weg, aber es ist noch viel zu tun.

Nukleus der Veränderung

kloeckner.i – das ist die Keimzelle unserer Veränderung und unserer neuen digitalen Kultur: Offene und direkte Kommunikation, flache Hierarchien und immer wieder die Herausforderung, den Kunden ins Zentrum zu stellen. Besonders wichtig ist uns dabei eine neue Fehlerkultur. Scheitern ist akzeptiert. Daraus zu lernen ist die Pflicht. Nur so sind wird in der Lage, mit smarten technischen Lösungen passgenaue Produkte für unsere Kunden zu entwickeln. Um unseren Mitarbeitern klar und deutlich zu signalisieren, dass jeder Fehler machen darf, haben wir sogar »Fuck-up-Nights« ins Leben gerufen. Auch das haben wir aus der Start-up-Szene übernommen. In »Fuck-up-Nights« berichten gescheiterte Gründer offen über ihre Fehler – neue Gründer können davon lernen. Bei der ersten Veranstaltung haben wir mit Führungskräften über gescheiterte Projekte gesprochen. Ich erinnere mich an unseren ersten Webshop, als wir versucht haben, alles allein und ohne fremde Hilfe auf die Beine zu stellen. Wir haben in den klassischen alten Klöckner & Co-Strukturen gearbeitet und gedacht: Lastenheft, hierarchische Strukturen, isoliert und weit weg vom Kunden. Rückblickend habe ich festgestellt: Wir haben am Kunden vorbei entwickelt. Doch diese Einsicht hat zu lange auf sich warten lassen. Es war mein Fehler, dass ich nicht früher den Stecker gezogen habe. Das passiert uns hoffentlich nie wieder. Zukünftig gilt das Motto: »Fail fast, fail cheap!«

Kommunikation und Führung als Schlüssel des kulturellen Wandels

Doch wir wollen die interne Kommunikation auch weniger institutionalisiert vorantreiben und ermutigen unsere Mitarbeiter, unser internes soziales Netzwerk Yammer als Bypass zu verwenden. Yammer bietet direkte Shop-Floor-to-Top-Floor-Kommunikation, aber auch einen verbesserten Ideenaustausch auf horizontaler Ebene. Dort können Mitarbeiter ihre Problemstellungen, Ideen, Projekt- und Produktstände teilen.

Wertvolles Feedback von Kollegen kann so unmittelbar in die Teams getragen und umgesetzt werden. Das funktioniert und ist deutlich effizienter, als ein Produkt erst voll zu entwickeln, um es am Ende doch einzustellen.

Es prallen zwei Welten aufeinander. Diese neuen Herangehensweisen, gekoppelt mit der zugänglichen und offenen kloeckner.i-Kultur, führen wir sukzessive bei Klöckner & Co ein. Lieb gewonnene Gewohnheiten und über die Jahre eingeschliffene Verhaltensweisen müssen abgelegt werden. Das ganze Arbeitsleben verändert sich. Für einige ist das nachvollziehbar und einleuchtend. Anderen erschließen sich die Chancen nicht, die mit den Veränderungen entstehen. Diese Veränderungen werden über kurz oder lang jeden Mitarbeiter in unserem Unternehmen betreffen. Das verunsichert natürlich viele Mitarbeiter und es macht manchmal sogar Angst – das verstehen wir. Wir sind uns des Spannungsfelds zwischen bestehenden Arbeitsplätzen und Digitalisierung bewusst und versuchen daher, jeden Mitarbeiter auf unterschiedlichen Ebenen abzuholen. Dabei achten wir aufeinander und zeigen uns gegenseitig den Weg, wenn Unsicherheit besteht. Im Juni habe ich zum Beispiel alle 13 deutschen Lagerstandorte besucht, um vor Ort in Town-Hall-Meetings offen über unsere Digitalisierungsstrategie und die Möglichkeiten erster Initiativen zu sprechen. Die Mitarbeiter haben ihre Fragen gestellt und ich habe ihnen reinen Wein eingeschenkt. Ihnen erklärt, was auf sie zukommt. Dazu gehört auch, dass ich denen, die den Weg nicht mitgehen wollen geraten habe, sich außerhalb von Klöckner neu zu orientieren. Im Ergebnis: ein äußerst spannender Austausch.

Wenn Veränderungen anstehen, ist die Zukunft meist ungewiss. Genau dann müssen Menschen geführt werden. Genau dann brauchen sie Orientierung. Deshalb investieren wir auch in unsere Führungskräfte. Neue Lösungsansätze wie Design Thinking sind bereits eingeführt. Außerdem wollen wir sicherstellen, dass wir die richtige Führungsmannschaft für unsere Digitalisierungsbestrebungen ausgewählt haben. Wir haben deshalb eine Evaluierung durchgeführt, um bewerten zu können, wer den neuen Kurs mittragen kann und wer nicht. Wir mussten uns gegenüber ehrlich sein und auch teilweise personelle Konsequenzen ziehen. Das gehört bei so tief greifenden Prozessen dazu. Wir sind aber überzeugt, dass wir bei einer erfolgreichen Digitalisierung insgesamt wachsen werden und dadurch ein sicherer Arbeitgeber werden. Bei diesem Top-down-Ansatz ist uns insbesondere wichtig, dass wir die Mitarbeiter, die den Weg mit uns gehen wollen, nicht verlieren. Aus diesem Grund führen wir eine 360°-Feedback-App ein. So stellen wir sicher, dass Probleme im Zuge der Digitalisierung frühzeitig erkannt werden und wir adäquat darauf reagieren können. Alle Prozesse werden zudem von Digitalisierungsexperten in den einzelnen Niederlassungen begleitet. Die Experten dienen als Ansprechpartner und Resonanzkörper in Bezug auf Digitalisierungsfragen. Aber auch als Kommunikationskanal für Verbesserungsideen aus den Niederlassungen. Je mehr sich unsere Mitarbeiter mit den digitalen Tools beschäftigen, umso stärker wird die Identifikation mit der Digitalisierung, was zu Ownership führt und dem intrinsischen Verlangen nach Verbesserungen. Unsere Digitalisierung wird längst nicht mehr nur von oben angetrieben, sondern durch die breite Masse der Belegschaft.

Durch die dynamischen Veränderungen im Unternehmen werden sich auch die Anforderungen an unsere Mitarbeiter ändern. Diese Veränderungen kommen nicht von heute auf morgen. Daher nehmen wir über Schulungsmaßnahmen so viele Mitarbeiter wie möglich in das digitale Klöckner & Co mit. Dazu können alle Mitarbeiter während ihrer Arbeitszeit zeitlich unbegrenzte Online-Schulungen in unserer Digital Academy belegen. Sie können sich dort mit den Arbeitsweisen in einer digitalen Welt vertraut machen und sogar Programmieren lernen. So verändern sich neben den tatsächlichen digitalen Fähigkeiten der Mitarbeiter auch nach und nach die Denkstrukturen. Das ist ein weiterer wichtiger Schritt in Richtung digitale Kultur. Da aber nicht nur an einer Stellschraube gedreht wird, sondern im ganzen Unternehmen Initiativen vorangetrieben werden, halten wir die Mitarbeiter mit unseren »Digi Days« auf dem Laufenden. Hier informieren wir über den aktuellen Stand der verschiedensten Digitalisierungsprozesse. Offen und transparent diskutieren wir in diesem Rahmen auch Ideen, wie die Digitalisierung noch besser in der Unternehmenskultur verankert werden kann. Uns ist es wichtig, dass sowohl Klöckner & Co- als auch kloeckner.i-Mitarbeiter in diesen Prozessen intensiv eingebunden werden. Letztendlich sind sie das Mark der neuen Kultur und der Motor der Veränderungen.

GISBERT RÜHL

Gisbert Rühl ist nach mehreren Stationen in leitenden Positionen in der Industrie und Beratung seit 2005 im Vorstand des Klöckner & Co Konzerns – zunächst als Finanzvorstand und seit 2009 als Vorsitzender des Vorstands. Aktuell treibt Gisbert Rühl mit voller Kraft die digitale Transformation von Klöckner & Co sowie die Entwicklung einer offenen Industrie-Plattform voran, bei der das Unternehmen eine Vorreiterrolle in der Stahlindustrie einnimmt.

In einer tief greifenden Transformation wie bei Klöckner verändert sich das Führungsverständnis beziehungsweise verändert sich in der Wechselwirkung mit einer neuen Art der Führung die Unternehmenskultur. Veränderungsbereitschaft bedingt eine Abkehr von der gerade in Deutschland weitverbreiteten Null-Fehler-Kultur. Die Digitalisierung als Megatrend hat ihre Wurzeln in der Software-Entwicklung. Wenn wir davon etwas gelernt haben (zum Teil schmerzlich als Anwender), ist es das Prinzip, mit Prototypen, also unfertigen Produkten, auf den Markt zu gehen und die Fehler im laufenden Betrieb zu beheben. Das ist nicht auf jede Situation, auf jedes Produkt und jeden Service übertragbar, aber eine komplett andere Philosophie der Innovation, wie wir sie kennen – und damit auch der Führung, wie sie in ingenieur-dominierten Unternehmen sozialisiert ist.

Verantwortungsabgabe, Delegation und Vertrauen sind Grundvoraussetzungen für die Selbstbestimmung und Verantwortungsübernahme der Mitarbeiter. Mit den damit verbundenen Freiheitsgraden entstehen neue Lösungen, welche die Digitalisierung des Unternehmens befeuern.

Fehler zuzulassen, Vertrauen zu schenken und Freiheitsgrade einzuräumen, das macht »Digital Leadership« aus. Damit bezeichnen wir eine Form der Führung, die der transformationalen oder lateralen Führung entsprungen und entwachsen ist. Die Führungskraft dieses Typs ist zuerst einmal Coach und Mentor. Sie leitet an, ermutigt und packt mit an, wenn es nötig ist. Sie gibt Feedback und bekommt Feedback (was dem Selbstverständnis vieler traditioneller Führungskräfte höchst suspekt ist). Sie gewinnt Mitstreiter durch Überzeugen, ohne Verantwortung zu kollektivieren. Sie muss nicht permanent Führungskraft sein, sondern kann Führung temporär ausüben. Und sie muss nicht uniform sein (insbesondere nicht männlich). Digital Leadership muss untypisch sein, muss divers sein, um seine Kraft entfalten zu können.

Wilfried Porth schildert in seinem Beitrag, wie bei Daimler mit einer Neuausrichtung der Führung eine neue Ära eingeleitet wird, bei welcher der Mensch als Kunde und Mitarbeiter im Zentrum steht.

Agile Leadership
Ein Wettbewerbsvorteil in einem volatilen Umfeld

Von *Wilfried Porth*, Vorstand Daimler AG

> *» Wer den Hafen nicht kennt,*
> *in den er segeln will,*
> *für den ist kein Wind der richtige.«*
>
> Lucius Annaeus Seneca

Für Wilfried Porth gehört eine autoritäre Führungshaltung der Vergangenheit an. Er sieht Führungskräfte heute in der Rolle von Coaches, die ihr Team unterstützen und befähigen sowie den nötigen Arbeitsrahmen schaffen, um eigenverantwortlich Lösungen zu entwickeln. Welche Kompetenzen müssen im Team vorhanden sein? Welche Zusammensetzung braucht ein agiles Team? Wie arbeiten virtuelle Teams am besten zusammen? Dies sind nur einige wenige Herausforderungen, denen sich Führungskräfte bei Daimler künftig stellen müssen. Auch die Abgabe der Entscheidungsverantwortung ist laut Porth ein wesentlicher Bestandteil von Agile Leadership, um flexibles Arbeiten zu etablieren und auf einen volatilen Markt angemessen reagieren zu können.

Sind Sie bereit für agile Führung?

Stellen Sie sich vor, Sie planen eine Segeltour zu einem fremden Hafen. Wie gehen Sie vor? Planen Sie vor der Fahrt die Reise, messen den Wind, berechnen den Kurs, binden das Ruder fest und kontrollieren nach Ablauf der für die Reise berechneten Zeit, ob Sie das Ziel erreicht haben? Vermutlich nicht. Wahrscheinlich werden Sie mit einer gewissen Unsicherheit kalkulieren und sich die Flexibilität vorbehalten, Ihren Kurs von Zeit zu Zeit anzupassen.

Genau diese Fähigkeit, auf veränderte Rahmenbedingungen schnell und selbstgesteuert zu reagieren, bezeichnet man im Unternehmenskontext als Agilität. Für mich ein wesentlicher Teil unseres Erfolgsrezepts. Agiles Arbeiten erhöht die Innovationsgeschwindigkeit und stärkt die Wettbewerbsfähigkeit in einem komplexen, volatilen Umfeld.

Was ich damit meine: Bei Daimler arbeiten rund 285.000 Menschen aus fünf Generationen und mehr als 150 Nationen – und das auf fünf Kontinenten. Außerdem befindet sich die gesamte Automobilbranche im Umbruch. Digitalisierung, Vernetzung, Elektromobilität, der Weg zum autonomen Fahren, Share-Economy, Mobilität über Apps wie car2go oder moovel – all das verändert die Automobilbranche mit einer so hohen Geschwindigkeit wie nie zuvor. Diesen Wandel wollen wir aktiv gestalten. Mit unserer neuen strategischen Ausrichtung »Connected, Autonomous, Shared & Service und Electric Drive« (CASE) stellen wir die Weichen dafür und setzen verstärkt auf neue Formen der Zusammenarbeit. Eine entscheidende Rolle für mehr Flexibilität, Agilität und Innovation spielt neben mutigen, verantwortungsbewussten Kolleginnen und Kollegen natürlich die Führungskultur. Sie muss Freiräume schaffen, um Innovationen zu fördern und schnell auf sich verändernde Rahmenbedingungen zu reagieren. Mit unserer Initiative »Leadership 2020« treiben wir genau diesen Kulturwandel voran.

Agiles Arbeiten zeichnet sich durch große Freiräume in der Arbeitsgestaltung sowie ein hohes Maß an Eigenverantwortung aus. Diese Form der Zusammenarbeit bedarf einer neuen Art von Führung. Anders als bei einer autoritären Führungshaltung übernimmt die Führungskraft in agilen Teams immer stärker die Rolle eines Coaches, der das Team unterstützt, entwickelt und den Rahmen für eigenverantwortliches Handeln schafft.

Damit das funktionieren kann, braucht es eine klare Vision, die alle kennen und verinnerlicht haben. Für die Kollegen aus der Entwicklung heißt das beispielsweise, bestimmte Produkteigenschaften, Funktionalitäten und Kundenerlebnisse klar zu beschreiben, ohne das fertige Produkt zu kennen. Und es benötigt gute Leitplanken, die den Mitarbeitern eine Spielwiese eröffnen, auf der sie ihre Ressourcen selbst einsetzen und die notwendigen Entscheidungen treffen, um das nächste Etappenziel zu erreichen. Wichtig ist, dass die Etappen der Selbstorganisation jeweils nur einige Wochen dauern. So entsteht ein Wechselspiel zwischen Autonomie und Abstimmung mit den verantwortlichen Stakeholdern. Voraussetzung dafür sind kleine, überschaubare Gruppen von fünf bis neun Mitarbeitern, den für diese Etappe wichtigsten Experten. Die Auswahl dieser Kollegen zu treffen und die richtigen Schwerpunkte und Rahmenbedingungen zu setzen, ist eine wichtige Führungsaufgabe.

In diesen Arbeitsgruppen, die für eine Etappe von zwei bis vier Wochen eng zusammenarbeiten, entfaltet sich unserer Erfahrung nach ein großes Energiepotenzial und es entstehen tolle Ideen. Jeder Experte bringt Beiträge ein, die im Team zur bestmöglichen Gesamtlösung zusammengefügt werden. Durch die frühzeitige Einbindung der Experten kann bei der Entwicklung eines Bauteils beispielsweise sehr viel früher und umsichtiger darauf geachtet werden, welche Komponenten im Fahrzeug Berücksichtigung finden. Gegebenenfalls notwendige Anpassungen können zudem früh umgesetzt werden. Das ist ein klarer Zeit- und Qualitätsgewinn.

Ein starker Fokus des neuen Führungsverständnisses liegt auf der Teamzusammenstellung und -entwicklung. Die Mitarbeiter eines agilen Teams müssen in der Lage sein, Entscheidungen zu treffen und eigenverantwortlich Lösungen herbeizuführen. Das funktioniert nur, wenn die Teams möglichst viele verschiedene Kompetenzen vereinen und sich die Eigenschaften der Teammitglieder ideal ergänzen. Wir wollen kreative Mitarbeiter, die querdenken, hinterfragen und uns fordern. Das bedeutet natürlich auch eine gewisse Reibung – nicht immer nur Harmonie. Aber nur so kommen wir zum besten Ergebnis. Es geht nicht mehr nur darum, Mitarbeiter ins Team zu holen, die passen, sondern solche zu rekrutieren, die das Team fordern und fördern. Wir sensibilisieren unsere Führungskräfte, bei der Zusammenstellung von Teams auf folgende Faktoren, die für die Arbeit in agilen Teams wichtig sind, zu achten:

- Wie viel Entscheidungsfreiraum möchte der/die Bewerber/in?
- Wie eigenständig und wie stark intrinsisch motiviert arbeitet er/sie?
- Wie stark sind kommunikative Fähigkeiten ausgeprägt, die für die häufige Abstimmung innerhalb des Teams besonders wichtig sind?

- Wie bereit ist sie/er zur echten Zusammenarbeit und damit zum Zurückstellen von Eigeninteressen?
- Bringt der/die Bewerber/in die Fähigkeit zur sogenannten Co-Kreation, zur funktionsübergreifenden Zusammenarbeit, mit?

Agile Führung geht jedoch weit über den Besetzungsprozess hinaus. Agil zu führen, ist vor allem eine Frage der Einstellung. Dem agilen Arbeiten liegt das Prinzip der End-to-End-Verantwortung zugrunde. Das Team und dessen Mitglieder müssen sich selbst organisieren und Ideen eigenständig vorantreiben. Das zieht automatisch eine Verlagerung der Entscheidungskompetenz nach sich, die im klassischen Führungsmodell der hierarchisch übergeordneten Führungskraft vorbehalten ist. Es geht um mehr als das Fortschreiben der Prozesse, es geht darum, sie auch mutig infrage zu stellen. Eine große Herausforderung – besonders für Unternehmen mit langer Tradition wie unseres.

Bei Daimler lernen wir gerade, ein Stück weit Kontrolle abzugeben und die Entscheidungsverantwortung stärker in unserer Mannschaft zu verankern. Das erfordert viel Vertrauen auf beiden Seiten. Jeder Segler weiß, dass es sinnlos ist, ein Schiff fix auf einen Zielpunkt auszurichten. Der Wind wird in der Regel nicht mitspielen. Vielmehr geht es um die Kunst, das Ziel im Blick zu haben und den Wind zum Fortkommen zu nutzen. Auch wenn er von der Seite weht oder dreht.

Agiles Arbeiten ist von schnellen Überarbeitungszyklen geprägt, die Innovationen beschleunigen und schnell sehr gute Ergebnisse liefern. Diese Flexibilität ist in einem sich immer schneller verändernden Wirtschaftsumfeld ein Wettbewerbsvorteil, erfordert aber an vielen Stellen einen Kulturwandel, weg von sicheren und geregelten Prozessen. Wir müssen uns zugestehen, kalkulierte Risiken einzugehen, Fehler zu erlauben und aus ihnen zu lernen anstatt jede Unsicherheit zu vermeiden.

Ein erfolgreiches Pilotprojekt in der Montage der Mercedes-Benz E-Klasse in Sindelfingen zeigt, dass agile Arbeitsformen sich nicht nur auf Bereiche wie Forschung und Entwicklung beschränken. Auch in der Produktion können damit hervorragende Ergebnisse erzielt und die Mitarbeiter noch motivierter werden. Hier wurde Meistern aus den Bereichen Logistik, Montage, Planung und Qualität der Freiraum gegeben als agiles Team zusammenzuarbeiten. Das gemeinsame Ziel: Verbesserung der Qualität, Reduzierung der Kosten und Erhöhung der

Stückzahlen. Die gemeinsame Arbeitsweise: agil, innovativ, schnell, ohne langwierige Entscheidungs- und Abstimmungsprozesse. Das Ergebnis: Der Pilot war so erfolgreich, dass wir diesen Ansatz fortsetzen möchten. Wir werden zukünftig agile Teams auch in anderen Produktionsbereichen dauerhaft einsetzen. Wir können so viel schneller auf tägliche, aber auch strukturelle Herausforderungen in der Produktion reagieren und unsere Mitarbeiter und deren Know-how in die Problemlösung einbinden.

Die Möglichkeiten, Agilität und Flexibilität in Unternehmen zu erhöhen, sind vielfältig – immer abhängig vom Umfeld, der Situation oder der Zielsetzung. Wo es sinnvoll ist, pilotieren wir im Unternehmen derzeit Schwarmorganisationen. Ziele einer Schwarmorganisation sind kürzere Entscheidungswege, flachere Hierarchien und schnellere Prozesse, um auf diese Art und Weise auf das volatile und stark veränderte Geschäftsumfeld optimal reagieren zu können. Wir nehmen an, dass bis 2020 rund 20 Prozent des Unternehmens agil organisiert sein werden – eben dort, wo eine agile Organisation einer klassischen Struktur überlegen ist.

Darüber hinaus fördern wir Agilität und Flexibilität beispielsweise durch das Angebot von mobilem Arbeiten für unsere Mitarbeiter oder neue Büroumgebungen, die individuell auf die Bedürfnisse der Mitarbeiter und Teams zugeschnitten sind. Je nach Aufgabe und Aktivität bieten sie flexibel die Möglichkeit für ruhige Einzelarbeit, attraktive und offene Begegnungsflächen zur Kommunikation und Teamarbeit und Raum für Entspannung. Und ganz wichtig: der Chef beziehungsweise die Chefin arbeitet mittendrin, ist Teil des Teams und jederzeit ansprechbar. Wir führen diese neuen Arbeitswelten Stück für Stück in unseren neuen Gebäuden ein. Daneben bietet auch die Digitalisierung vielfältige Möglichkeiten für neue Modelle der Zusammenarbeit: Schnelle Kommunikation, Vernetzung auf digitalen Plattformen, orts- und zeitunabhängiges Arbeiten bringen uns näher zusammen, obwohl wir zum Teil über mehrere Kontinente verteilt arbeiten.

Wir bei Daimler sind überzeugt, dass Agilität und die damit verbundene agile Führung einen enormen Wettbewerbsvorteil bietet und unsere Innovationsgeschwindigkeit erhöht. Denn nur durch diese Art der Führung können wir flexibel das wechselhafte und teilweise raue Fahrwasser meistern und sicher in den Zielhafen einlaufen.

WILFRIED PORTH

Wilfried Porth ist seit dem 8. April 2009 Vorstandsmitglied der Daimler AG und in dieser Funktion verantwortlich für das Ressort Personal, gleichzeitig ist er Arbeitsdirektor des Unternehmens. Des Weiteren ist er verantwortlich für den Einkauf Nichtproduktionsmaterial und Dienstleistungen sowie das Geschäftsfeld Mercedes-Benz Vans.

Porth studierte Maschinenbau an der Universität Stuttgart und schloss sein Studium als Diplom-Ingenieur ab. 1985 trat er als Planungsingenieur im Bereich Zentrale Produktionsplanung in die damalige Daimler-Benz AG ein und bekleidete im Laufe seiner Karriere verschiedenste Positionen im Unternehmen.

Was für ein neues Führungsverständnis gilt, gilt in gleichem Maße für die Art und Weise, wie wir und mit wem wir in Zukunft zusammenarbeiten. Es gibt keine typischen Arbeitskonstellationen mehr. Den Rahmen unserer zukünftigen Tätigkeiten bestimmt die sogenannte New Work Order. Der digitale Arbeitsplatz der Zukunft kann überall sein. Die Art und Weise, wie wir arbeiten und zusammenarbeiten, verändert sich gravierend. Treiber sind sowohl neue Technologien (zum Beispiel Collaboration-Plattformen) als auch neue Arbeitstechniken (zum Beispiel Scrum oder Design Thinking). Auch gebundene Arbeitsplätze (beispielsweise im Service) sind in deutlichem Maße von diesen Veränderungen betroffen. So ermöglicht die Digitalisierung eine neue Form der Arbeit, die wiederum die digitale Transformation weiter befeuert. Die Digitalisierung ist in ihrer Anwendung am Arbeitsplatz kein Thema für (digitale) Eliten, sondern ein Thema für die breite Masse der Arbeitnehmer.

Roland Boekhout fasst in seinem Beitrag noch einmal die Hebel zusammen, mit denen die ING-DiBa, stellvertretend für jede andere Organisation, die digitale Transformation in Angriff nimmt. Dabei stellt er besonders auf die neue Arbeitsorganisation ab, die wir als New Work Order bezeichnen. Sein Ansatz, die Idee des statischen Arbeitsplatzes durch ein dynamisches Konzept eines Arbeitsflusses zu ersetzen, ist bestechend. Was ebenfalls für den Transfer der Open-Source-Bewegung in den Führungsalltag gilt. Der Erfolg der ING-DiBa als eine der wenigen »Love-Brands« im Bankensektor gibt ihm recht. Aber lesen Sie selbst ...

New Work
Lassen Sie uns reden

Von *Roland Boekhout*, Management Board Banking, ING Group

»Für Wunder muss man beten,
für Veränderungen aber arbeiten.«

Thomas von Aquin

Ohne Digitalisierung geht nichts. Und ohne den Menschen geht die Digitalisierung nicht. Die ING-DiBa setzt in ihrer Entwicklung zur Digitalbank auf Mitarbeiter und Führungskräfte. Und lässt dabei kaum einen Stein auf dem anderen. So bezeichnet Roland Boekhout die Investition in die Menschen als die Voraussetzung dafür, dass der Transformationsprozess gelingen kann. Er stellt die Frage nach der richtigen Kultur, nach benötigten Skills, nach Voraussetzungen, die der Arbeitsplatz der Zukunft aufweisen muss, sowie nach dem richtigen Führungsverständnis und wichtigen Veränderungen in der Organisation. Boekhout betont, dass es heute für die neue Arbeitswelt noch keine fertigen Lösungen gebe. Die ING-DiBa geht den Weg Schritt für Schritt und findet heraus, was funktioniert und was nicht. Dabei wird die Digitalisierung bei der ING-DiBa als große Chance begriffen, näher als je zuvor an den Kunden zu rücken.

Von direkt zu digital

Die allermeisten Verantwortlichen in den Chefetagen von heute, ob Mann oder Frau, sind Digital Immigrants. Sie können gut mit Mail-Accounts umgehen und lassen sich inzwischen nicht mehr alles ausdrucken. Sie telefonieren, melden sich via Blogs und Push-SMS zu Wort und erklären, dass ihre Unternehmen in ihrer Kommunikationsstrategie selbstverständlich die sozialen Medien berücksichtigen. Aber – eigentlich entscheiden sie auf digitalem Terrain als Laien. Eigentlich entscheiden sie über die Gegenwart und vor allem die Zukunft der Digital Natives. Das ist eine schwierige Situation. Es wäre wenig ratsam, die 50-jährigen Vorstände durch 20-jährige zu ersetzen. Es wäre aber auch fahrlässig, das Potenzial und das Know-how, die natürliche Vertrautheit der Digital Natives mit der digitalen Welt, nicht für das Unternehmen zu nutzen. Nur wie?

Die ING-DiBa, Tochter der niederländischen ING Group, ist eine filiallose Bank, eine Direktbank mit rund 4000 Mitarbeitern und fast 9 Millionen Kunden, die in ihrer Geschichte immer auf die Chancen gesetzt hat, die neue Technologien für den Bankkunden boten.

Nach über 50 Jahren, nach Brief, Telefon, Telefax, Bildschirmtext und Online-Banking steht nun das Mobile-Banking und mit ihm der digitale Wandel im Fokus. Digitalisierung wird nicht als Bedrohung, sondern als Chance verstanden – beispielsweise als Chance, auch als Bank eine »Love Brand« zu sein.

Aus Sicht der ING-DiBa bedeutet Digitalisierung vor allem eines: die Möglichkeit, das Unternehmen noch besser auf den Kunden auszurichten, Produkte und Dienstleistungen noch genauer auf die Bedürfnisse und Wünsche des Kunden zu kalibrieren und – vielleicht die verlockendste Vorstellung – noch mehr Kundennähe zu erreichen. Denn die technologische Entwicklung erlaubt dem klassischen Direktbanking via Smartphone nun die Eröffnung von Millionen von Pocket-Filialen. Was jahrelang als schwer zu realisierende Strategie der Branche von einem Flop zum nächsten führte, ist durch das Smartphone heute selbstverständliche Wirklichkeit geworden.

Es scheint einleuchtend und folgerichtig, aufgrund dieser Entwicklung nun alles auf die Karte IT, auf technische Innovation zu setzen. Die ING-DiBa macht das nicht. Neben einer ausgeprägten Affinität, die jeweils neuesten technischen Features für Kunden zum Einsatz zu bringen, ist es vor allem seit jeher das Bestreben der Bank, dem Kunden ein möglichst einfaches, bequemes und transparentes Bankgeschäft zu erlauben. Dieses Bestreben ist der rote Faden, der sich – technologieunabhängig – durch die Geschichte des Unternehmens zieht. Digitalisierung heißt in diesem Zusammenhang lediglich: Die Rahmenbedingungen haben sich (wieder einmal) verändert, das Ziel bleibt aber bestehen.

Hinzu kommt, dass auch die coolste App, die schnellste Abwicklung, das günstigste Produkt immer einen Erfolgsfaktor besitzen, der mit Technik, Prozessen und Organisation erfolgreich korrelieren muss: der Faktor Mensch. Ob der Briefverkehr, der telefonische oder Mailkontakt, die Werbung oder Pressearbeit – immer werden die Mitarbeiter und Führungskräfte der ING-DiBa als »Gesicht«, als Repräsentanten, als Mediatoren des Bankings wahrgenommen. Hier zu investieren, in die Menschen zu investieren, ist die Voraussetzung dafür, dass der Transformationsprozess zur Digitalbank gelingen kann.

Arbeitsplatz to go?

Zweifellos ist das Handling der technologischen Herausforderungen ein entscheidendes Issue für die Bank. Aber womöglich noch anspruchsvoller und komplexer ist die Aufgabe, Organisation und Menschen in die Lage zu versetzen, diese Herausforderungen nicht nur zu meistern, sondern diesen Prozess auch als spannende Reise wahrzunehmen. Dabei stehen vier Themen im Vordergrund:

1. Welches Mindset, welche Kultur, welche Werte sind das Rüstzeug auf dem Weg zur Digitalbank?
2. Welche Skills, welches Know-how, welche Fähigkeiten werden in der Bank zukünftig neu oder verstärkt gebraucht?
3. Wie muss der Arbeitsplatz der Zukunft aussehen und welche Arbeitsformen erleichtern den Umgang mit der Digitalisierung?
4. Wie sieht ein zeitgemäßes Führungsverständnis aus und wie muss sich die Organisation dafür verändern?

Die Aufgaben, die sich dem Unternehmen hier stellen, kann es nicht allein bewältigen. Die Organisation im Unternehmen, die Rolle des Menschen etwa im Zusammenspiel mit autonom ablaufenden oder mobilen Prozessen, wirkt sich auf jede Komponente der Arbeitswelt aus. Die Qualifikationsprofile von Mitarbeitern und Führungskräften werden neu zu justieren sein. Der Gesundheits- und Arbeitsschutz wird anzupassen sein. Die Balance zwischen Automatisierung und Autonomie einerseits sowie Kontrolle und Eigenverantwortung andererseits wird neu auszurichten sein. Das funktioniert nur in einem gesamtgesellschaftlichen Veränderungsprozess, an dem Politik, Unternehmen, Sozialpartner und Arbeitnehmer gleichermaßen beteiligt sind.

Ein Beispiel: In der Studie »Arbeit 3.0« hat der Bitkom den Status des Arbeitsplatzes analysiert. Einige Punkte zeigen den Trend, dass es häufig keinen festen Arbeitsplatz und keine scharfe Trennung von Arbeit und (Privat-)Leben mehr geben wird. In der ING-DiBa ist die Diskussion über diesen Trend in vollem Gange. Viele wollen mehr mobil arbeiten, viele wollen an ihrem gewohnten Arbeitsplatz festhalten. Viele begrüßen die Möglichkeit, orts- und zeitunabhängig zu arbeiten, viele sehen dadurch ihr Privatleben bedroht. Die Bank muss für diese Gemengelage Lösungen anbieten. Sie muss die Diskussion zulassen, aushalten und konstruktiv nutzen. Und sie muss Ergebnisse erreichen, die dem Unternehmen, den Beschäftigten und den Kunden nutzen.

Structured Creativity

Der Arbeitsplatz ist ein statisches Konzept. Es muss ersetzt werden durch das dynamische Konzept des Arbeitsflusses. So wie es einen Workflow gibt, so gibt es mehr und mehr auch einen Jobflow, der Menschen nach ihren Fähigkeiten, nach den Aufgaben, die sich im Unternehmen stellen, und nach den Ansprüchen von Markt und Kunde mit immer neuen Aufgaben verbindet. Dass das dem einen schwerer, dem anderen leichter fällt, ist unvermeidlich. Aber ebenso unvermeidlich ist diese Veränderung des Arbeitslebens. Arbeit wird künftig wieder begriffen werden als etwas, das man tut, und nicht als etwas, das man hat.

In der ING-DiBa hat sich in sehr kurzer Zeit sehr viel verändert. Es gibt Berufe, die es vorher nicht gab: Behavioral Psychologists, Regulatory Data Officers, User Interface Designer, Customer Experience Researcher. Es gibt Agilität in diversen Ausprägungen: Da sind die Accelerator-Teams, die auf der Grundlage von Design Thinking, agiler Methodik oder Lean-Start-up-Ideen funktionieren. Ihr Ziel ist, sogenannte Minimum Viable Products (MVP) in kürzester Zeit zu entwickeln. Das agile Trial and Error erlaubt eine nicht nur zeit- sondern auch ressourcenschonende Produktentwicklung, die dann durch einen Kundenfeedback-Prozess validiert werden kann. Der »Wunsch-Countdown«, der gerade in den Medien präsentiert wird, ist beispielsweise das Ergebnis eines solchen Accelarator-Teams.

Immer mehr Mitarbeiter in der Bank wechseln ihren Aufgabenbereich, entweder weil der sich verändert oder sogar nicht mehr benötigt wird oder weil in anderen Bereichen neue und spannende Aufgaben warten. Vom E-Mail-Service zum Business-Development, vom Firmenkundengeschäft zum Retail-Banking, vom Wertpapiergeschäft zur Kundendaten-Legitimation. Ebenso wie im Produkt- und Serviceangebot, im Back Office oder in den Stäben: Die Bank probiert aus! Sie lernt, scheitert, gewinnt, macht Fortschritte. Die alte Erkenntnis, dass wir 10 Prozent durch formale Seminare lernen, 20 Prozent durch soziale Interaktionen, etwa mit Kollegen, und 70 Prozent en passant im tagtäglichen Beruf, ist aktueller denn je. Es geht nicht darum, ob diese Zahlen exakt stimmen, sie geben das Modell wieder, dass viel Lernen im Alltag geschieht. Lernen ist ein ganzheitlicher Prozess! Und unsere Bildungssysteme werden dem noch ungenügend gerecht. Dass beispielsweise die Gründer von Amazon, Google und Wikipedia ehemalige Montessori-Schüler sind, lässt erahnen, wohin die Reise gehen wird. Und deswegen sind auch Partnerschaften, Allianzen, Netzwerke, Kollaborationen so enorm wichtig. Denn hier, beispielsweise wenn die Bank im Zuge ihres Engagements im Frankfurter TechQuartier mit Fin-Tech-Start-ups zusammenarbeitet, befruchten sich Old und New Economy, Old und New Work. Man könnte von einer Triple-Win-Situation sprechen: Die Start-ups profitieren von der etablierten Infrastruktur der Bank, die Bank profitiert vom Ideenpotenzial der Start-ups und der Kunde schließlich profitiert von innovativen Produkten.

Was Menschen von Maschinen unterscheidet, von Algorithmen, von autonomen Prozessen und was man Computern (noch) nicht beibringen kann: Kreativität, Emotionen, Intuition, Wissen, Erfahrung und die Fähigkeit, intelligent mit Unvorhersehbarem umzugehen, das alles müssen wir für die erfolgreiche Zukunft der ING-DiBa stärken, fördern und in produktive Bahnen lenken. Gibt es dafür heute schon fertige Lösungen? Nein. Man könnte bei dieser Gelegenheit an jene Mönche denken, die noch fünfzig Jahre nach der Erfindung des Buchdrucks jedes einzelne gedruckte Exemplar Korrektur lasen, weil sie einige Wirkungen der neuen Technik nicht begriffen. Gut möglich, dass sich spätere Generationen über unser heutiges Verständnis der Wirkungen neuer Informations- und Kommunikationstechniken ebenfalls kopfschüttelnd amüsieren werden. Wertschöpfung, bei der Menschen gebraucht werden, findet zunehmend bei der Bewältigung von Ausnahmesituationen und immer weniger bei Standardabläufen statt. Damit werden fast alle verbleibenden Arbeiten langfristig intellektuell anspruchsvoller. Auch diese Entwicklung gilt es zu managen.

Neue Führungspraxis

In hierarchischen Strukturen wird Macht häufig als Möglichkeit, bessere Argumente zu ignorieren, missbraucht, da innovative Ideen als Gefahr für die bestehenden Machtverhältnisse wahrgenommen werden. Als zeitgemäße Alternative kristallisieren sich derzeit in Wertschöpfungsnetzwerken, vor allem in ungezählten Open-Source-Projekten, neue Formen der Zusammenarbeit heraus, die langfristig nicht nur zu einer neuen Definition von Arbeit führen, sondern die Gesellschaft insgesamt grundlegend umkrempeln werden. Die Open-Source-Praxis entwickelt sich zu einer strukturbildenden Leitidee. Auch Führung muss als Open Source verstanden werden.

Ein wichtiger Baustein ist das, was heute als laterale Führung bezeichnet wird. Diese beruht auf Vertrauen und Verständigung und strebt danach, durch einen gemeinsamen Denkrahmen die unterschiedlichen Interessen der Beteiligten so weit als möglich tragfähig zu verbinden. Diese Art von Führung muss sich, da die disziplinarische Weisungsbefugnis als »Macht«-Quelle entfällt, auf anderes stützen. Zum Beispiel auf eine hohe persönliche Autorität und Integrität, ein ausgewiesenes Expertentum oder auf ein gezieltes Networking, das die eigene informelle Kompetenzbasis stärkt. Laterale Führung ist durch bereichsübergreifende Kooperationen, Vernetzungen, flache Hierarchien sowie Team- und Projektarbeit gekennzeichnet. Sie ist mehr als Koordination. Das Abstimmen von Interessen, Aufgaben oder Tätigkeiten wird verbunden mit dem Einwirken auf andere Personen im Sinne der Projektziele. Das erfordert längere Übung, eine Organisation kann sich hier nicht »aus dem Stand heraus« verändern. Aber sie kann die geeigneten Maßnahmen der Personalentwicklung initiieren.

Die ING-DiBa möchte, dass jeder selbst entscheidet, was zu tun ist. Das geht natürlich nicht von heute auf morgen. Wir gehen Schritt für Schritt und finden heraus, was funktioniert und was nicht. Dabei helfen uns die Erfahrungen mit zahlreichen Change-Situationen in der Vergangenheit. Und im Grunde machen wir im Personalbereich nichts anderes als im Geschäft, schnell und agil sein, mutig und optimistisch. Es gibt kein Handbuch! Im letzten Jahr hat jede einzelne Führungskraft inklusive Vorstände an sogenannten Navigator-Workshops teilgenommen, in denen unser Führungsbild der Zukunft diskutiert wurde. Wir haben mithilfe von Gamification versucht, die Herausforderungen erlebbar zu machen. Und wir berichten regelmäßig in Town-Hall-Meetings und auf unserer jährlichen Führungskräftekonferenz über die Fortschritte auf unserem Weg zur Digitalbank. Aber wir wissen ganz genau, dass das ein sehr, sehr dickes Brett ist, das wir da bohren. Und dass wir erst am Anfang stehen. Wir wollen vom Schlagwort Fehlerkultur zu einer Kultur gelangen, die wirklich produktiv mit Fehlern umgeht und diese nicht tabuisiert. Wir wollen vom Schlagwort Feedbackkultur zu einer Kultur gelangen, die wirklich offen und kollaborativ ist. Und ich weiß, dass die Bank das schaffen wird. Schließlich fangen wir nicht bei null an: Wir sind seit vielen Jahren ein »Great Place to Work«, wir haben ein funktionierendes Geschäftsmodell und eine Unternehmenskultur, um die uns viele beneiden. Trotzdem müssen wir immer wieder uns selbst infrage stellen und Veränderung zulassen.

Be prepared

Der Pfadfindergruß »Allzeit bereit«, »Be prepared«, ist ein Gruß, den sich Pfadfinder weltweit geben. Beim Pfadfindergruß reicht man sich die linke, »vom Herzen« kommende Hand, während die rechte etwa auf Schulterhöhe emporgehoben wird. Dabei weisen Zeige-, Mittel- und Ringfinger nach oben und der Daumen legt sich auf den kleinen Finger. »Be prepared« ist ein gutes Motto für den Prozess, in dem die ING-DiBa sich heute befindet. Es verweist darauf, dass es weniger um Fähigkeiten geht, sondern mehr um Einstellungen und Werte. Nicht zufällig heißt unser erstes Konzept, unser erster Leitfaden »Welcome«. Es ist gewissermaßen ein Mantra auf dem Weg zur Digitalbank. Es geht darum, wie wir das Kundenerlebnis verändern können, und darum, wie die IT-Infrastruktur, die nicht zuletzt dahintersteckt, neu aufgestellt werden kann. Alles soll noch einfacher werden, noch bequemer, noch schneller nutzbar. Amazon wäre hierfür ein gutes Beispiel. Wir haben eine Plattform im Sinn, auf der – analog zu Büchern, Socken und Waschmaschinen – Girokonto, Baufinanzierung und Konsumentenkredit zusammen nutzbar sind. Der Kunde meldet sich einmal an und hat Zugang zu allen Finanzangeboten und Services.

Vor allem aber ist »Welcome« für mich eine Botschaft an alle Mitarbeiter und Führungskräfte: Seid willkommen bei dem, was vor uns liegt! In einer Zukunft, die wir nur in Ansätzen begreifen und erahnen. Die wir aber mit Neugier, Mut und Begeisterung kennenlernen, mitgestalten und nutzen wollen. Seid willkommen zu 1001 Gesprächen, seid euch sicher, dass wir euch mitnehmen – wohin auch immer!

ROLAND
BOEKHOUT

Roland Boekhout studierte Betriebswirtschaftslehre an der Erasmus Universität Rotterdam und absolvierte das General Management Programm an der INSEAD in Fontaine-Bleu. Nach seinem Wechsel von Unilever zur ING Group übernahm er verschiedene Führungspositionen innerhalb der Gruppe, unter anderem in den USA, Polen und Mexiko, bevor er für sieben Jahre den Vorstandsvorsitz der deutschen ING-Tochter ING-DiBa AG übernahm. Boekhout wurde 2017 ins Management Board Banking der ING Group berufen, wo er derzeit das Bankgeschäft in Benelux verantwortet.

INDIVIDUELLE HANDLUNGSFELDER

INDIVIDUELLE HANDLUNGSFELDER

Neuinterpretation von Arbeit
An der Mensch-Maschine-Schnittstelle

Im letzten Kapitel haben wir die unternehmerischen Handlungsfelder beschrieben, die eine erfolgreiche digitale Transformation zwar nicht garantieren, aber zumindest möglich machen. Wir haben anhand unterschiedlicher Unternehmensbeispiele erfahren, wie sich das Geschäft und die Tätigkeiten verändern. Daraus lassen sich bereits einige Erkenntnisse gewinnen, was Arbeit im Zeitalter der Digitalisierung ausmachen wird.

So, wie wir uns vom statischen Konstrukt des Arbeitsplatzes werden lösen müssen, werden wir wahrscheinlich unser Bild von der Arbeit an sich revidieren müssen. Vom Industriezeitalter geprägt, ist unser Verständnis von Arbeit gleichbedeutend mit einem relativ starren Arbeitsverhältnis in einer Rolle, die einer Fachlichkeit entspringt, der wir uns zu Beginn unseres Berufslebens verschrieben haben. In Funktionen wie Controlling, Produktion, Einkauf werden Silos manifestiert, die nur schwer überwindbar sind. Was für den Einzelnen aktuell vielleicht noch kein Problem darstellt, verstellt dem Unternehmen eine übergreifende Sicht auf den Kunden. Die durch die Digitalisierung notwendige uneingeschränkte Kunden- und Nutzerorientierung bedingt eine Abkehr von der funktionalen Sicht auf die Wertschöpfungskette. Das steht nicht im Widerspruch dazu, dass die Digitalisierung die Arbeitsteiligkeit aufgrund der zunehmenden Vernetzung immer kleinteiliger und ausdifferenzierter machen wird, wie Marion Weissenberger-Eibl in ihrem Beitrag schildert.

Das Wesen unserer Arbeit wird sich ebenso massiv verändern wie die Geschäftsmodelle und Wertschöpfungsketten. Arbeitsplätze mit repetitiven, musterbasierten Tätigkeiten werden weiter automatisiert – zunehmend in den administrativen und höherwertigen Unternehmensfunktionen. Demgegenüber wird es eine deutliche Zunahme an Tätigkeiten mit Mensch-Maschine-Schnittstellen geben. Zusätzlich werden Arbeitsverhältnisse um flexiblere Beschäftigungsmodelle und neue Arbeitsformen (wie Crowd Worker) ergänzt werden.

Diese Flexibilisierung und Neuinterpretation von Arbeit wird den Anbieter von Arbeit (wir vermeiden hier bewusst das Wort Arbeitnehmer) zu mehr Selbstorganisation zwingen, wie wir dem folgenden Beitrag entnehmen können. Er oder sie wird sich digitale Kompetenzen aneignen müssen und sich entsprechend vermarkten und vernetzen.

Der Einzelne als selbstbewusster Akteur entspricht wieder eher der Rolle des rationalen Agenten, wie wir sie aus der klassischen Makroökonomie kennen. Mehr Eigenverantwortung für die persönliche Entwicklung bei größerer Freiheit, seine persönlichen Präferenzen zu realisieren. Eine Herausforderung für den, der sich wohlfühlt in einem (durch Staat, Gewerkschaften und Unternehmen) stark regulierten und determinierten Arbeitsumfeld, eine Befreiung für alle anderen.

Schöne digitale Arbeitswelt
Wie sieht Arbeit im Jahr 2030 aus?

Von *Marion A. Weissenberger-Eibl*,
Karlsruher Institut für Technologie (KIT)

> *»Es kommt nicht darauf an,
> die Zukunft vorauszusagen, sondern darauf,
> auf die Zukunft vorbereitet zu sein.«*

Perikles (griech. Politiker)

Marion Weissenberger-Eibl prophezeit uns primär eines: einen großen Sinnes- und Wertewandel in einer digitalen Zukunft. Menschen werden komplett neu definieren, was sie als Arbeit betrachten und wie sie diese verstehen. Hier kommt vor allem das ökonomische Phänomen unserer Gegenwart ins Spiel: die Sharing-Economy. Wie sieht das Tauschgeschäft der Zukunft aus? Geld gegen Ware war gestern – heute sind wir digital und müssen neue Konzepte und Modelle entwerfen, wenn wir erfolgreich am Markt agieren wollen. Neue industriell-kollaborative Konzepte kommen zum Tragen und verändern nicht nur unternehmerische Konzepte, sondern auch Beschäftigungsmodelle: Auf lange Sicht dürften sich Berufsbilder mehr und mehr von Branchengrenzen lösen. Die Arbeitswelt der Zukunft wird zu großen Veränderungen führen und allen beteiligten Akteuren mehr Flexibilität abverlangen.

Der demografische Wandel und seine Auswirkungen bis in die 2030er-Jahre

Im Zusammenhang mit der Digitalisierung der Wirtschaft und Industrie 4.0 wird immer wieder von der »vierten industriellen Revolution« oder einfach der »digitalen Revolution« gesprochen. Der Begriff »Revolution« ist angesichts der großen Herausforderungen und Veränderungen, die in den nächsten Jahren und Jahrzehnten auf Deutschland und die gesamte Weltwirtschaft zukommen, sicher nicht übertrieben. Einen Vorgeschmack auf das, was die digitale Zukunft an Veränderungen bringen wird, gibt die Sharing-Economy: Unternehmen wie Airbnb, BlaBlaCar und Uber verkaufen keine Produkte mehr, sondern bieten digitale Dienstleistungen und vernetzen so Millionen von Nutzern, die zu Anbietern und Kunden werden. Langfristig wird die Digitalisierung aber nicht nur einen radikalen Wandel des Wirtschaftens bedingen, sondern auch massive Auswirkungen auf die Arbeitswelt haben: Alteingesessene und nicht anpassungsfähige Unternehmen werden von neuen abgelöst, was auch auf Arbeitsverhältnisse und Berufe zutreffen wird. Die Arbeitsinhalte werden sich aufgrund neuer Aufgaben wandeln, die im Zuge der Digitalisierung entstehen. Mit diesen Veränderungen wird zudem ein Sinnes- und Wertewandel[1] einhergehen, wie Menschen Arbeit sehen und sich über diese definieren.

Dass sich Arbeitsprozesse in einem stetigen Wandel befinden, ist keine neue Erkenntnis. Von der Digitalisierung einmal abgesehen, gibt es bereits heute enorme Herausforderungen, mit denen sich die Arbeitswelt konfrontiert sieht. So ist Deutschland stark vom demografischen Wandel[2] betroffen, weshalb Politik und Unternehmen hier rasch nachhaltige Lösungen finden müssen. Wie eine vom Bundesministerium für Bildung und Forschung (BMBF) in Auftrag gegebene Studie[3] des Fraunhofer ISI unterstreicht, müssen sich große Industrienationen wie Deutschland, Italien oder Japan und längerfristig auch China neben der Alterung ihrer Bevölkerung zusätzlich mit ihrer möglichen Schrumpfung sowie den hieraus resultierenden Konsequenzen für Wirtschaft und Gesellschaft auseinandersetzen. In schrumpfenden Gesellschaften wird für Unternehmen insbesondere die Sicherung von Fachkräften – und aus gesellschaftlicher Perspektive die Absicherung der Sozialsysteme – zur dringlichen Aufgabe. Aktuell wird die erwerbsfähige deutsche Bevölkerung stark von den Baby-Boomer-Jahrgängen dominiert. Wenn diese ab den 2030er-Jahren in Rente gehen, wird die Zahl der Erwerbsfähigen von derzeit über 49 Millionen auf etwa 44 bis 45 Millionen sinken. Infolgedessen müssen Unternehmen seitens der Politik dazu angehalten werden und auch selbst stärker dafür sorgen, ihre Personalpolitik altersgerechter auszugestalten, um erfahrene ältere Arbeitskräfte länger an Unternehmen zu binden und von ihrer Praxiserfahrung noch mehr zu profitieren respektive diese nicht auf einen Schlag zu verlieren. Im internationalen Vergleich liegt Deutschland bei der Erwerbsquote der 65- bis 74-Jährigen mit knapp unter 10 Prozent deutlich unter dem im Jahr 2015 ermittelten OECD-Durchschnitt, der fast doppelt so hoch ist. Länder wie Island, die USA oder Japan haben diese Chance längst erkannt und in Korea liegt die Erwerbsquote der 65- bis 74-Jährigen sogar bei fast 40 Prozent. In Deutschland besteht hier nicht zuletzt wegen des sich zuspitzenden Fachkräftemangels erheblicher Handlungs- und Nachholbedarf.

Kompetenzen zu fördern gilt auch für ungelernte Arbeitskräfte

Damit sich der schon heute spürbare Fachkräftemangel in Zukunft nicht zum unlösbaren Problem ausweitet, müssen rasch Maßnahmen ergriffen werden. Dies gilt gerade im Kontext der Digitalisierung und der hiermit einhergehenden steigenden Marktanforderungen an Produkte und die industrielle Produktion: Wenn Produkte in Zukunft komplexer, Qualitätsanforderungen höher und Unternehmen flexibler werden (müssen), kann dies nur mit einem entsprechend geschulten und erfahrenen Fachpersonal gelingen.[4] Doch was können Unternehmen tun, um kompetente Fachkräfte stärker und länger an sich zu binden, um nicht vom Fachkräftemangel betroffen zu sein? Mit dieser Frage befasst sich auch die laufende Untersuchung »StraKosphere«[5], die das Fraunhofer ISI im Auftrag des Deutschen Zentrums für Luft- und Raumfahrt e.V. (DLR) durchführt. Hier wurden insbesondere kleine und mittlere Unternehmen (KMU) untersucht, die weniger als 2,5 Prozent ihres Umsatzes in Forschung und Entwicklung investieren – gerade diese Unternehmen erwirtschaften mehr als 40 Prozent der industriellen Wertschöpfung in Deutschland, beschäftigen rund 50 Prozent der Arbeitnehmerinnen und Arbeitnehmer in der Industrie und bilden damit deren Rückgrat. Verstärkt sich der Fachkräftemangel, wären KMU besonders betroffen, da sie beispielsweise nicht die gleichen Rahmenbedingungen wie Großunternehmen – etwa im Hinblick auf Entgeltstrukturen – bieten können. Deshalb sollten KMU strategisches Kompetenzmanagement betreiben, statt sich auf ein langwieriges, kostspieliges und kaum aussichtsreiches Fachkräfte-Recruiting einzulassen, so eine Erkenntnis von »Stra-Kosphere«. Dazu sollten sie ihre eigenen Produktionsbeschäftigten und insbesondere auch An- und Ungelernte sowie Facharbeiter gezielter fördern und sie durch spezielle Konzepte der Qualifizierung und Kompetenzentwicklung »mitnehmen«. So ließe sich ihr Erfahrungs- und Anwenderwissen erhalten, weiterentwickeln und intensiver nutzen. Dazu braucht es aber zunächst geeignete Kompetenzmessinstrumente, die notwendige Qualifizierungsbedarfe aufzeigen. Hier gilt es, in den kommenden Jahren anzusetzen.

Die Digitalisierung führt womöglich zu einer völlig neuen industriellen Tauschkultur

Aus strategischer Sicht sollten Unternehmen jedoch nicht nur externe Entwicklungen in der Gesellschaft und auf dem Arbeitsmarkt im Blick haben, sondern auch ihre eigenen Geschäftsmodelle. Gerade im Zuge der Digitalisierung und angetrieben durch die Sharing-Economy tun sich hier auch für Industriebetriebe in Zukunft völlig neue Möglichkeiten auf: Beispielsweise erforscht das Fraunhofer ISI für das Bundesministerium für Bildung und Forschung (BMBF) im Rahmen der Innovations- und Technikanalyse (ITA) im laufenden Projekt »WICE«[6], wie Industriebetriebe untereinander gewinnbringende Tauschbeziehungen eingehen und davon profitieren könnten. Das Konzept der industriell-kollaborativen Wirtschaft ist dadurch gekennzeichnet, dass die hier entstehenden Produkte nicht mehr automatisch in den Besitz von Kunden übergehen, sondern lediglich temporär durch einen oder mehrere Kunden genutzt werden und sogenannte intermediäre dritte Akteure wie etwa Betreiber von Online-Plattformen eine besondere Rolle spielen. Beispiele sind mobile Vor-Ort-Produktionsanlagen von Herstellern für ihre Kunden oder neue industrielle Online-Leasing-Börsen, auf denen Betriebe ihre eigenen

Maschinen und Werkzeuge oder ganze Produktionsanlagen anderen Unternehmen zur entgeltlichen Nutzung anbieten. Die Entstehung solcher industriell-kollaborativen Konzepte dürfte von der fortschreitenden Digitalisierung beschleunigt werden, was eine Reindustrialisierung begünstigen und zur Etablierung einer neuen Tauschkultur in der Industrie beitragen könnte. Trends in Richtung einer zunehmend kollaborativen Digitalwirtschaft werden aber auch dadurch begünstigt, dass bei der Entwicklung von Produkten und Services immer stärker auf Big Data, also die Analyse großer und kumulierter Datenmengen, zurückgegriffen wird, um etwa das künftige Konsumverhalten und neu entstehende Kundenbedürfnisse besser abschätzen zu können. Langfristig könnte dies dazu führen, dass Wertschöpfungsprozesse aufgrund der digitalen Vernetzung der einzelnen Wertschöpfungsstufen immer kleinteiliger, feingliedriger und ausdifferenzierter werden.

Führt die Digitalisierung zu Arbeitsplatzverlusten?

Doch welche Auswirkungen hätte eine solche zunehmend digitaler ausgerichtete Kollaborativ-Wirtschaft auf den Arbeitsprozess und den Arbeitsalltag von Arbeitnehmern? Und ist davon auszugehen, dass die Digitalisierung in großem Umfang zu Arbeitsplatzverlusten führt? Wie eine vom Fraunhofer ISI für die Vodafone Stiftung durchgeführte Studie[7] zum digitalen Wandel der Arbeitswelt zeigt, könnte eine stark digitalisierte Kollaborativ-Wirtschaft deutlich mehr kleine sowie kleinste Unternehmen mit einem hohen Automatisierungsgrad hervorbringen und so die Gründungsdynamik verstärken. Die weitreichende Welle der Automatisierung und Vernetzung von Maschinen und Prozessen, die wir bis 2030 erleben werden, wird geprägt sein von sensorgesteuerten Maschinen und Robotern in Produktionsstraßen, On-demand-Logistik mit automatisierter Lagerverwaltung und Lieferdrohnen oder Robotern, die in für Menschen gefährlichen Arbeitsumgebungen und -situationen zum Einsatz kommen.

Automatisierung und Roboter sind keine Jobkiller

Entgegen weitläufiger Befürchtungen ist aber nicht zwangsläufig damit zu rechnen, dass Automatisierung und Digitalisierung zu großen Arbeitsplatzverlusten führen werden. Zum einen werden in den kommenden 15 Jahren vorwiegend Arbeitsplätze mit sehr geringen Qualifizierungsanforderungen von Maschinen ersetzt werden, sodass etwa 12 Prozent der Beschäftigten derzeit einem »Automatisierungsrisiko« unterliegen. Zum anderen zeigen Erfahrungen aus der Vergangenheit, dass der Einsatz von Industrierobotern im verarbeitenden Gewerbe keine Arbeitsplätze vernichtet hat: In einer Studie[8] für die EU-Kommission hat das Fraunhofer ISI zusammen mit der Hochschule Karlsruhe – Technik und Wirtschaft Daten aus mehr als 3300 Betrieben des verarbeitenden Gewerbes aus sieben europäischen Ländern ausgewertet, die im Rahmen der Betriebsbefragung *European Manufacturing Survey* erhoben wurden. Die zentrale Erkenntnis ist, dass Betriebe mit Robotik-Systemen nicht weniger in humanes Arbeitskapital investieren, etwa um hohe Technologiekosten zu amortisieren. Vielmehr führt der Einsatz von Industrierobotern in Unternehmen zu mehr Effizienz und Produktivität bei Arbeits- und Produktionsprozessen und kann deren Wettbewerbsfähigkeit steigern. Dies hängt teilweise auch mit den veränderten Arbeits- und Qualifikationsanforderungen zusammen, die durch den Robotereinsatz in der Industrie entstehen. Darüber hinaus tendieren Unternehmen mit Industrierobotern weitaus seltener dazu, Produktionskapazitäten auszulagern – Automatisierung und Digitalisierung können also sogar dazu beitragen, Produktionskapazitäten sowie Kompetenzen und damit Arbeitsplätze in Deutschland und Europa zu halten.

Digital human

Homogenere Beschäftigungsverhältnisse und mehr selbstständige Arbeit

Wenngleich also kein massiver Arbeitsplatzverlust durch die Digitalisierung zu befürchten ist, so wird sie doch atypische Beschäftigungsmodelle wie flexible Teilzeitarbeit oder Intrapreneurship begünstigen und neue Arbeitsformen wie Crowdsourcing und Click-Working schaffen: Zum Beispiel wird die Anzahl der Unternehmen deutlich ansteigen, in denen »Creative Digital Crowd Workers« in häufig wechselnden Teams und Projekten sowie auf teilweise freiberuflicher Basis zusammenarbeiten. Laut des in der Studie für die Vodafone Stiftung[9] entwickelten Zukunftsbilds zum digitalen Wandel wären Beschäftigungsverhältnisse des Jahres 2030 damit deutlich homogener als heute und der Anteil der »Ad-hoc-Click-Worker« würde massiv zunehmen. Dies gilt indes gleichermaßen für Hoch- wie Geringqualifizierte, die sich und ihre Arbeitskraft stärker selbst vermarkten müssen, um auf dem Arbeitsmarkt der Zukunft bessere Chancen zu haben, für interessierte Unternehmen tätig zu werden. Neben einer guten Selbstvermarktung werden laut der Studie zunehmend auch eine effiziente Selbstorganisation, die »digitale Reputation«, Praxiserfahrung und die Fähigkeit zur Vernetzung wichtig für den beruflichen Erfolg. Entwickelt sich die Arbeitswelt in diese Richtung, gilt es, die eigenen Kompetenzen in Zukunft vermehrt durch Zertifikate nachzuweisen und diese zusammen mit anderen Lern-, Leistungs- und möglicherweise auch Gesundheitsdaten über Apps, zum Beispiel in Online-Berufsnetzwerken, einzusetzen und damit auch Unternehmen zur Verfügung zu stellen.

Verlieren fachbezogene Kompetenzen an Bedeutung?

Im Gegensatz zur heutigen Arbeitswelt, die sich durch feste Berufsstrukturen und fachspezifische Aus- und Weiterbildung auszeichnet, werden sich in der digitalen Arbeitswelt der Zukunft viele Tätigkeitsprofile an der Mensch-Maschine-Schnittstelle stärker ähneln. Diese Hybridisierung von Branchen ist ein wesentliches Merkmal der Digitalisierung und hat zur Folge, dass es quer über Branchen hinweg mehr fachübergreifende und fachunabhängige Qualifizierungsanforderungen geben wird. Fachbezogenes Wissen – so lautet eine weitere Erkenntnis der Studie des Fraunhofer ISI für die Vodafone Stiftung[10] – könnte damit zusehends in den Hintergrund rücken und allgemeine digitale Grundkompetenzen sowie universelle Fähigkeiten deutlich aufwerten. Auf lange Sicht dürften sich dann Berufsbilder mehr und mehr von Branchengrenzen lösen. Für Arbeitnehmer steigen dadurch die Chancen auf eine im Vergleich zu heute größere horizontale berufliche Mobilität mit häufigeren Jobwechseln zwischen verschiedenen Branchen.

Individualisierung und Selbstbestimmung werden wichtiger

Für die Frage, wie die digitale Arbeitswelt von morgen aussehen wird, spielt aber auch der gesellschaftliche Wertewandel eine zentrale Rolle. Gewinnen bis zum Jahr 2030 Werte wie Selbstverwirklichung, Selbstbestimmung, Individualisierung oder Schaffung von Freiräumen weiter an Bedeutung, sollten Politik und Unternehmen beziehungsweise Arbeitgeber dies berücksichtigen. Ein ähnlicher Trend könnte sich hinsichtlich einer zunehmenden Pluralisierung beziehungsweise erhöhten Vielfalt der unterschiedlichen Formen des gesellschaftlichen Zusammenlebens einstellen: Dies ist in erster Linie auf eine erhöhte Zuwanderung aufgrund der demografischen Entwicklungen in Deutschland zurückzuführen, die sich auch wegen des Fachkräftemangels weiter intensivieren wird, um diesen zumindest teilweise zu kompensieren. Für die Arbeitswelt bedeutet dies, dass sich Individualisierung und Pluralisierung auf Lebensläufe, persönliche Eignungen und Fähigkeiten auswirken und diese künftig stärker variieren und heterogener sein werden. Wie eine Studie des Fraunhofer ISI[11] zeigt, dürften sich daraus für die Arbeitswelt positive Effekte ergeben: So wird Heterogenität in Arbeitsteams als überaus wichtig für die individuelle Leistungsfähigkeit beurteilt und als ein signifikantes Erfolgskriterium für gute Zusammenarbeit angesehen. Des Weiteren werden unterschiedliche Nationalitäten sowie Unterschiede bei akademischen Disziplinen von über 80 Prozent der befragten Personen als wichtig für Teams erachtet. Aber auch andere Faktoren wie die Art der Ausbildung (73%), Alter (71%) oder Geschlecht (63%) erzielten hohe Zustimmungsraten, wenn es um relevante Kriterien für gute Zusammenarbeit in heterogenen Teams ging.

Die veränderten sozialen Werte prägen und verändern darüber hinaus auch Familienstrukturen, deren Wandel wiederum auf die Arbeitswelt zurückwirkt. So führen Individualisierung und Pluralisierung von Lebensformen zu einer Erosion der klassischen Rollenaufteilung zwischen den Geschlechtern, die langfristig gesehen zu einem höheren Beschäftigungsanteil von Frauen und letztlich zu mehr Einfluss von Frauen in Wirtschaft und Gesellschaft führen kann.[12] Diese Entwicklung wird begünstigt von einem stetig steigenden Qualifikationsniveau von Frauen und anderen Rahmenbedingungen wie zum Beispiel mehr Möglichkeiten zur Kinderbetreuung.

Kommt es nun zur Aufwertung gesellschaftlicher Werte wie Individualisierung, Pluralisierung von Lebensformen oder einem gesteigerten gesellschaftlichen Bedarf nach Selbstbestimmung, sollte sich auch die Wirtschaft hieran anpassen und entsprechend reagieren. Unternehmen könnten ihren Mitarbeitern – gerade auch vor dem Hintergrund des sich ausweitenden Fachkräftemangels und der hierdurch bedingten Notwendigkeit, qualifizierte Fachkräfte stärker und länger an sich zu binden – vermehrt technische Flexibilisierungsmöglichkeiten wie Arbeiten im Home-Office anbieten. Es ist schließlich davon auszugehen, dass feste Arbeitszeiten und -orte in Zukunft immer unattraktiver werden, was eng mit dem beschriebenen Wertewandel zusammenhängt. Ein solches Entgegenkommen seitens der Unternehmen beziehungsweise Arbeitgeber würde von den Arbeitnehmerinnen und Arbeitnehmern zudem als sehr positiv beurteilt und kann sich nebenbei günstig auf das Image von Unternehmen auswirken, etwa weil Beruf und Familie für die Mitarbeitenden besser vereinbar sind. Daneben gibt es auch noch andere Gründe, die Unternehmen zu einer flexibleren Arbeitszeitgestaltung veranlassen könnten: So dürften sie zusehends Schwierigkeiten haben, anspruchsvolle Stellen aufgrund eines sinkenden Anteils von Erwerbstätigen zu besetzen, und deshalb auch Bewerber interessant sein, die bisher aufgrund ihrer örtlichen Entfernung nicht infrage kamen. Umgekehrt gibt es auch seitens der Mitarbeitenden eine größere Bereitschaft, Arbeitsverhältnisse trotz einer großen räumlichen Entfernung einzugehen, was auch auf immer spezifischere Lebensläufe und Ausbildungen zurückzuführen ist. Hinzu kommt, dass Werte wie ein gesteigertes ökologisches Bewusstsein und für mehr Nachhaltigkeit, die bessere Inklusion behinderter Menschen oder auch ein Trend zu zeitunabhängigeren Arbeitszeiten für eine flexiblere Gestaltung der Arbeitszeit- und weniger Starrheit beim Arbeitsort sprechen.

Die Arbeitswelt der Zukunft wird allen mehr Flexibilität abverlangen

Zusammenfassend lässt sich festhalten, dass sich die Arbeitswelt der Zukunft deutlich von jener unterscheiden wird, welche die meisten von uns heute kennen. Die digitale Revolution wird von Unternehmen wie Arbeitnehmern noch mehr Flexibilität einfordern. Unternehmen werden mehr digitale Services anbieten und ihre Personalpolitik nicht nur altersgerechter gestalten müssen, sondern sie brauchen auch eine differenzierte Personalentwicklung. Gute Mitarbeiter können sie so stärker an sich binden und die passenden Mitarbeiter mit den entsprechenden Profilen für neue Tätigkeiten selbst ausbilden. Arbeitnehmer hingegen werden lernen müssen, sich in einer projektbasierten Arbeitswelt noch besser selbst zu vermarkten und ihre Selbstorganisation und Vernetzungsfähigkeit zu stärken. Nur so sind sie gut für den Arbeitsmarkt der Zukunft gerüstet, auf dem sich Jobprofile an der Mensch-Maschine-Schnittstelle immer mehr ähneln werden. Gelingt dies, nicht zuletzt durch eine kluge Bildungspolitik, ließe sich auch das Risiko für zunehmende gesellschaftliche Ungleichheit und für große Konflikte zwischen »Digitalisierungsgewinnern« und »Digitalisierungsverlierern« verringern. Die Arbeitswelt der Zukunft wird aber nicht zuletzt auch maßgeblich vom gesellschaftlichen Wertewandel geprägt, wobei Individualisierung, Selbstbestimmung oder Pluralisierung in Zukunft weiter an Bedeutung gewinnen dürften. Dies könnte eine größere Bandbreite bei Lebensläufen und Profilen von

Arbeitnehmern nach sich ziehen, was den Arbeitsmarkt der Zukunft sowie die Zusammenarbeit in heterogenen Arbeitsteams in Unternehmen bereichern kann. Eine zunehmende Pluralisierung könnte sich zudem positiv auf die Erwerbstätigkeit von Frauen auswirken, weil die zunehmende Erosion der klassischen Geschlechterrollen den Einfluss von Frauen in Wirtschaft und Gesellschaft vergrößern könnte.

MARION A.
WEISSEN-
BERGER-EIBL

Prof. Dr. Marion A. Weissenberger-Eibl leitet das Fraunhofer-Institut für System- und Innovationsforschung ISI und ist Inhaberin des Lehrstuhls Innovations- und Technologie-Management am Institut für Entrepreneurship, Technologie-Management und Innovation (ENTECHNON) am Karlsruher Institut für Technologie (KIT). Sie ist Mitglied in zahlreichen Gremien, darunter der Aufsichtsrat der HeidelbergCement AG, der MTU Aero Engines AG und die Rheinmetall AG.

Anmerkungen

1 Weissenberger-Eibl, M./ Koch, D. (2013): Innovation – Technologie – Entrepreneurship, Gestaltungssystem der frühen Phase des Innovationsprozesses, Karlsruhe 2013
2 Weissenberger-Eibl, M./Schwenk, J. (2012): Fünf Gestaltungsfelder des demografischen Wandels – ein ganzheitlicher Managementansatz, in: Zeitschrift Führung + Organisation, 81. Jahrgang, Heft 1 (2012), S. 42–44.

3   Cuhls, K.; Fan, C.; Gransche, B.; Shala, E.; Teufel, B. (2016): Zusammenfassender Endbericht SCHRUMPF (SHRINK). Maßnahmen gegen die Folgen des demografischen Wandels – Schrumpfende Gesellschaften im Vergleich. Karlsruhe: Fraunhofer ISI.

4   Weissenberger-Eibl, M./Kugler F.(2014), Innovation Engineering: The Skills Engineers Need to be Innovative, in Ron Sanchez , AimÉ Heene (ed.) A Focused Issue on Building New Competences in Dynamic Environments (Research in Competence-Based Management, Volume 7) Emerald Group Publishing Limited, pp.219–246

5   Güth, S.; Decius, J.; Horvat, D.; Schaper, N.; Virgillito, A. (im Druck): Strategisches Kompetenzmanagement von Produktionsbeschäftigen in nicht-forschungsintensiven KMU. In Ahrens, D. & Molzberger, G. (Hrsg.): Betriebliche Kompetenzentwicklung in analogen und digitalisierten Arbeitswelten. Heidelberg: Springer.

    Abel, J.; Decius, J.; Güth, S.;& Schaper, N. (2016): Kompetenzentwicklung bei Un- und Angelernten in nichtforschungsintensiven KMU – Status quo und Zukunft einer strategischen Notwendigkeit, Betriebspraxis & Arbeitsforschung, 228, S. 41–50.

6   Lerch, C.; Gandenberger, C.; Meyer, N.; Gotsch, M. (2016): Grundzüge einer industriell-kollaborativen Wirtschaftsform. In: Vierteljahreshefte zur Wirtschaftsforschung, 85, 2, S. 65–80.

    Gandenberger, C. (2016): Divide et Impera? – Theoretische Perspektiven auf die Collaborative Economy. Working Paper S 01/2016, Karlsruhe: Fraunhofer ISI.

7   Vodafone Stiftung Deutschland (Hg.) (2016): Der digitale Wandel der Arbeitswelt und Herausforderungen für die Bildung. Eine Foresight-Studie des Fraunhofer-Instituts für System- und Innovationsforschung.

8   Jäger, A.; Moll, C.; Som, O.; Zanker, C.; Kinkel, S.; Lichtner, R. (2015): Analysis of the impact of robotic systems on employment in the European Union. Final report. Luxembourg: Publications Office of the European Union, VI.

9   Vodafone Stiftung Deutschland (Hg.) (2016): Der digitale Wandel der Arbeitswelt und Herausforderungen für die Bildung. Eine Foresight-Studie des Fraunhofer-Instituts für System- und Innovationsforschung.

10 Vodafone Stiftung Deutschland (Hg.) (2016): Der digitale Wandel der Arbeitswelt und Herausforderungen für die Bildung. Eine Foresight-Studie des Fraunhofer-Instituts für System- und Innovationsforschung.

11 Bührer, S.; Hufnagl, M.; Schraudner, M. (2009): Frauen im Innovationssystem – im Team zum Erfolg. Stuttgart: Fraunhofer Verlag.

12 Vodafone Stiftung Deutschland (Hg.) (2016): Der digitale Wandel der Arbeitswelt und Herausforderungen für die Bildung. Eine Foresight-Studie des Fraunhofer-Instituts für System- und Innovationsforschung.

GESELLSCHAFTLICHE HANDLUNGSFELDER

GESELLSCHAFTLICHE HANDLUNGSFELDER GESELLSCHAFTLICHE HANDLUNGSFELDER

Digitale Schatten
Was stellen wir mit der gewonnenen Zeit an?

Im digitalen Zeitalter verschwimmen die Grenzen zwischen analog und digital. Die meisten von uns werfen einen »digitalen Schatten«, wie Thomas Vašek es ausdrückt, ein Abbild von uns in den sozialen Netzwerken und Plattformen, mit dem wir leben müssen. Gleichzeitig wird unsere Gesellschaft zunehmend von Algorithmen und Maschinen geprägt. Die Maschine wird Teil unserer Gesellschaft, unseres Arbeitslebens unseres Selbstverständnisses. Der Umgang damit wird entscheidend für den Ausgang dessen, was Vašek das Experiment Digitalisierung nennt.

Es komme dabei nicht so sehr darauf an, ob Computer irgendwann intelligenter sind als Menschen, sondern auf die Tatsache, dass sie zunehmend Aufgaben effektiver lösen können als wir. Wie wir damit umgehen ist die große Frage, die wir uns heute schon stellen müssen. Es wird weniger Arbeit geben und mehr Zeit. Was stellen wir damit an? Die Arbeit, die beim Menschen verbleibt, erfordert neue Fähigkeiten. Wie erlangen wir diese? Die Maschine als Partner? Wie gehen wir damit um?

Thomas Vašek beleuchtet für uns im letzten Autorenbeitrag dieses Buchs die Zukunft einer Gesellschaft, in denen Algorithmen ihren eigenen Platz einnehmen werden.

Big Data, Internet der Dinge, Industrie 4.0
Wo und warum wir handeln müssen

Von *Thomas Vašek*, Chefredakteur der Philosophiezeitschrift *Hohe Luft*

> »*Komplexität, ob in der Biologie oder anderswo, liegt nicht außerhalb unserer Verständnisfähigkeit, sondern sie erfordert eine neue Art von Verständnis.*«
>
> Sandra Mitchell

Für Thomas Vašek ist das Wesen der Digitalisierung weder gut noch schlecht – sie könne alles Mögliche sein und sei vieles zugleich. Doch vor allem schaffe sie neue Möglichkeiten. Dabei steht für den Chefredakteur der Philosophiezeitschrift *Hohe Luft* ganz klar fest: Computer werden immer mehr Aufgaben effektiver lösen können als wir Menschen und so die Arbeit und unser gesamtes Leben radikal verändern. Er sieht konkrete Anforderungen an das politische, wirtschaftliche und gesellschaftliche Handeln, um unsere neue Welt so zu gestalten, wie es unseren Bedürfnissen und Wünschen entspricht.

Wir sind Bewohner zweier Welten

Die eine, die analoge Welt, das ist die Welt der Menschen aus Fleisch und Blut, die Welt der materiellen Dinge und Prozesse. Die andere, die digitale Welt, das ist jene der Nullen und Einsen, die Welt der Algorithmen und Datenprofile, die Welt des Internets. Den digitalen Wandel zu verstehen, das heißt zu verstehen, wie aus diesen beiden Welten eine einzige wird – und was es heißt, in einer solchen Welt zu leben.

Die Digitalisierung durchdringt heute unsere Gesellschaft in nahezu allen Bereichen. Das schiere Tempo des Wandels scheint unser Denken zu überfordern. Da ein neues Gadget, dort eine neue App, ein neuer Webdienst – die digitalen Technologien entwickeln sich heute derart schnell weiter, dass wir kaum mehr etwas davon bemerken. Von »Big Data« bis zum »Internet der Dinge« und zur »Industrie 4.0«: Viele Visionen, die noch vor wenigen Jahren als Träumereien von Technikfreaks galten, sind heute realisiert oder wenigstens in greifbare Nähe gerückt.

Eine neue Welt entsteht

Die Eule der Minerva, so schrieb Hegel einmal, beginne ihren Flug erst in der Dämmerung. Soll heißen: Große Veränderungen verstehen wir meist erst im Nachhinein. So ist es auch mit der digitalen Revolution. Noch stehen wir zu sehr mitten im Wandel, um seine Tragweite wirklich zu begreifen. Vor unseren Augen entsteht mit rasender Geschwindigkeit eine neue Welt, von der heute noch niemand weiß, was für eine Welt es sein wird.

Die einen schwärmen von den Möglichkeiten der künstlichen Intelligenz, die anderen warnen vor einer Diktatur der Algorithmen, die Menschen auf berechenbare Datenströme reduziert. Die einen sehen in der digitalen Revolution einen Aufbruch zu Freiheit und Kreativität, die anderen fürchten eine Überwachungsgesellschaft, in der Geheimdienste und mächtige Netzkonzerne unser Leben kontrollieren. Die beiden Sichtweisen schließen einander nicht aus. Es sind nur zwei verschiedene Perspektiven auf das gleiche Phänomen.

Das Wesen der Digitalisierung

Die digitale Welt hat kein »wahres Wesen«. Sie »ist« weder das eine noch das andere; sie kann alles Mögliche sein und ist vieles zugleich. Weder verdummt uns die Digitalisierung noch macht sie uns zwangsläufig schlauer. Mit Algorithmen kann man Menschen überwachen, aber auch Verkehrsprobleme lösen oder Krankheiten erkennen. Im Netz gibt es soziale wie kommerzielle Räume, öffentliche und private Orte, menschliche und unmenschliche Seiten. Wer die Digitalisierung wirklich »verstehen« will, der muss sie als eine Art Experiment betrachten, über dessen Ausgang wir allenfalls ein vorläufiges Wissen haben.

Die Digitalisierung schafft zuallererst neue Möglichkeiten. Sie ermöglicht es, Informationen kostenlos zu vervielfältigen und in Lichtgeschwindigkeit über den Globus zu verbreiten. Das Netz verbindet Menschen mit anderen Menschen, es gibt uns Zugang zu Wissen und die Möglichkeit, unser Wissen, unsere Ideen, unser Leben mit anderen zu teilen. Diese Möglichkeiten sind uns heute schon so selbstverständlich, dass wir es verlernt haben, darüber zu staunen: Im Durchschnitt trägt jeder Mensch auf dieser Welt heute ein Gerät mit sich, das mit dem Internet verbunden ist und ihm den Zugriff auf das gesamte Wissen der Welt erlaubt.

Unbegrenzte Möglichkeiten

Die digitale Welt ist der größte Möglichkeitsraum, den die Menschheit je geschaffen hat. Wer bei Google nach Informationen sucht, der benutzt die Suchmaschine als Erweiterung seines Geistes. Wer auf Facebook ist, kann mit Menschen in Verbindung treten, die er womöglich nie zuvor gesehen hat. Wer auf Youtube ein Video postet, kann potenziell ein Millionenpublikum erreichen. Längst agieren wir in der digitalen Welt mit der gleichen Selbstverständlichkeit wie in der analogen »wirklichen« Welt. Viele jüngere Nutzer machen da kaum noch einen Unterschied. Für viele ist ein »analoges« Ereignis überhaupt erst »real«, wenn sie es im Netz mit anderen teilen.

Wir leben in der »Infosphäre«, wie es der Philosoph Luciano Floridi von der Universität Oxford nennt, in einer Sphäre, in der die Grenzen zwischen »online« und »offline« immer mehr verschwimmen, in der wir immer mehr mit digital vernetzten Geräten und Algorithmen interagieren. Die digitale Welt wirkt zurück auf die analoge Welt und umgekehrt, von Twitter und Facebook bis zur Fitness-App.

In dieser neuen Welt, in dieser »Infosphäre« ist vieles anders. So verändert sich unser Verständnis von Raum und Zeit. Die digitale Vernetzung entkoppelt Ort und Präsenz, wir können an vielen Orten zugleich sein. Der vernetzte Mensch ist keine solitäre Person mehr, die unabhängig von anderen existiert. Heute sind wir permanent mit anderen verbunden und erreichbar; unsere sozialen Kontakte haben wir allesamt auf dem Smartphone.

Jede Vernetzung bedeutet aber, sich zu exponieren. Nur wer keine Verbindungen zu anderen hat, kann von niemandem behelligt werden. Der digital vernetzte Mensch ist also verwundbar: Man kann ihn »treffen« im doppelten Sinn. Einerseits kann jeder auf faktisch unbegrenzte Informationsmengen zugreifen. Zugleich aber geben wir alle immer mehr persönliche Daten preis, von der Google-Suche bis zu Facebook. Jeder von uns muss mit seinem digitalen Schatten leben.

Intelligente Technologien

Die digitale Welt entmaterialisiert Gegenstände und Prozesse – und letztlich auch uns selbst. Alles wird zur Software, zum Datenstrom, zum digitalen Profil. Immer intelligentere Programme und Apps übernehmen für uns Aufgaben, werten unsere Daten aus und berechnen unser Verhalten. In vielen Bereichen, die wir bisher für eine Domäne des Menschen hielten, sind Computer heute schon besser als wir. Computerprogramme können heute Krankheiten diagnostizieren, Gesichter und Texte erkennen und einfache Entscheidungen treffen. Es kommt dabei nicht so sehr darauf an, ob Computer tatsächlich eines Tages denken können wie Menschen. Entscheidend ist, dass sie immer mehr Aufgaben effektiver lösen als wir.

Je mehr Aufgaben uns digitale Maschinen abnehmen, je mehr »Jobs« sie für uns erledigen, desto mehr verändern sie auch die Welt, die wir gemeinsam mit ihnen bewohnen. Mit anderen Worten: Die Computer und Algorithmen machen die Welt mehr und mehr zu ihrer eigenen. Und in Zukunft wird es immer schwieriger werden, in dieser Welt Menschen und Computerprogramme voneinander zu unterscheiden.

Am Ende reden nur noch Programme mit Programmen; menschliche Interaktion spielt künftig womöglich keine Rolle mehr. Bei vielen Technologien sind Menschen schon heute nicht mehr »in the loop«, wie die Computerexperten es nennen. Man denke an Finanz-Algorithmen, die binnen Millisekunden Entscheidungen treffen, die ein Mensch gar nicht so schnell nachvollziehen kann. Manche mögen es erniedrigend finden, dass es Maschinen und Algorithmen gibt, die viel schlauer sind als wir Menschen. Wir können aber auch versuchen anzuerkennen, dass wir selbst Technologien geschaffen haben, die uns in bestimmten Belangen überlegen sind. Daraus ergeben sich konkrete Anforderungen an das politische, wirtschaftliche und gesellschaftliche Handeln.

Die Arbeit mit den Technologien gestalten

Erstens müssen wir besser verstehen, was es heißt, mit intelligenten digitalen Technologien zu interagieren – nicht nur in organisatorischer, sondern auch in ethischer Hinsicht. In vielen Berufen brauchen wir völlig neue Fähigkeiten und Praktiken, die auf einen produktiven, kreativen Umgang mit diesen Technologien ausgerichtet sind, ohne den Menschen dabei aus dem Blick zu verlieren. Das ist eine Aufgabe der Bildungspolitik, aber auch eine Herausforderung für jedes Unternehmen.

Zweitens werden in Zukunft soziale Berufe an Bedeutung gewinnen, nicht zuletzt aufgrund der demografischen Entwicklung, man denke etwa an den Pflegebereich. Auch in diesen Bereichen wird es darauf ankommen, die Möglichkeiten der Digitalisierung auf eine humane Weise zu nutzen. So können etwa Pflegeroboter in Zukunft eine wichtige Rolle in der Altenbetreuung spielen. Es liegt in unserer Hand, diese Technologien so einzusetzen, dass sie die Pflegekräfte entlasten und zugleich helfen, die Autonomie und Lebensqualität der betreuten Personen möglichst lange aufrechtzuerhalten.

Drittens schließlich müssen wir damit rechnen, dass durch den digitalen Wandel in naher Zukunft auch viele besser qualifizierte, kognitiv anspruchsvolle Jobs überflüssig werden. Wir sollten diese Entwicklung nicht nur als Bedrohung, sondern auch als gesellschaftliche Chance begreifen. Ein bedingungsloses Grundeinkommen könnte Menschen die nötige existenzielle Sicherheit geben, um sich in ihrem Leben neu zu orientieren.

Intelligente digitale Technologien werden die Arbeit und unser gesamtes Leben radikal verändern. Wir können versuchen, uns auf die Stärken und Schwächen dieser Technologien einzustellen, mit ihnen zu kooperieren, wie wir es auch mit anderen Menschen tun. Wir können – und wir sollten – aber auch dafür sorgen, dass wir Menschen weiterhin im Spiel bleiben, auch wenn wir vieles schlechter können als die Programme und Algorithmen. Noch können wir die Entwicklung beeinflussen, unsere neue Welt so gestalten, wie sie unseren Bedürfnissen und Wünschen entspricht. Damit sie unsere Welt bleibt – eine menschliche Welt, nicht eine Welt der Maschinen.

THOMAS
VAŠEK

Thomas Vašek ist Gründungschefredakteur der Philosophiezeitschrift *Hohe Luft*. Zuvor war er unter anderem Chefredakteur von *MIT Technology Review* und *P.M.-Magazin* sowie Ressortleiter beim österreichischen Nachrichtenmagazin *profil*. Er ist Autor einer Reihe von Büchern, darunter *philosophie! die 101 wichtigsten Fragen* (2017) und des Bestsellers *Work Life Bullshit* (2013), weitere Titel: *Denkstücke* (2012), *Die Weichmacher* (2011) sowie *Seele. Eine unsterbliche Idee* (2010).

AUSBLICK

Dimension und Bedeutung der Digitalisierung
Ein Ausblick

Wir stehen erst am Beginn einer Entwicklung, die schon innerhalb der ersten 10 bis 20 Jahre unser Weltbild verändert hat. Es gibt wenig Zweifel, dass die Digitalisierung einen epochalen Entwicklungssprung für die Menschheit darstellt. Sie steht in einer Reihe mit den großen Errungenschaften des Menschen, wie dem Ackerbau oder dem Buchdruck. Und ebenso wie uns diese Entdeckungen geprägt haben, wird sich unser Menschenbild mit der Digitalisierung verändern. Die künstliche Intelligenz, die im Entstehen begriffen ist und von der wir erst eine vage Ahnung haben, wird unser Menschenbild nicht infrage stellen. Vielmehr bietet sie uns die Möglichkeit, einige der großen Herausforderungen der Menschheit zu lösen.

Philosophie digital human

Es ist daher notwendig, dass wir uns nicht von den Entwicklungen treiben lassen, sondern intensiv mit den Möglichkeiten – den Chancen wie den Risiken – auseinandersetzen. Wir brauchen einen Konsens über das, was wir unter Digitalisierung verstehen und wie wir damit umgehen.

Die Digitalisierung als Resultat neuer Technologien und Arbeitsweisen zu sehen hat sich als pragmatisch und handhabbar erwiesen. Damit hat die Digitalisierung eine technische und eine menschliche Seite. Eigentlich selbstverständlich, stellen wir den Menschen in den Mittelpunkt der Digitalisierung. Technologie dient dem Menschen – sie ist kein

Selbstzweck. Nur wenn es gelingt, dass ein guter Teil der Menschheit einen Nutzen aus ihr zieht, hat sie ihre Berechtigung. Der Nutzen entsteht mit der Anwendung, insofern müssen wir die Digitalisierung als Verstärker unseres Schaffens verstehen.

Dabei zwingt uns die Mächtigkeit der neuen Technologien, nachzudenken und bewusste Entscheidungen zu treffen, wie wir sie sinnvoll einsetzen. Das steht nicht im Widerspruch zu dem, was wir mit einer neuen Fehlerkultur beschreiben. Wir werden unternehmerisch und gesellschaftlich ausprobieren müssen, wo und wie wir die Digitalisierung nutzbringend einsetzen können.

Die Chance für Unternehmen

Tatsächlich bleibt Unternehmen gar nichts anderes übrig, als zu experimentieren. Mit der Digitalisierung werden die Karten neu gemischt. Die Dynamik und Geschwindigkeit der Entwicklung des Markt- und Wettbewerbsumfelds steigen massiv. Verloren hat bereits, wer sich nicht bewegt und jetzt noch abwartet. Alle Unternehmen sind betroffen, ohne dass gleich das ganze Geschäftsmodell infrage gestellt werden muss. Der Grad der Veränderung reicht von evolutionär bis revolutionär. Jede Organisation wird dazwischen ihren eigenen Weg finden – also insbesondere hinsichtlich der Frage, wie aktiv oder reaktiv man sein will.

Die digitale Transformation kann nicht verordnet werden. Wie jede große Veränderung beginnt sie an der Spitze der Organisation. Die Unternehmensleitung muss sich zum Vorreiter der Bewegung machen. Auch hier gilt Ausprobieren statt Planen. Gerade hier ist von Bedeutung, die Voraussetzungen dafür zu schaffen, dass die Organisation als Ganzes die digitale Transformation bewirkt.

Die Hebel dafür sind bekannt: Mit digitalen Kompetenzen kann jeder Akteur im Unternehmen seinen Beitrag zur Transformation leisten. Unterstützt durch eine digitale Kultur, die Digitalisierung als Chance versteht, dem Neuen gegenüber aufgeschlossen ist und sich auf Versuch und Irrtum einlässt. Was nur funktionieren wird, wenn ein neues Führungsverständnis im Sinne von Agile Leadership in der Organisation Fuß fasst, das die entsprechenden Freiräume ermöglicht. Womit sich nicht zuletzt eine neue Idee von Arbeit (New Work) ihren Weg bahnt, die auf Vernetzung und übergreifender Zusammenarbeit basiert.

Was uns zum Kern einer gelungenen digitalen Transformation bringt. Agilität steht seit einigen Jahren an erster Stelle, wenn es um die Beschaffenheit wettbewerbsfähiger Organisationen geht. Das Aufbrechen der Silos wird als wesentliche Herausforderung in vielen Unternehmen zu einer umfassenden Kunden- und Nutzerorientierung gesehen.

Soll das gelingen, brauchen wir ein neues, dynamischeres Verständnis von Arbeit. Der Arbeitsplatz, das Büro, der Mitarbeiter, die Führungskraft sind Beispiele für Begrifflichkeiten des Industriezeitalters. Mit dem Eintritt in das Digitalzeitalter werden wir uns davon trennen müssen sowie von den Normen, die mit ihnen verbunden sind. Die neue Arbeit wird keine Routinen mehr beinhalten. Sie wird zu einem guten Teil unabhängig von Zeit und Ort stattfinden und sie wird wesentlich diverser sein, als das heute noch der Fall ist.

Die Chance für den Einzelnen

Genau hier liegt die Chance für den Einzelnen. Mit dem neuen Arbeitsverständnis steigen die Freiheitsgrade und die Gestaltungsoptionen der eigenen Beschäftigung. Die Arbeit im Zeitalter der Digitalisierung wird in Summe interessanter werden als die Tätigkeiten, mit denen wir im letzten Jahrhundert unser Geld verdient haben. Die Arbeitsmodelle werden viel individueller werden, als sich das aktuell noch darstellt – mit entsprechenden Chancen für mehr Selbstverwirklichung und bessere Vereinbarkeit von Berufs- und Privatleben.

Die Voraussetzung dafür ist eine ehrliche Auseinandersetzung mit den Anforderungen der neuen Arbeitswelt. Jeder wird eine gewisse digitale Affinität entwickeln müssen, um in seinem professionellen Umfeld in Zukunft erfolgreich zu sein. Das Beherrschen der Mensch-Maschine-Schnittstelle beginnt mit der Nutzung der Arbeitsmittel, die im unmittelbaren Job-Kontext bedient werden müssen. Wer es dazu noch schafft, über den Tellerrand hinaus zu denken und neue Ideen zu entwickeln, ist immer auf der Gewinnerseite. Kundenbedarfe zu erkennen und neue Lösungen zu entwickeln kann im unmittelbaren eigenen Betätigungsradius stattfinden. Das ist kein Privileg von Stabsabteilungen oder Strategieberatern. Die Bedingung dafür ist freilich, persönlich flexibel zu sein, auszuprobieren und immer aufs Neue zu lernen. Und nicht zuletzt ein professionelles Netzwerk zu pflegen, das hilft, die zukünftigen Herausforderungen nicht alleine zu lösen. Womit wir uns in Zukunft nicht mehr über unsere Rolle oder unseren Job definieren, sondern über unser Netzwerk, das nicht zuletzt unseren Wert am Arbeitsmarkt bestimmen wird.

Die Chance für die Gesellschaft

Haben Sie nach der Lektüre dieses Buchs den Wunsch, im 20. Jahrhundert zu verweilen? Oder noch weiter zurückgedacht – im 19. Jahrhundert? Ohne die Errungenschaften, die uns das Industriezeitalter gebracht hat? Die Befreiung von schwerer manueller Tätigkeit? Die Entwicklungen der Medizin? Die soziale Sicherheit? Den Wohlstand für alle Bevölkerungsgruppen?

Wenn wir es richtig anstellen, können wir mit der Digitalisierung unsere Produktivität weiter steigern und noch mehr Wohlstand für alle generieren. Mit weniger Regulatorik und mehr Bildung haben wir die Chance auf gesellschaftliche Entwicklungssprünge, die wir epochal nennen dürfen. Unsere Umwelt, unsere Infrastruktur, das gesamte Gesundheitssystem können mit der Digitalisierung auf ein neues Level gelangen, das unsere Lebensqualität noch einmal substanziell verbessert.

Wir haben mit der Befreiung von Routinetätigkeiten zudem die Chance auf eine Renaissance des Sozialen. Mehr Zeit für echte menschliche Interaktion – nichts, was Maschinen je ersetzen können. Ob bezahlt oder als freiwilliger Dienst in sozialen Einrichtungen. Die Notwendigkeit dazu besteht, wenn wir uns die Entwicklung der Altersstruktur unserer Gesellschaft betrachten. Zeit für sinnvolle Beschäftigung, Zeit für das, was wichtig ist. Keine schlechten Aussichten, wenn wir in die Zukunft blicken. Gehen wir das mit Zuversicht an.

Danksagung

Wir sagen Dank an alle mitwirkenden Autorinnen und Autoren für ihre Beiträge sowie den Kommunikationsleiterinnen und -leitern der Unternehmen für ihre hilfreiche Unterstützung. Danke an Carolin Englert, Rebecca Mossop und Marco Camboni für die organisatorische und inhaltliche Mitarbeit. Ebenso danken wir Jane Uhlig für die beratende Unterstützung. Wir sagen Dank, an Stephanie Walter vom Campus Verlag, die das Buch mit viel Geduld begleitet hat.

Literaturverzeichnis

.

Berret, Marcus, Wolfgang Dr. Bernhart, Seyger, Eric Kirstetter, Marc Winterhoff, und Stefan Riederle. *Automotive Disruption Radar – Tracking disruption signals in the automotive industry*. Roland Berger GmbH, 2017.

Blum, Patrick, und Dübner, Marcel. »Betriebliche Bildung 3.0 – Wie sieht sie aus – was muss sie leisten? *eLearning Journal*, Nr. 14/2012 (o. J.): 24–47.

Buhr, Daniel, und Rolf Frankenberger. *Auf dem Weg zu Wohlfahrt 4.0–Digitalisierung in Schweden*, 2016. http://sf-eu.net/wp-content/uploads/2017/02/Buhr-Fran kenberger_2016_Digitalisierung-in-Schweden.pdf.

Bundesministerium für Wirtschaft und Energie (BMWi). *Weißbuch Digitale Plattformen – kurz und knapp zusammengefasst*, 17. März 2017. http://www.de.digital /DIGITAL/Redaktion/DE/Textsammlung/weissbuch.html.

Deloitte Development LLC. *Rewriting the rules for the digital age – 2017 Deloitte Global Human Capital Trends*. Deloitte. University Press, 2017.

Dirks, Thorsten. *Digitalisierung der Wirtschaft*. bitkom, 20. März 2017. https:// www.bitkom.org/Presse/Anhaenge-an-PIs/2017/03-Maerz/Bitkom-Charts-PK-Di gitalisierung-der-Wirtschaft-20-03-2017-final.pdf.

FDLdigital. Zugegriffen 14. August 2017. http://www.ibi.de/download/FDLdigital.pdf.

Frey, Carl Benedikt, und Michael A. Osborne. »The future of employment: how susceptible are jobs to computerisation?« *Technological Forecasting and Social Change* 114 (2017): 254–280.

Fry, Richard, und Kochhar Rakesh. *The shrinking middle class in U.S. metropolitan areas: 6 key findings*. Pew Research Center«, 12. Mai 2016. http://www.pewresearch. org/fact-tank/2016/05/12/us-middle-class-metros-takeaways/?utm_content=buffe raafe5&utm_medium=social&utm_source=twitter.com&utm_campaign=buffer.

Gömmel, Rainer, Uni Münster. *Historisches Realeinkommen in Deutschland 1810– 1913 | Statistik*. Statista, 2017. https://de.statista.com/statistik/daten/studie/250 022/umfrage/historisches-realeinkommen-in-deutschland/.

Grabitz, Markus. Den Anschluss verloren. *Der Tagesspiegel Online*, 16. Oktober 2016. Zugegriffen 14.08.2017: http://www.tagesspiegel.de/wirtschaft/die-macht- von-google-facebook-und-co-den-anschluss-verloren/14695420.html.

Huge growth in eLearning in Asia, market report says. University World News. Zugegriffen 7. August 2017. http://www.universityworldnews.com/article.php?story =20140925164018658.

Initiative Neue Soziale Marktwirtschaft – INSM. *Wohlstand in Zahlen.* Zugegriffen 7. August 2017. https://www.brandeins.de/fileadmin/redaktion/wissen/wohlstand _in_zahlen/pdf/Wohlstand_in_Zahlen.pdf.

Mobile Touches – dscout´s inaugural study on humans and their tech. dscout, 15. Juni 2016. http://blog.dscout.com/hubfs/downloads/dscout_mobile_touches_stu dy_2016.pdf?hsCtaTracking=9b6ffb9f-3c60-489f-8599-e6a8d954b7df%7C6f 4e83c4-70ee-4bbb-8e81-cd47f5f376fa.

MP3. Wikipedia, 27. Juni 2017. https://de.wikipedia.org/w/index.php?title=MP3& oldid=166758533.

Scott, Mark. Facebook Aims to Tackle Fake News Ahead of U.K. Election. *The New York Times*, 8. Mai 2017, Abschn. Technology. Zugegriffen am 05.08.2017: https:// www.nytimes.com/2017/05/08/technology/uk-election-facebook-fake-news.html.

Statista. *E-Learning – Marktvolumen nach Weltregionen 2016 | Statistik.* Statista, 2016. https://de.statista.com/statistik/daten/studie/597629/umfrage/umsatz-im-markt-fuer-e-learning-nach-regionen/.

Statistisches Bundesamt (Destatis) (2017). *Volkswirtschaftliche Gesamtrechnungen – Wichtige Zusammenhänge im Überblick, 2017.* http://www.sozialpolitik-aktuell.de/tl_files/sozialpolitik-aktuell/_Politikfelder/Arbeitsmarkt/Datensamm lung/PDF-Dateien/abbIV3.pdf.

Velten, Dr. Carlo, Julia Michel und Ayfer Özdem. *Digital Labs – How to build, how to run.* Crisp Research AG, März 2016. file:///Users/carolin.englert/Downloads/ Report_Digital_Labs_How_to_WEB.pdf.

Vollweiter, Ingrid, und Anja Dr. Peters. *Digitalisierung in der Finanzdienstleistungs-branche.* ibi research GmbH, Dezember 2013. http://www.ibi.de/download/FDL digital.pdf.

Zschäpitz, Holger. »Google, Apple, Facebook, Amazon: Tech-Konzerne beherrschen die Welt«. *Die Welt*, 10. Januar 2016. https://www.welt.de/finanzen/article150 809163/Die-gefaehrliche-Dominanz-der-grossen-Vier.html.

Beitrag Bauindustrie – digitaler als man denkt. Daten revolutionieren eine Branche von Thomas Birtel

Bareiß R., Pralle N. (2014). *Bauen Im Zeitalter des Internets (der Dinge). Relevante Trends bei Gebäuden, Städten, Mobilität – und zukünftige Erfolgsfaktoren.* Bauingenieur Verlag VDI Bautechnik.

Evans D.: *The Internet of Things – How the Next Evolution of the Internet of Things is Changing everything.* Cisco Internet Business Solutions Group – White Paper, 2011.

Global Insights. 6/2016 https://www.ihs.com/industry/economics-country-risk.html. https://angel.co/angel-funds

Hypovereinsbank 2016. *Bauwirtschaft im Wandel. Trends und Potenziale bis 2020.*

Kelly K., 2016. *The Inevitable – Understanding the 12 technological forces that will shape our future.* Viking.

MAX (SuitX) https://www.youtube.com/watch?v=7MRS1qOxpV4.

McKinsey Global Institute, 2017. *Reinventing Construction: A Route to Higher Productivity.* In Collaboration with McKinsey's Capital Projects & Infrastructure Practice

Regulating the internet giants. The world's most valuable resource is no longer oil, but data. *Economist* May 6th, 2017.

Shaping the future of Construction. A breakthrough in Mindset and Technology. Industry Agenda by World Economic Forum. 2016.

Shaping the future of Construction. Inspiring Innovators refine the Industry. Industry Agenda by World Economic Forum. 2017

Voices on infrastructure. Rethinking engineering and construction. Global Infrastructure Initiative 2016. By McKinsey & Company. Oct 2016.

www.navvis.com/

www.smartsite-project.de

Beitrag Was wichtig ist in der Digitalisierung. Können, wollen, dürfen wir das? von Christian Zabel

Demary, V./Engels, B./Röhl, K.-H./Rusche, C. (2016): *Digitalisierung und Mittelstand. Eine Metastudie.* Institut der Deutschen Wirtschaft Köln.

Economist (2017): Sofas and Surveillance. The office of tomorrow. *Economist* 29.4.2017

Kollmann, T./Schmidt, H. (2016): *Deutschland 4.0. Wie die digitale Transformation gelingt.*

Ries, E. (2008): *Lean Start-up. Schnell, risikolos und erfolgreich gründen.* München: Redline.

Schreyögg, G./Geiger, D. (2016): *Organisation. Grundlagen moderner Organisationsgestaltung.* Wiesbaden: SpringerGabler

Tetlock, P./Gardner, D. (2016): *Superforecasting: The Art and Science of Prediction.* New York: Broadway Books.

Weinreich, U. (2016): *Lean Digitization. Digitale Transformation durch agiles Management.* Berlin: SpringerGabler

Beitrag Schöne digitale Arbeitswelt. Wie sieht Arbeit im Jahr 2030 aus? von Marion A. Weissenberger-Eibl

Abel, J.; Decius, J.; Güth, S.;& Schaper, N. (2016): Kompetenzentwicklung bei Un- und Angelernten in nichtforschungsintensiven KMU – Status quo und Zukunft einer strategischen Notwendigkeit, *Betriebspraxis & Arbeitsforschung,* 228, S. 41–50.

Bührer, S.; Hufnagl, M.; Schraudner, M. (2009): *Frauen im Innovationssystem – im Team zum Erfolg.* Stuttgart: Fraunhofer Verlag.

Cuhls, K.; Fan, C.; Gransche, B.; Shala, E.; Teufel, B. (2016): *Zusammenfassender Endbericht SCHRUMPF (SHRINK). Maßnahmen gegen die Folgen des demografischen Wandels – Schrumpfende Gesellschaften im Vergleich.* Karlsruhe: Fraunhofer ISI.

Gandenberger, C. (2016): *Divide et Impera? – Theoretische Perspektiven auf die Collaborative Economy.* Working Paper S 01/2016, Karlsruhe: Fraunhofer ISI.

Güth, S.; Decius, J.; Horvat, D.; Schaper, N.; Virgillito, A. (im Druck): Strategisches Kompetenzmanagement von Produktionsbeschäftigen in nicht forschungsintensiven KMU. In Ahrens, D. & Molzberger, G. (Hrsg.): *Betriebliche Kompetenzentwicklung in analogen und digitalisierten Arbeitswelten.* Heidelberg: Springer.

Jäger, A.; Moll, C.; Som, O.; Zanker, C.; Kinkel, S.; Lichtner, R. (2015): *Analysis of the impact of robotic systems on employment in the European Union.* Final report. Luxembourg: Publications Office of the European Union, VI.

Lerch, C.; Gandenberger, C.; Meyer, N.; Gotsch, M. (2016): Grundzüge einer industriell-kollaborativen Wirtschaftsform. In: *Vierteljahreshefte zur Wirtschaftsforschung,* 85, 2, S. 65–80.

Vodafone Stiftung Deutschland (Hg.) (2016): *Der digitale Wandel der Arbeitswelt und Herausforderungen für die Bildung.* Eine Foresight-Studie des Fraunhofer-Instituts für System- und Innovationsforschung.

Weissenberger-Eibl, M./ Koch, D. (2013): *Innovation – Technologie – Entrepreneurship, Gestaltungssystem der frühen Phase des Innovationsprozesses,* Karlsruhe 2013

Weissenberger-Eibl, M./Schwenk, J. (2012): Fünf Gestaltungsfelder des demografischen Wandels – ein ganzheitlicher Managementansatz, in: *Zeitschrift Führung + Organisation,* 81. Jahrgang, Heft 1 (2012), S. 42–44.

Weissenberger-Eibl, M./Kugler F. (2014), Innovation Engineering: The Skills Engineers Need to be Innovative, in: Ron Sanchez, Aimé Heene (ed.) *A Focused Issue on Building New Competences in Dynamic Environments* (Research in Competence-Based Management, Volume 7) Emerald Group Publishing Limited, pp.219–246

Zu den Autoren

Dr. Bettina Volkens ist seit dem 1. Juli 2013 Arbeitsdirektorin der Deutschen Lufthansa AG und als Vorstandsmitglied verantwortlich für das Ressort Personal und Recht. Die promovierte Juristin begann ihre berufliche Laufbahn 1994 als Wissenschaftliche Assistentin im Bundesministerium für Umwelt, Naturschutz und Reaktorsicherheit in Berlin, bevor sie 1995 ihre Tätigkeit als Rechtsanwältin in einer Kanzlei aufnahm. 2003 wurde Dr. Bettina Volkens zum Mitglied der Regionalleitung Nordost, Personal, DB Regio AG, Potsdam berufen. 2006 wurde sie bei der Deutschen Bahn zum Vorstandsmitglied Personal, DB Regio AG berufen. Diese Tätigkeit hatte sie in Personalunion als Leiterin »Personal Personenverkehr«, DB Mobility Logistics AG bis 2011 inne. Von 2011 bis 2012 wurde Frau Dr. Volkens die Leitung »Personalentwicklung Konzern und Konzernführungskräfte« der DB Mobility Logistics AG übertragen.